In de Bescherming van Haar Armen

In de Bescherming van Haar Armen

Mijn reis van het donker naar het Licht met
Sri Mata Amritanandamayi

door
Gretchen Kusuma McGregor

Mata Amritanandamayi Center, San Ramon
Californië, Verenigde Staten

In de Bescherming van Haar Armen
Mijn reis van donker naar licht met
Sri Mata Amritanandamayi

door Gretchen Kusuma McGregor

Uitgegeven door:
Mata Amritanandamayi Center
P.O. Box 613
San Ramon, CA 94583
Verenigde Staten

———————— *In the shelter of her arms (Dutch)* ————————

Eerste uitgave door het MA Center: mei 2016

In Nederland:
    www.amma.nl
    info@amma.nl

In België:
    www.vriendenvanamma.be

In India:
    www.amritapuri.org
    www.embracingtheworld.org
    inform@amritapuri.org

Opdracht

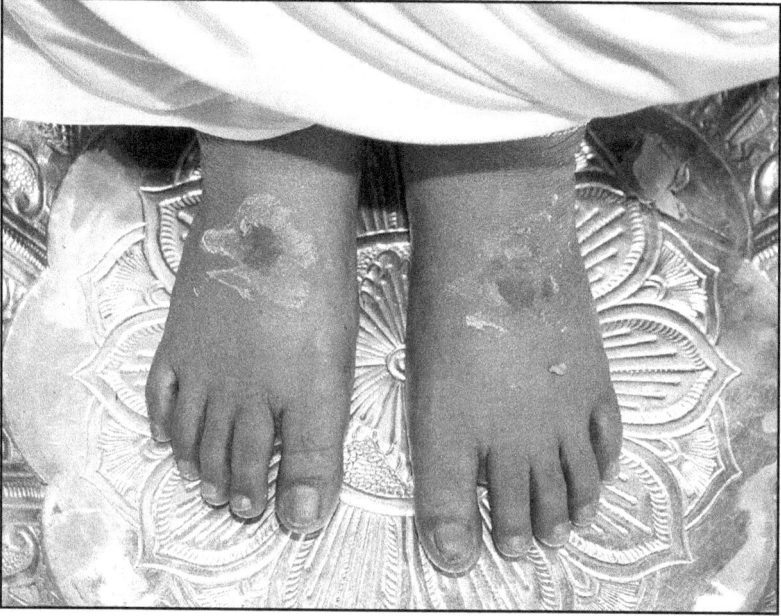

Dit boek wordt nederig opgedragen aan

Adi Para Shakti,

de aloude opperste Goddelijke Moeder,

die waarachtig is geïncarneerd in de vorm van

Sri Mata Amritanandamayi Devi,

de Moeder van Lieflijke Gelukzaligheid,

en aan al haar geliefde kinderen

die op haar af komen rennen.

Inhoud

Inleiding

Augustus 1981
Kopenhagen, Denemarken

Wie van ons kan precies aangeven wanneer zijn bewuste reis naar ontwaken begint? Vaak is het pas jaren later, als we terugkijken, dat wij het exacte moment waarop we de eerste glimp van de Waarheid opvingen, scherp kunnen zien. Dat moment waarop een bepaalde persoon of gebeurtenis ons toonde hoe de wereld in werkelijkheid in elkaar zit. Vanaf dat moment zie je de wereld nooit meer als voorheen.

Voor mij vond dit plaats in een boekwinkel vlakbij de Tivolituinen in Denemarken. Het was een beestachtig hete dag naar Noord-Europese begrippen, en ik had mijn toevlucht gezocht achter een rij boeken onder het kopje *Mythologie*. Ik las de boektitels op zoek naar een goed boek voor onderweg in de trein terug naar Noorwegen, waar ik die zomer studeerde. De Universiteit van Oslo bood een acht weken durende internationale zomercursus voor wereldvrede aan, geleid door het Peace Research Institute Oslo (PRIO), waarvoor ik mij had opgegeven. Ik kon niet vermoeden dat mijn weekenduitstapje naar Denemarken mijn leven voor altijd zou veranderen.

Terwijl ik tussen de boeken stond te neuzen, viel er een boek van een plank achter mij, letterlijk. Toen ik bukte om het op te rapen en terug te zetten, viel mijn oog op de titel: *Toen God een vrouw was* door Merlin Stone. Hmmm. Omdat ik was opgegroeid in een gezin van toegewijde protestante agnostici, was een van mijn grootste angsten dat iemand mij op een dag zou vragen wat ik van God dacht. En dat ik dan niets zou weten te zeggen. Ik wist totaal niets van het onderwerp af. Dus ik dacht: "Waarom niet?"

Omdat ik een intellectueel was, was het lezen van een boek over een onderwerp waar ik meer van af wilde weten een vertrouwde aanpak. En het idee dat God een vrouw zou zijn, maakte het onderwerp extra interessant. Ik kocht het boek. En lezen deed ik het. Of las het boek mij? Zodra ik het opensloeg, werd ik erdoor gegrepen; ik kon het niet meer wegleggen totdat ik de laatste bladzijde had gelezen. Ik boog me over iedere voetnoot. En toen ik het uit had, begon ik weer van voren af aan. Ik was betoverd door het relaas van de auteur over de geschiedenis van de aanbidding van de Grote Moeder, die van oudsher alle hoeken van de aarde bestreek. Uit dit overzicht van oude religies over de Goddelijke Moeder ontstond een beeld van diep mededogen en heilige kracht. De beelden van de Goddelijke Moeder reflecteerden een diepe waarheid, de Grote Moeder als God.

Wat mij het meeste raakte was dat zulke wijdverbreide tradities van oude culturen zo verborgen konden blijven voor de moderne wereld. Ik was goed opgeleid, bereisd, studente milieuwetenschappen aan de Universiteit van Californië, Berkeley, en nam deel aan het prestigieuze PRIO zomerprogramma. Hoe kon dit fascinerende aspect van de geschiedenis van de mensheid mij onbekend zijn? Zat ik helemaal slapend achter het stuur? Of was ik simpelweg een product van mijn eigen cultuur, die leek te gedijen op het verlies van enig historisch besef?

Wat het ook was, mijn hart stond in brand door dit idee van een Grote Moeder. Als zij in oude tijden werd aanbeden, waar was zij nu dan, nu de wereld haar het hardste nodig had? Zoals ik het zag, was er geen grotere behoefte aan vrede en rechtvaardigheid dan op dit moment. Leven in harmonie met de natuur was nu erg hard nodig. Ook al was ik slechts twintig jaar, het leek mij dat als de mensheid ook maar een sprankje hoop wilde hebben om deze hoogstaande idealen te bereiken, er niets nuttiger kon zijn dan de zegen van de Goddelijke Moeder voor ons. Door het lezen van dit boek veranderde mijn hele blik op de wereld. Nu ik geïnformeerd was over de Moeder als de Bron van het Al, besloot ik haar te vinden.

Ik begon te bidden. Ik had nog nooit gebeden, maar het voelde onmiddellijk ongelofelijk natuurlijk om de Grote Moeder aan te roepen. Ik begon liedjes te componeren, eigenlijk kleine gezangen, over de Moeder. Ik begon een spirituele kring met een paar vrienden toen ik aan het eind van de zomer weer naar de Universiteit van Californië in Berkeley terugkeerde. Wij troffen elkaar in de sequoiabossen of aan de kust van de Stille Oceaan. Daar zongen we onze liederen, draaiden in het rond als derwisjen en zaten dan rustig stil in iets waarvan ik later begreep dat het meditatie was. We probeerden de Grote Moeder te visualiseren en vroegen haar ons te leiden. Soms moest ik huilen, als ik besefte hoe zeer de aarde, de mensen en dieren de Grote Moeder nodig hadden die aan hen dacht en hen bijstond. Een lied dat ik schreef, herinner ik me nog goed:

Godin van de wereld, jouw verhaal is onuitsprekelijk,
over hoe je kracht werd gebroken, gestolen.
Laat het mysterie zich ontvouwen.
Wij zijn vele sterke vrouwen,
dochters van de aarde.

Wij komen bijeen om de ketenen die ons binden,
die ons bezitten en in bedwang houden, te verbreken.
Spirituele kring, geef ons kracht,
Laat het mysterie zich ontvouwen,
laat het mysterie zich ontvouwen.

De verbinding die wij allen met de Grote Godin voelden was tastbaar, maar er was geen uiterlijk referentiepunt dat haar aanwezigheid in de moderne wereld kon bevestigen. Alles om ons heen was gebaseerd op materialisme, dat ons erop voorbereidde goede consumenten te worden, tandraderen in een wiel, soldaten in de oorlog. Ronald Reagan was tot president gekozen, de selectieve dienstplicht, voorloper van de algehele dienstplicht was opnieuw van kracht geworden. De nucleaire fabriek op Three Mile Island had een kernsmelting. Wij studeerden allemaal af en ieder ging zijns weegs, op pad om de Amerikaanse Droom te verwezenlijken, wat die ook mocht inhouden.

BOERENMEID

Noord Californië
Juni 1982

Mijn volgende halte was een stage van zes maanden op een biologisch landbouwbedrijf in de Noord-Californische plaats Covelo. Het was mijn bedoeling om uit de sfeer van de stad te komen, die giftig aanvoelde en mij afleidde. Ik wilde een praktisch bestaan in een landelijke omgeving leren. Mij afstemmen op de Grote Moeder zou veel makkelijker zijn, als ik meer in harmonie met Moeder Natuur zou leven. Tot dat moment in mijn leven was ik in hart en nieren een stadskind geweest, de weekendtrips met mijn opa naar West-Pennsylvania, waar ik ben opgegroeid, daargelaten. Nu was ik ervan overtuigd dat het tijd was om een duidelijke keten, die mij beperkte, te doorbreken, namelijk mijn totale onwetendheid over hoe de meerderheid van de wereldbevolking leefde en zwoegde. Het werd mijn nieuwe droom om mijn intuïtie te ontwikkelen en mij door mijn gebeden in de armen van de Goddelijke Moeder te laten leiden. Het was mijn plan om iets te doen om de wereld beter te maken.

Een van mijn vele taken als inwonend helper op de boerderij was het in alle vroegte ophalen van de twee melkkoeien uit het afgelegen weiland en ze te melken, met de hand. Ik weet nog hoe ik op het melkkrukje zat met intense pijn in mijn onderarmen door de kracht die ik zette bij het melken van bijna twintig liter melk, terwijl ik afwisselend dacht: "Trap alsjeblieft de emmer niet om, Daisy" en "Op de een of andere manier moet dit wel verbonden zijn met de Grote Moeder." Dan zat ik daar in die omgeving en richtte me vastberaden op de Goddelijke Moeder. "Waar bent U? Waar bent U?" herhaalde ik steeds weer. Het idee van de Grote Moeder zette zich vast in mijn geest.

Tegen het einde van mijn zes maanden durende taak als melkmeisje had ik geen idee wat ik daarna zou gaan doen. Mijn familie aan de oostkust had echter wel een ideetje: zoek een baan! Ik had geen tijd meer om de Grote Moeder te zoeken en nu moest ik me wel onderwerpen aan de werkdag van negen tot vijf uur in de wereld. Maar ik kon ten minste zelf kiezen waar ik wilde wonen. De beste manier om dit uit te zoeken leek duidelijk: zoek naar een visioen. Dus reed ik op de fiets naar de hoogste heuvel in het Covelodal, een plaats waar de Pomo-indianenstam in het verre verleden naar toe kwam om contact met Moeder Aarde te zoeken.

Daar zat ik dan, tijdens Thanksgiving Day in 1982. Op mijn zoektocht naar een visioen liet ik alles aan de Grote Moeder over, of niet soms? Wel, ik zat en ik zat daar maar op die eenzame heuvel; ik bad, huilde een beetje. Zo ging uur na uur voorbij. Het had bijna de hele dag gemiezerd, maar nu stortregende het werkelijk. Ik had zo'n honger en de Thanksgivingmaaltijd wachtte op mij op de boerderij. Maar ik had nog steeds geen visioen gezien. Ik vroeg me af hoe lang het nog zou duren. Dat ik honger leed en het koud had, zou dat niet een kleine hint voor de Moeder moeten zijn om mij te hulp te komen? Het werd donker, de nacht begon te vallen. Terwijl ik een laatste keer mijn hoofd probeerde te legen, liet ik mijn gedachten lichtjes dwalen over mijn behoefte om te weten: "Waar? Waar? Waar?"

En toen ineens, totaal vanuit het niets, kreeg ik glashelder een boodschap door: "De bergen van Nieuw Mexico. Daar woont een wijze vrouw." Dank u, dank u, Grote Moeder! Dit was voor mij voldoende om te weten wat mijn volgende stap zou worden. Ik fietste in het laatste daglicht terug naar de boerderij. "Verhuis je naar Mexico? Maar je spreekt niet eens Spaans!" was de reactie van mijn familie op het nieuws. "*Nieuw* Mexico," herhaalde ik, denkend dat dit hen wel gerust zou stellen. Gevolgd door "Nee, ik heb nog geen baan. Nog niet". Dit stelde hen niet gerust. Maar zij wisten wel beter dan tegen hun koppige oudste dochter in te gaan. Met Nieuwjaar kwam ik in Taos, Nieuw Mexico aan.

BERGMEISJE

Januari 1983
Taos, Nieuw Mexico

Ik was 22 en kon de magie voelen. Ik opende mijn leven voor de Grote Moeder. De bergen, de canyons en de rivier de Rio Grande werden mijn inspiratiebron. Het was gemakkelijk om de aanwezigheid van de Goddelijke Moeder daar te voelen, zij was bijna overal. Regenbogen in de late middag, de geur van salie in de lucht, woestijncactussen die vlak na de zo kostbare regenval bloeiden, de doordringende middernachtelijke schreeuw van coyotes. En dit alles tegen de 3,500 meter hoge achtergrond van de Sangre de Cristo (Bloed van Christus) bergen die heilig zijn voor de Taos Pueblo Indianen.

Binnen een week vond ik een baantje als kok voor het ontbijt-snelbuffet in het Appelboom Restaurant. Niet bepaald wat mijn familie in gedachten had, maar het was een baan. De eerste van hun vijf kinderen verdiende zelf de kost en daar gingen zij verder niet over zeuren. Wat mijzelf betreft, ook al was ik een tikkeltje te hoog opgeleid voor deze baan, ik voelde me absoluut zeker over mijn verhuizing. Ik was hier naar toe geleid en had geen andere keus dan geduldig af te wachten.

De hele winter legde ik op mijn trouwe fiets voor zonsopgang de drie kilometer naar mijn werk af. De steenkoude lucht deed een aanslag op mijn longen daar op twee kilometer hoogte. De fietsbanden kraakten over de bevroren wegen terwijl buurthonden mij op de hielen zaten om te zorgen dat er tijdens hun wacht geen onbevoegden op hun terrein kwamen. Sommige middagen ging ik skiën en roetsjte roekeloos de pistes van de hoogste moeilijkheidsgraad af in het Taos skidal. En mijn gebeden duurden voort. Ze stroomden mijn hart uit. Een veel herhaald gezang was:

> *We komen allen van de Moeder,*
> *naar Haar keren we terug,*
> *als regendruppels die trugstromen*
> *naar de oceaan.*

RIVIERMEISJE

Zomer 1983
Pilar, Nieuw Mexico

Die zomer nam ik een baan als kok in een restaurant in Pilar, een dorpje met 200 inwoners net ten zuiden van Taos. Nu wordt dit restaurant het Pilar Jachtclub Restaurant genoemd, omdat het vlak bij de vlotvarende gemeenschap van de Rio Grande ligt. Mijn idee was dat dicht bij de rivier wonen mij zou helpen me af te stemmen op de Grote Moeder. Het geval wilde dat ik een plaatselijk gezin ontmoette dat mij gratis onderdak aanbood in een kleine camper die pal aan de oever van de rivier geparkeerd stond. De moeder van het gezin heette Meadow (weiland). Zij had twee dochters, Ajna en Riversong (rivierlied). Meadow en haar dochters hadden over mijn diepe aantrekking tot de Grote Moeder gehoord en hadden een zelfde neiging. Ik kon niet bevroeden wat een groot geschenk ik later van Meadow zou ontvangen.

Zwemmen verving het skiën als mijn dagelijks zomertijd-
verdrijf. 's Morgens vroeg was het eerste wat ik deed in het frisse
gesmolten sneeuwwater van de Del Norte wateren duiken; de kou
deed mijn adem stokken. Op die momenten kostte het praktisch
geen moeite om mij met de Grote Moeder één te voelen. Het was
betoverend om in een dromerige staat te verzinken terwijl ik met
gekruiste benen in de groene wei naast de stromende rivier zat.
Terwijl ik daar op de rivieroever zat, kon ik niet helpen mij af te
vragen wanneer ik nu die wijze vrouw zou ontmoeten die mij hier
naar toe gesommeerd had en wat er zou gebeuren als wij elkaar
ontmoet hadden. Zou het veel jaren duren voordat dat deel van
mijn bestemming zich zou ontvouwen? Zou mijn vermogen om
de zachte leiding van de Grote Moeder aan te voelen zich blijven
ontwikkelen? Zou ik haar ooit vinden in deze wereld?

Tijdens zonsondergang aan de oever van de rivier zittend
zong ik een welbekend godinnenlied en kreeg dan soms tranen
in mijn ogen:

...Isis, Astarte, Diana, Hecate, Demeter, Kali, Inana...

Dit waren de verschillende namen van oude godinnen waarover
ik had gelezen. Ik koos ervoor om te blijven hopen dat ze mijn
roepen zou horen.

BINGO!
Augustus 1983
Het Pilar Cafe

"Ik heb zojuist een man ontmoet die de Goddelijke Moeder
in India heeft gezien. En hij heeft foto's!" riep Meadow op een
middag uit. "Hij is net naar het dorp verhuisd, je moet hem ontmoeten." Nooit zal ik dit moment vergeten, zolang als ik leef. Ik
stond achter de toonbank in het restaurant. Ik droeg een schort
dat helemaal onder de vlekken van rode chilisaus zat en daaronder

had ik mijn favoriete zwempak aan met een knielange spijkerrok. Mijn slippers waren nog nat van het zwemmen tussen de middag. Pas jaren later realiseerde ik mij dat haar uitroep het tweede scharniermoment in mijn leven was. Het was een van die momenten die klikken. Dat je gelijk weet dat er iets belangrijks is gebeurd of staat te gebeuren. Het is het moeiteloze gevoel van een sleutel die op een slot past en die de deur opent. Het aanslaan van de perfecte toon op een gitaarsnaar. Het loslaten van de pijl die zijn doel bereikt.

Pilar was een klein dorp en er gingen niet veel dagen voorbij voor de nieuwkomer het restaurant binnenstapte om een hapje te eten. Ik sprong bijna over de toonbank om zijn bestelling op te nemen. Ik deed mijn best om nonchalant over te komen terwijl ik hem zijn eten bracht, en vroeg: "Dus u bent diegene die de Goddelijke Moeder heeft ontmoet?" Mij zijdelings aankijkend en met een diepe baritonstem was zijn afgemeten antwoord: "Ja, dat ben ik." Ik kon amper mijn enthousiasme verbergen. Dat moet hij wel hebben opgemerkt, want hij voegde toe: "Als je geïnteresseerd bent, zaterdag laat ik een stel dia's zien". Ik stelde mezelf voor en vroeg zijn naam. "Greg McFarland," antwoordde hij.

KANI DARSHAN: EERSTE DARSHAN

Het kon mij niet snel genoeg zaterdag worden, maar eindelijk brak de avond van de diaprojectie aan. Ik reed op de fiets naar het kleine bakstenen huisje dat over de rivier uitkeek. De lucht zag er die avond onvergetelijk uit. Er was een palet van zomerse zonsondergangkleuren, dezelfde waarmee de schilderijen van Georgia O'Keefe wereldberoemd zijn geworden. Gek genoeg was er niemand anders aanwezig bij de diaprojectie; ik was een eenpersoonspubliek. Toen ik de eerste dia van Ammachi zoals Greg haar noemde zag, keek ik in sprakeloze stilte toe. Het licht in haar ogen brandde een mist weg waarin ik onbewust mijn hele leven gehuld was geweest. De nabijheid van Ammachi's aanwezigheid was onmiskenbaar. Ik bedoel, dat zij daar was, pal in die kamer bij ons aanwezig. Ik wist toen dat ik haar moest ontmoeten. In stille bewondering bekeek ik de rest van de dia's en ik kan mij amper een woord van wat Greg vertelde herinneren. Toen de projector uitgezet werd, riep ik uit: "Daar ga ik heen!"

"Maar je kunt er niet zomaar heen gaan," antwoordde Greg. "Er is daar niets, alleen maar het huis waar Amma geboren is en een paar hutjes. Je kunt daar niet zomaar aankomen. Je moet Amma eerst schrijven."

LIEVE AMMA

En dus deed ik dat. De volgende dag schreef ik op zelf gefrankeerd blauw luchtpostpapier:

Lieve Amma,
Ik wil graag komen om u te ontmoeten. Ik denk dat u de antwoorden op al mijn vragen heeft. Kunt u mij alstublieft toestaan u te bezoeken?
Gretchen

Dezelfde dag nog stuurde ik mijn paspoortaanvraag op. Er was een duidelijke verschuiving in mijn leven en ik kon Amma's stralende ogen niet uit mijn gedachten krijgen. De hele dag door bedacht ik mij: "O, ik ben op reis naar de Goddelijke Moeder."

Toen kreeg ik de kans om een gratis vlotreis over de machtige rivier de Colorado te maken. Omdat ik kok in een snelbuffet was, was ik een waardevolle aanwinst op een drieweeks avontuur van 500 kilometer door de Grand Canyon. Dus ik dacht: "Waarom niet? Het duurt minstens een maand voor mijn brief India bereikt en voordat Amma mij antwoordt. Wat een kans om mezelf in de tussentijd in de natuur onder te dompelen."

OP DE RIVIER

De Colorado is geen lachertje. Hij stroomt met ongeveer 60.000 kubieke meter per seconde. De aarde trilt door de turbulente kracht van die massa water die opspringt tegen de oevers van de rivier, daar waar je te water gaat in Lee's Ferry in Arizona. De New Wave Rafting Company uit Santa Fe organiseerde de trip voor zijn werknemers. Het vlot waarop ik zou meevaren werd door Greg McFarland bestuurd. Drie weken lang hoorde ik allerlei verhalen over zijn bezoek aan Amma van het vorig jaar. Op een dag vertelde hij mij dat Amma hem een mantra had gegeven, die hij mocht delen met iedereen die hij tegenkwam en die een kind van Amma leek te zijn. Ik wist helemaal niets van mantra's, maar hoe meer hij erover vertelde, hoe beter het klonk. Dus schreef hij de mantra voor mij op een papiertje en legde uit hoe ik hem moest gebruiken. Ik verzon een manier om door het tellen op mijn vingers het aantal herhalingen te onthouden, zodat ik sets van 108 kon doen.

Het effect van dit reciteren, dat ik 's morgens en op andere momenten gedurende de dag deed, was anders dan alles wat ik tot nog toe had ervaren. Er was een subtiele verandering in mijn gedachtewereld, waardoor ik mij heerlijk rustig voelde. Ik werd heel ontvankelijk voor de natuur, die ons overal omringde. De vibratie van de mantra stroomde door mij heen toen de cyclussen van *japa* (herhaling van een mantra) toenamen. Ik was zo gelukkig terwijl ik op dat kleine vlot dit nieuwe ding, genaamd mantra, zat te reciteren, in die majestueuze omgeving van de Grand Canyon waar wij doorheen dreven. Al snel vulden dagdromen over mijn ontmoeting met Amma onophoudelijk mijn gedachten.

Een van de eerste dingen die ik deed toen ik half oktober in Santa Fe terugkwam, was een bezoekje brengen aan mijn postbus. Er was er nooit veel post. Toen ik door het kleine glazen raampje van mijn postbus tuurde, voelde ik een golf van opwinding omdat er duidelijk zichtbaar een blauwe luchtpostenvelop tegen een klein pakje stond: mijn paspoort!

Mijn hart sloeg over toen ik de afzender las en voorzichtig de brief opende. In een schrift dat ik nooit eerder had gezien, kronkelden onschuldige, kinderlijke letters over het vel papier. Dit moest Amma's handschrift zijn. Daaronder stond een vertaling die zei:

> *Lieve dochter,*
> *Wanneer kom je? Je bent altijd welkom hier.*
> *Amma wacht op je komst.*
> *Kom vlug, mijn lieve dochter.*
> *Kusjes*

Ik was zo opgewonden! Ik ging Amma ontmoeten! Die avond ging het telefoongesprek met mijn familie thuis in Pennsylvania ongeveer zo:

"Ik ga naar India, Mam."

"Ga je naar Indiana?"

"Nee, mam, India," antwoordde ik.

"Waarom in vredesnaam?"

"Om Amma te ontmoeten, een Indiase heilige."

"Waarom zou je dat doen?"

"Omdat ik voel dat ik naar haar toe moet gaan. Maak je geen zorgen, ik heb geld voor het vliegticket. Het gaat jou en papa niets kosten."

Wat konden ze zeggen? Om je de waarheid te zeggen denk ik dat zij blij toe waren dat er eentje het huis uit was, zoals dat heet. Ze kenden mij goed genoeg om te weten dat als ik eenmaal

ergens toe besloten had, het geen zin had om te proberen mij
ervan af te brengen.

HOOFDSTUK 1

Bedelaar in het huis van God

We vertrokken begin november. Het was 1983. Greg McFarland wilde terug naar Amma reizen om Flora, zijn vijftien jaar oude dochter, door Amma te laten zegenen. We landden in Chennai en namen een dag later de nachttrein naar Kollam. Na een hobbelige riksjarit kwamen we bij de Vallikkavu bootsteiger aan. We waren er. Toen ik over de rivier naar een ondoordringbare muur van dik groen staarde, drong het eindelijk tot me door: Amma was aan de andere kant van de rivier. Een golf van opwinding overspoelde mij, vermengd met nervositeit.

De afgelopen twee jaar had ik doorlopend uitgeroepen naar de aloude Godin van wie ik geloofde dat zij ergens in deze wereld moest zijn. Want wat vroeger bestond, moest nu ook bestaan; dat was mijn vaste overtuiging. Was zij nu slechts een klein boottochtje van mij verwijderd? Waarom niet? Sinds Kopenhagen had ik bij iedere stap op mijn weg leiding ontvangen, naarmate ik mijn hart meer en meer door gezangen en gebed had geopend. Was ik er klaar voor om in de boot te stappen en de oversteek te maken? Wat zou mij aan de andere kant wachten? Nu werd ik pas echt nerveus.

Terwijl de bootman met zijn lange stok de rivier overvoer, vond mijn mantra automatisch zijn weg naar mijn lippen. Mijn adem versnelde toen we de boot uitklauterden. We sleepten onze tassen over een piepklein, smal paadje. Toen ik naar beneden keek, viel mijn oog op iets wat uitgekrast was op een dik stuk zwarte steen, half begraven in de modder. Ik stopte om te zien wat het was en er voer een rilling door me heen. Het was een perfecte cirkel van ruim tien centimeter met een overduidelijke stip in het midden, een symbool dat ik herkende uit vele, vele dromen. Was het gewoon toeval, dit oude symbool van de Moeder Godin hier? Een stroom van adrenaline ging door mij heen. Het verstevigde mijn vertrouwen dat ik op het juiste pad was en nu de 'wijze vrouw' naar wie ik op zoek was geweest, zou ontmoeten.

We liepen een tijdje door totdat de kokospalmen minder dicht werden en wij op een zanderige vlakte uitkwamen, waar een klein groepje mensen rustig bijeenzat. Daar was Amma, zonder enige twijfel. Zij glinsterde van licht, zelfs van deze afstand. Toen wij dichterbij kwamen, stond iedereen op en Amma stapte naar voren. Zij omhelsde Greg en toen Flora. Toen Amma zich naar mij draaide, was haar glimlach er een van duizend watt. Haar ogen waren doordringende sterren. En toen lag ik in Amma's armen. Als een dam barstte mijn hart open. Het was een ervaring van ongelofelijke vreugde, alsof een zuil van intens geluk, meer dan je je ooit voor kunt stellen, van mijn voeten tot mijn kruin stroomde. Ik voelde hete tranen uit mijn ogen stromen. Amma ging zitten en trok mij naar zich toe om mijn hoofd in haar schoot te laten rusten.

Mijn allereerste innerlijk visioen vormde zich: een dubbele helix, als een keten van DNA, met de kleuren van een regenboog en lichtgevend, omgeven door zachte kleuren. Ik werd mij ervan bewust dat Amma de ene kant van de keten was en ik de andere. Wij waren verstrengeld zover als het verleden kon laten zien, en even ver in de oneindige toekomst. Het punt van co-incidentie was dit huidige moment waarop wij elkaar opnieuw ontmoetten. Dat punt straalde een sterk pulserend licht uit. Op dat moment wist ik dat ik de Goddelijke Moeder in dit leven had gevonden. Ik wist dat alles wat ik tot nog toe in mijn leven had meegemaakt, bedoeld was om mij bij Haar terug te brengen. Dat ik Haar altijd gekend had en Haar nu opnieuw zou kennen en dat ik Haar altijd in de toekomst zou kennen. Hoeveel tijd er voorbij ging kan ik niet zeggen maar wij stonden allemaal op en Amma's rok was nat van mijn tranen. Toen ik weer op mijn voeten stond, had ik het gevoel te zweven. De uitdrukking 'in de zevende hemel' kwam in mij op. Het was alsof iemand een rugzak van 20 kilo van mijn rug had afgehaald waarvan ik niet eens wist dat ik hem droeg. Later hoorde ik dat als wij onze Goeroe ontmoeten, er een overdracht van onze karmische lasten plaatsvindt. De Goeroe verlicht onze last. Het gevoel dat dat plaatsvond, was onmiddellijk. Een jonge westerse vrouw bracht Amma een schone rok en glimlachte mij verwelkomend toe.

Amma wilde ons rondleiden en dus vertrokken wij. Haar lach was krachtig, natuurlijk en opvrolijkend. De eerste halte was de kleine tempel, de Kalari, vlak achter waar Amma had gezeten. De deuren van de tempel waren gesloten en wij zaten ervoor op de veranda. Amma vroeg mijn naam. "Gretchen" zei ik. "Wat?" vroeg degene die vertaalde. "Gretchen". Stilte. Nu gingen we zingen. Amma wilde dat ik iets zong. Ik was hopeloos slecht in zingen. Misschien bloosde ik wel want *Regen, regen, ga toch weg* werd voorgesteld. Maar goed, dat zong ik en er werd mij gesuggereerd de noten zuiver te houden. Dat probeerde ik maar het lukte niet erg. Dus gingen we verder met de rondleiding.

Links van de Kalari was een eenvoudige, rechthoekige hut met een rieten dak en drie deuren. Daar gingen we heen. Amma zwaaide krachtig de eerste deur open. Ze zei: "Mijn zoon zit hier de hele dag te mediteren". Een westerse man zat doodstil in volledige lotuszit met zijn rug naar de deur. Hij verroerde geen spier, verzonken als hij was in zijn contemplatie. De volgende deur zwaaide open door Amma's sterke duw en ze zei: "Mijn zoon, die zich niet lekker voelt, rust nu uit". Ze gaf hem een troostende aai. Hij was ook een westerling. Zijn gezicht gloeide van vrede, maar hij zag er bleek en dun uit. Hij ging moeizaam rechtop zitten om Amma zijn *pranam* aan te bieden en glimlachte naar ons zeggend dat wij later die dag met hem konden praten.

De laatste deur zwaaide open en daarbinnen was een eenvoudig ledikant met een aantal strooien matten op de grond. Amma ging op het ledikant zitten en vroeg mij naast haar te komen zitten. Zij nam mijn handen en draaide de palmen naar boven. Ze bestudeerde eerst de ene en toen de andere. Ze leek niet tevreden en vroeg daarom: "Welke is voor dames?" Niemand had daar een mening over, dus nam Amma mijn linker hand. Ik wist dat er geen levenslijn op mijn hand was, althans geen noemenswaardige. Misschien had Amma daarnaar gezocht? Voor ik het wist, drukte Amma met haar duimnagel heel hard op het punt waar mijn levenslijn ophield. Zij hield haar duimnagel daar een hele poos en liet toen mijn hand los. In de daarop volgende weken ontdekte ik dat er zich een nieuwe, vage levenslijn vormde waar Amma had gedrukt. Een korte diagonale lijn die opging in een lijn vlakbij, vergrootte mijn levenslijn aanzienlijk. Tot op de dag van vandaag is die diagonale verbindingslijn nog steeds zichtbaar op mijn linkerhandpalm.

Daarna begon de muziekles. Amma wilde mij eerst *Hamsa Vahana Devi* laten zingen, maar de zin *akhila loka kala devi amba saraswati* was duidelijk te moeilijk voor mij. Daarop switchte Amma gelijk naar *Devi, Devi, Devi, Jagan Mohini*. Die tekst kon ik min of meer behappen. Wederom werd ik aangemoedigd om de noten aan te houden en mijn stem niet teveel te laten variëren. Iedereen had grote lol. Ook al voelde ik mij een beetje opgelaten, de overheersende emotie was er een van een warm welkom en onmiddellijke acceptatie. Deze mensen waren aardig, vriendelijk en ontspannen.

Het was tijd voor de lunch. Amma bracht ons naar het huis van haar familie, dat naast de Kalari lag. Er waren nog meer mensen voor de maaltijd gekomen, maar we pasten allemaal gemakkelijk in de hoofdruimte. Er werden borden en bekers neergezet en strooien matten uitgespreid. Amma ging rond en serveerde rijst en linzen op ieders bord. Een kleine beetje groenten werd zorgvuldig uitgedeeld. Er werd warme, roze kruidenthee in de bekers geschonken en iemand zei zoiets als "karangali vellum", denkend dat ik dat begreep.

Toen ving een prachtige recitatie aan die een aantal minuten duurde. Er werd afgerond door een klein beetje water in de rechterhandpalm te schenken terwijl men een kort vers reciteerde. Daarna werd het water met de klok mee over het bord eten uitgesprenkeld. Het geheel maakte dat ik mij vredig voelde. De maaltijd was erg eenvoudig en heerlijk, maar ik had nog nooit zoveel rijst met zo weinig saus gegeten. Ik wilde niet om meer saus vragen omdat de pan klein en al erg leeg leek.

Amma zat bij ons, maar at niet. Zij praatte op heel geanimeerde wijze. Op een gegeven moment kwam ze naar mij toe en trok om een of andere reden aan mijn rechteroor. Iedereen barstte in lachen uit. Ik kon niet geloven dat ik mij zo op mijn gemak voelde in deze kring van vreemden die allemaal om mij zaten te lachen. Eerlijk gezegd zat ik zelf ook te lachen omdat het blije gevoel aanstekelijk was. Gelukkig was er iemand die voor mij vertaalde. "Amma zegt dat jouw gezicht haar bekend voorkomt. Het litteken op je oor is waar zij eraan heeft getrokken toen je de vorige keer ondeugend bent geweest." Hmmm. Wat zou dat betekenen 'de vorige keer'? Het is waar dat er een soort litteken op mijn rechteroor zit, dat er bij mijn geboorte al zat.

Zonder aanwijsbare reden kwam er ineens een vergeten herinnering bij mij op. Tijdens mijn jeugd vroeg ik bij het ontbijt altijd om rijst met een klontje boter erop. Mijn broers en zussen aten allemaal Lucky Charms en Fruit Loops, maar mijn arme moeder moest voor mij altijd rijst koken. Nu vielen die eigenaardigheden op zijn plaats. De maaltijd was afgelopen en Amma vertrok.

MIJN EERSTE ARCHANA

Ik sliep bijna veertien uur voor ik wakker werd door het geluid van een bel. Mijn reiswekker stond op 4 uur in de ochtend. Een schema aan de muur gaf aan: 4.30 – Archana. Wat het ook mocht betekenen, ik wilde erbij zijn. Nadat ik wat koud water uit een emmer over me heen gegoten had om mij op te frissen, ging ik naar buiten, de koude, donkere ochtend in. Het was nog voor zonsopgang.

De meditatiekamer was de kamer onder Amma's appartement op de eerste verdieping. Deze was ongeveer 5 bij 6 meter. Door het raam kon ik een stuk of twaalf gedaantes stilletjes zien zitten. Het leek erop dat er bij de deur precies genoeg ruimte voor mij was om te zitten zonder iemand te storen. Ik ging op mijn tenen naar binnen en wilde op die plaats gaan zitten, toen het mij opviel dat iedereen opschoof om plaats voor mij te maken. Wat waren al die monniken toch beleefd. In minder dan geen tijd was de hele muur rechts van de ingang volkomen leeg. Zij waren heel erg krap bij elkaar geschoven helemaal naar het andere eind van de kamer. Nu had ik meer dan een kwart van de hele ruimte voor mezelf. Omdat ik de enige aanwezige vrouw was, dacht ik dat zij ruimte maakten voor de andere twee vrouwen die in de ashram woonden. Ik had er geen besef van dat ik hun ruimte binnen was gedrongen.

Me niet bewust van de omgeving ging ik zitten en trok mijn benen in de halve lotuspositie. Ik probeerde zo netjes mogelijk te zitten in de eenvoudige jurk die ik droeg. Niemand keek mijn kant op, dat was zeker, dus was het makkelijk om me te ontspannen en me te concentreren.

Het reciteren begon en was in het Sanskriet. Deze taal was helemaal nieuw voor mij, evenals formele meditatie. Maar ik wilde graag alles leren, dus zat ik met gesloten ogen en ging mee met de vibraties van de ritmische tonen. Mijn gedachten werden op een prettige manier kalmer toen ik een duidelijke verhoging in de intensiteit en de concentratie van de archana bemerkte. Een diepe stem, vol van boventonen, was erbij gekomen. Ik gluurde door mijn oogharen. Het was Amma! Wat heerlijk dat ook zij de archana deed. En kijk, geen boek zoals de anderen hadden. Zij kende dit uit haar hoofd. Niemand had mij verteld dat Amma zou komen en dus was het opwindend om haar te zien in een witzijden, tot op de grond reikende doek die om haar nek was vastgemaakt. Haar haar was in een knot op haar hoofd gebonden. Zij sprankelde van energie toen zij op een simpel kleedje naast de rest van de groep ging zitten. Ineens stroomde de kamer over van energie. Om de stroom van dit alles niet te verstoren sloot ik mijn ogen en ging op in de vibratie van de klanken. Zonder duidelijke reden welden tranen in mijn ogen op en vulde mijn hart zich met een warme, liefdevolle sensatie. Misschien dat mijn ziel de *Duizend Namen van de Goddelijke Moeder* herkende, alsof ik na lange tijd een vriendin terugzag.

NAMEN VOOR HET ONTBIJT

Na de archana verspreidde iedereen zich tussen de kokospalmen om langere tijd te mediteren. Ik vond een rustig plekje en probeerde het ook. Omdat ik nog nooit een instructie voor meditatie had ontvangen, nam ik aan dat het wel moeilijk zou zijn. Maar Amma's zegen moet er geweest zijn, want mijn gedachtewereld verzonk meteen in diepe stilte. Volledige stilte omringde mijn geest en mijn bewustzijn verscherpte zich. Ik weet niet hoe lang ik daar zat, maar er ging een bel en mijn zintuigen begonnen weer te functioneren. Ik stond op, klopte het zand af en liep terug naar het familiehuis. Daar werd een stomende pan met rijstepap op stalen borden geserveerd. Een kommetje aan de zijkant bevatte zout. Het was een ontbijt dat mij aan mijn kindertijd deed denken. Na de afwas kwam er een westerse bewoonster naar mij toe. Zij was heel aardig en verwelkomde mij en vroeg Flora en mij om Amma's ontbijtblad naar boven te brengen. Dus daar gingen we. De deur was open en Amma zat op de vloer met haar haren los. Ze zag er ongelofelijk stralend uit. Amma stroomde gewoon over van licht. Zij keek naar ons op, wendde zich tot een aantal mensen die bij haar zaten en riep uit: "Kusuma en Kushala!" Iedereen knikte met een soort van herkenning en een monnik vertaalde: "Amma zegt dat jij Kusuma bent", hij wees naar mij. "En jij bent Kushala" zei hij naar Flora wijzend. Toen legde hij uit dat deze twee namen elkaar opvolgen in de archana. "Dit zijn jullie nieuwe namen." zei hij. Iedereen keek blij en Amma gebaarde ons om erbij te komen zitten. Ik merkte op dat Amma's ontbijt niet veel van het onze verschilde. Alleen een extra kommetje met gekookte tapiocawortel en een klein schoteltje met knalrode chutney. Amma begon de tapioca aan iedereen uit te delen en ging toen door met het bespreken van een onderwerp dat wij hadden onderbroken toen we binnenkwamen. De stemming was ontspannen en geanimeerd.

Later die morgen werd mij gevraagd mij te registreren bij het kantoor, wat betekende in een kleine zijkamer gaan zitten naast Amma's familiehuis en mij inschrijven in een dik schrift, en mijn paspoort en visum laten zien. De monnik die tegenwoordig Swami Purnamritananda genoemd wordt, hielp mij en vroeg: "Hoe lang blijf je hier?" Ik flapte mijn antwoord er uit: "Voor altijd!" Hij keek me met een verbaasde blik aan. Toen knikte hij begrijpend. "Maar om te beginnen tot het einde van mijn toeristenvisum van zes maanden". Hij maakte hier een aantekening van en gaf mij met een glimlach mijn paspoort terug.

Een andere kleine kamer naast het kantoor was in gebruik als bibliotheek. Deze was gevuld met een bijzonder zeldzame collectie van prachtige boeken waarvan er vele gedoneerd waren door Nealu, de Amerikaanse monnik die nu bekend is als Swami Paramatmananda, de dunne man die wij de vorige dag in zijn hut hadden ontmoet. De monnik die in de bibliotheek werkte, hielp mij met het vinden van een Engelse vertaling van de *Sri Lalita Sahasranama, de Duizend namen van de Goddelijke Moeder*. Ik vroeg hem mij de namen Kusuma en Kushala aan te wijzen. Hij vertelde mij dat het de nummers 435 en 436 waren: *champeya kusuma priya* en *kushala* respectievelijk de 'geliefde champaka-bloem' en 'de intelligente'.

Ik leende het boek en begon de duizend namen van de Goddelijke Moeder over te schrijven in een boekje dat ik maakte van gelinieerd papier dat ik dubbel vouwde en waarin ik in het midden een zoom stikte. Mijn hart sprong op van opwinding. Dit was een droom die uitkwam. De Engelse vertaling was er ook bij. Het schrijven nam urenlang in beslag. Weldra had ik mijn zelfgemaakte boekje in het Engels voor het ochtendgebed. Het zou mij als mijn archanaboek gedurende de beginjaren goede diensten bewijzen.

Diezelfde middag stuurde Amma twee westerse bewoners om mij te begeleiden naar het dorpje Kayamkulam om sari's en wat andere basisbenodigdheden aan te schaffen. Toen Amma zag dat ik maar een kleine tas uit Amerika had meegebracht, vroeg ze waarom. Ik legde haar uit dat het mijn wens was een sari te dragen en dat het dus niet nodig was geweest een grote koffer vol spullen mee te nemen. Mijn plan was om alles hier te kopen. Ze schudde haar hoofd van links naar rechts op de typisch Indiase manier om haar goedkeuring uit te drukken. Behalve te helpen met de aanschaf van wat ik nodig had, vroeg Amma de westerse vrouw mij ook te helpen de sari op correcte wijze aan te doen. Ik voelde dat elk detail voor Amma belangrijk was. Die avond zou mijn eerste bhajansessie plaatsvinden, waar ik vreselijk naar uitzag. In die dagen waren er geen bhajanboeken, en al helemaal geen Engelse, en ook geen officiële opnamen. Maar ik had één van Amma's bhajans op een krasserig cassettebandje gehoord dat Greg tijdens de diaprojectie een paar maanden geleden had gedraaid. Amma's stem en de melodie van dat lied waren betoverend, ook al kon ik de woorden niet goed verstaan. Het had zoiets geklonken als: "Amme Bhagavad Gita nitya…" Ik kon niet wachten Amma in levende lijve te horen zingen. En zo, gekleed in mijn nieuwe geruite sari en met mijn geweven asana in de hand, nam ik plaats op de open veranda voor de Kalari waar alle ashrambewoners gemakkelijk op pasten.

Geurige wierook zweefde op een lichte zeebries en een olielampje gloeide met een gouden licht. De kleuren van de zonsondergang vlamden in de lucht, waarin wij een aantal arenden op de wind konden zien glijden. Amma kwam weldra bij ons zitten. Zij zat naar het oosten gericht, net links van de open tempeldeuren. De harmoniumspeler zat tegenover Amma en de tabla's waren aan de zijkant opgesteld, ook naar Amma toe gericht. Opmerkelijk genoeg vond ik het prettiger voor mijn ogen om ze gesloten te houden. Moeiteloos ging ik op in het reciteren. Amma's zingen was zo krachtig en natuurlijk. Haar armen waren naar boven gericht en bewogen gracieus door de lucht als de vogels die over ons heen zweefden. Haar gezicht was naar de lucht gericht, haar lichaam bewoog mee op de maat van de melodie. Amma riep gedurende het zingen zo krachtig uit dat de volgende gedachte in mij op kwam: "Niemand in de hele wereld kan de hemelen zo aanroepen als Amma! Zelfs Aretha Franklin niet!"

Na de eerste bhajan leunde Amma naar voren en zei zachtjes iets tegen de harmoniumspeler. Tot mijn grote verrassing en vreugde speelde hij de beginnoten van het lied dat ik in Nieuw Mexico had gehoord:

amme bhagavati nitya kanye devi,
enne kataksippan kumbitunnen

O veelbelovende Moeder, de eeuwige maagd Devi,
Voor Uw gezegende blik buig ik neer.

maye jagatinte taye chidananda
priye mahesvari kumbitunnen

O Maya, O Moeder van de Wereld,
O Puur Bewustzijn! Pure Gelukzaligheid!
O Geliefde Grote Godin, ik buig voor U.

Ik werd weggevaagd, overweldigd door emotie toen ik hoorde hoe Amma dit lied zong, hetzelfde lied dat mij de halve wereld had over doen reizen om de Godin met de gloeiende, stralende ogen te ontmoeten. Hoe was het mogelijk dat zij juist dat lied uitkoos? Was dit eenvoudig toeval? Vanuit het niets kwam er maar één gedachte in mijn geest op, die daar gefixeerd werd. Er was niets waar ik nog naar hoefde te zoeken. Mijn besluit om de Oeroude Moeder in de wereld van vandaag te vinden had zijn vruchten afgeworpen, meer dan ik in mijn stoutste dromen had kunnen wensen. Tranen stroomden over mijn wangen. Er waren geen verlangens meer. Ieder deel van mijn wezen was vervuld. Ik voelde geen enkele twijfel.

DE DERDE DAG

De Archana was nog mooier nu ik mijn nieuwe handgeschreven boekje had. Alleen voegde Amma zich die morgen niet bij ons. Dit deed mij beseffen hoe bijzonder de ochtend daarvoor was geweest. Maar het geluk was met ons, want toen wij de ruimte

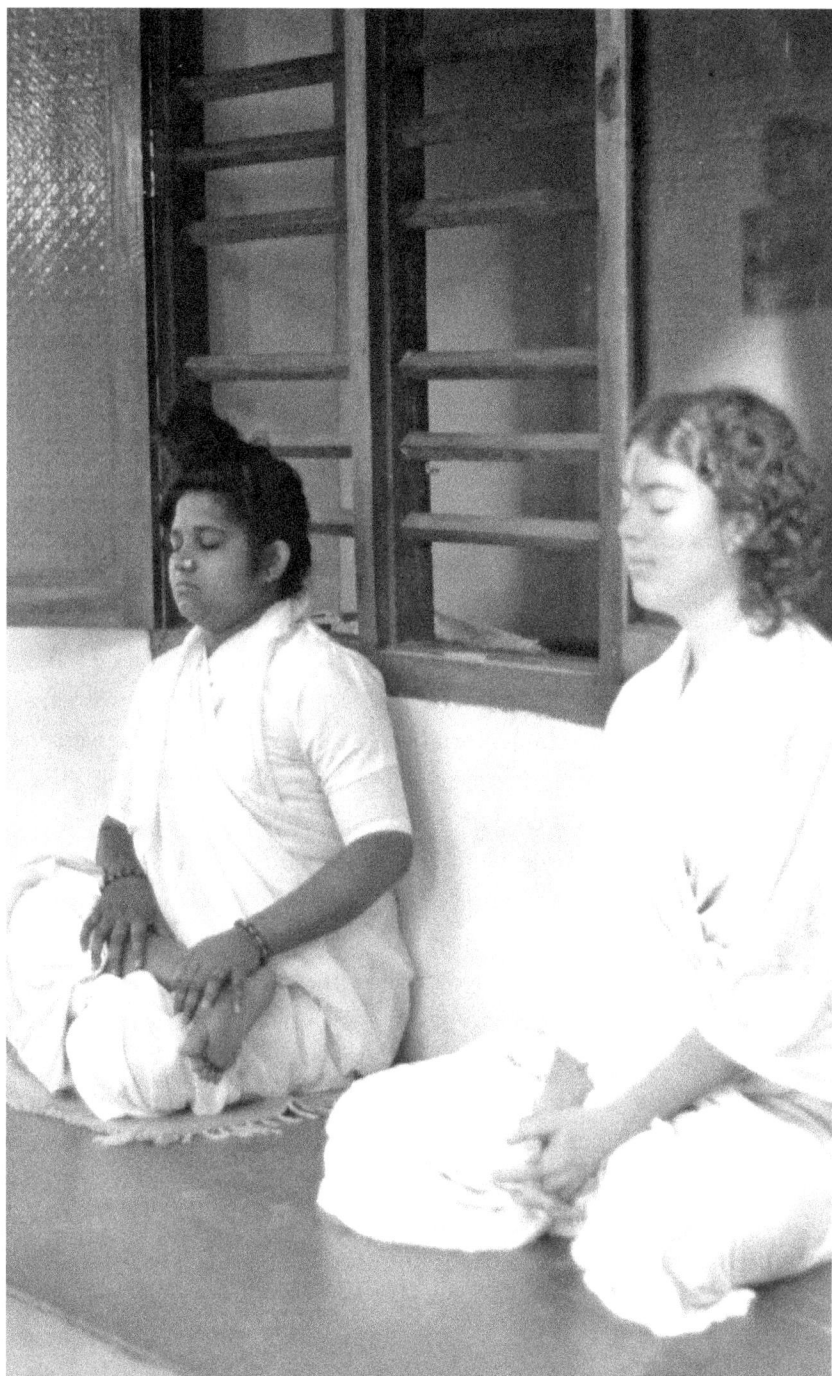

na de archana verlieten, konden wij Amma niet ver daarvandaan onder een kokospalm in de voortuin zien zitten mediteren. Ik volgde het voorbeeld van de anderen, die allemaal op verschillende plaatsen zaten, bewaarde een respectvolle afstand, en ging zitten. Om de een of andere reden was het zo gemakkelijk om in diepe meditatie te verzinken zonder dit ooit eerder beoefend te hebben. Ik wist dat het Amma's zegen moest zijn, want gewoonlijk sprong mijn geest als een aap in het rond. Toen wij ons bij Amma voegden, was het nog donker. Het volgende wat we hoorden was de klank van een bel die het ontbijt van negen uur aankondigde.

Waar was de tijd gebleven? Na het ontbijt dwaalde Amma rond en riep mij om haar te vergezellen: "Kusumam". Het klonk zo teder dat ik een steek in mijn hart voelde.

Via een vertaler vroeg ik of ik mee kon helpen met het werk in de ashram. Amma's gezicht lichtte op. Zij nam me bij de hand en daar gingen we, op weg naar de keuken. Amma riep wat aanwijzingen en er verschenen een berg groenten, een paar messen en een snijplank. Een grote lege kookpot werd naast Amma geplaatst. Ik kreeg de snijplank en Amma begon met een ongelofelijke snelheid en handigheid de groenten in haar gebogen hand te snijden. Het kleine hakmes dat zij razendsnel bewoog, was amper te zien vanwege de snelheid. Hoe kon iemand groenten zo snel snijden?

Ik verwonderde mij erover dat Amma's berg na slechts vijf minuten snijden tien keer zo groot was als de mijne. Zij was totaal op haar taak gericht, maar ook maakte ze de anderen, die waren komen kijken, aan het lachen. Op een bepaald moment draaide Amma zich naar mij om en zei een paar woorden die door een monnik vertaald werden: "Amma zegt dat een kleine boom een hekje om zich heen nodig heeft als bescherming. Zo kan hij groeien, anders eten de koeien hem op." Ik nam dat in mij op en wist dat Amma mij aanmoedigde met haar te praten. Ik voelde mij geraakt door wat Amma had gezegd en werd stil. Nog nooit was groenten snijden zo leuk geweest. En toen was het klaar. We gingen verder met het afwassen van de pannen. We sleepten de grote rijstpan en een aantal andere potten mee naar een kraan achter de keuken. Een kom as en een paar grote borstels van kokosvezel waren de enige dingen die we nodig hadden om de klus te klaren. Ongelofelijk hoe schoon je die pannen kon maken door alleen as gemengd met zand te gebruiken. Tegen lunchtijd werd besloten dat ik de pottenwasser zou worden. De volgende zes maanden kwam ik na iedere maaltijd en iedere melkwaterbereiding naar de achterdeur van de keuken om de vuile pannen op te halen. Vervolgens bracht ik ze weer brandschoon terug. Ik was opgewonden!

DEVI BHAVA DARSHAN

De volgende dag was het zondag. Mijn eerste Devi Bhava Darshan. Veel mensen waren in de middag aangekomen en de sfeer was erg feestelijk. Nadat Amma tijdens zonsondergang de bhajans had geleid, ging zij de Kalari binnen en werden de tempeldeuren gesloten. Een bewoner vertelde mij dat ik daar binnen zou mogen zitten als ik wilde en liet mij zien waar ik kon wachten zodat ik een van de eersten zou zijn die naar binnen kon gaan. Iedereen was uit volle borst aan het zingen toen de tempeldeuren werden geopend. Amma zwaaide met een lamp met geurige kamfer die fel brandde. Een zilveren kroon en nog wat dingen die ik niet goed kon identificeren waren op een krukje in het midden van de tempel geplaatst. De bhajan die Amma zong was *Ambike Devi*, hetzelfde lied dat Amma nog altijd zingt voordat Devi Bhava begint:

ambike devi jagannayike namaskaram
sharma dayike shive, santatam namaskaram

33

O Moeder Ambika, Leider van de Wereld, wij groeten U!
O Shiva, die geluk schenkt, wij groeten U voor eeuwig!

shanti rupini sarva vyapini mahamaye
antadi hine atma rupini namaskaram

U wier vorm vrede is, die alomtegenwoordig is,
O grote Bedriegster,
Zonder begin of zonder einde, Uw vorm is het Zelf,
ik buig voor U.

Voordat het lied eindigde, werden de deuren weer gesloten en verhevigde de intensiteit van de muziek. Omdat ik niet wist wat ik kon verwachten, herhaalde ik mijn mantra en hield mijn ogen gericht op de tempeldeuren. Kort daarna gingen die weer open, maar nu was Amma gekleed op de mooiste manier die je maar kunt bedenken. Spontaan stroomde mijn hart over van liefde en een oude herinnering. Amma zat nu op het krukje en was gehuld in een schitterende, smaragdgroene sari. Ze hield in haar rechterhand een zwaard en in de linker een drietand, die beide op haar knieën rustten. Je hoorde het tinkelen van enkelbanden vermengd met het reciteren van de mantra's, het blazen op een schelp en het luiden van de tempelklok. Amma's ogen waren even gesloten en openden zich toen. Ik stond maar een paar meter van Amma verwijderd, net naast de toegangsdeur van de tempel. Er stroomde een onbeschrijflijke golf van hitte en licht over mij heen. Haar ogen waren verblindende diepten van liefde en vrede. De hele aanwijsbare wereld verdween; voor mij was er alleen maar Devi. Iemand duwde mij om de tempel in te gaan. Ik raakte de drempel met mijn rechterhand aan, zoals iemand mij geleerd had, en stapte naar binnen.

De energie binnen in de tempel was nog duizend keer sterker. Amma's hele lichaam vibreerde zachtjes en de lucht voelde als overladen met elektriciteit. Nadat ik mijn asana op de grond tegen de muur aan Amma's linkerzijde gelegd had, ging ik op de vloer zitten. Een westerse helpster zat direct links van Amma en assisteerde bij verschillende taken. Amma keek naar mij en glimlachte. Mijn geest smolt. Mijn ogen sloten zich en ik zat. Op een bepaald moment fluisterde iemand "avondeten" in mijn oor, maar het was alsof ik het vanuit de verte hoorde en het niet verbonden was met mijn eigen gehoor. Misschien zei Amma hen mij niet meer te storen, want er ging nog meer tijd voorbij. In feite ging de hele nacht voorbij toen een hand mij zachtjes op de schouder aanraakte en ik op een of andere manier op kon staan. Amma liep rond door de tempel. Zij stopte en stond stil bij alle tien of twaalf mensen die nog binnen waren, om hun een laatste omhelzing te geven.

Amma kwam het laatst bij mij. Zij legde haar hand op mijn schouder en staarde een hele poos diep in mijn ogen. Uit haar ogen straalde zoveel kracht en licht. Hoe je dit soort overdracht ook noemt, het doordrong mijn diepste centrum en verstilde mijn gedachten volledig. Op dat moment smolt mijn geest en werd verzadigd met alle liefde die werd uitgeschonken. Toen Amma mij omhelsde kon ik amper rechtop blijven staan.

"JIJ HEBT DEZELFDE KRACHT"
De Kalari
December 1983

Het werd mijn gewoonte om iedere dinsdag-, donderdag- en zon-dagnacht op die plaats te gaan zitten en de hele Devi Bhava door te mediteren. Ik stond pas op aan het einde om Amma's laatste omhelzing te ontvangen. Die nachten at ik geen avondmaal. Op één zo'n nacht, tegen het einde, hoorde ik wat opwinding bij de tempeldeur. Ik keek op en schrok toen ik een man zag staan die meer dood dan levend was en wachtte om naar binnen te gaan. Zijn hele lichaam was bedekt met wonden. Sommige waren open en etterden. Zijn ogen waren in kassen verzonken die vol slijm zaten. Zijn oren waren weggerot door wonden en hij had geen haar op zijn hoofd dat gezwollen was als een overrijpe meloen. Ik hoef niet uit te leggen dat de stank vreselijk was. Ik had zowel de neiging om flauw te vallen als om over te geven. Er zou toch zeker wel iemand zijn die hem zou weerhouden de tempel binnen te gaan! Snel keek ik naar Amma om haar reactie te zien. Mijn geest kon niet verwerken wat ik zag. Haar gezicht smolt van liefde, alsof haar favoriete, lang verloren gewaande familielid ineens weer voor haar was verschenen. Zij wenkte hem de tempel in te komen, in haar open armen. Hij liet zijn hoofd op Amma's schouder rusten, net als iedere toegewijde die nacht had gedaan. Amma's gezicht straalde van liefde, nog sterker dan ik daarvoor had gezien. Terwijl zij heilige as in haar handen nam, streelde ze zijn armen en rug steeds weer terwijl zij de hele tijd tegen hem sprak met een zachte, tedere stem en hem troostte. Hijzelf stond zwijgend met zijn verminkte hoofd naar beneden, maar totaal ontspannen terwijl Amma hem verzorgde. Vergeet niet dat ik niet meer dan een meter van dit alles verwijderd zat, en het directe visuele effect op mij was zenuwslopend, op zijn zachtst gezegd.

Maar het meest intense deel moest nog komen. Blijkbaar was Amma niet tevreden met haar inspanningen. Ze draaide de lepralijder met zijn rug naar haar toe. Een aantal van de ergste wonden zaten aan de bovenzijde van zijn rug. Amma trok hem naar zich toe en begon met haar mond voorzichtig de etter uit de wonden te zuigen. Die spuugde zij uit in een kleine koperen kom die haar assistent binnen bereik hield. De blik op Amma's gezicht had een zuivere intentie. Er was geen spoortje afkeer of haast om deze walgelijke taak snel te beëindigen. Amma's stemming was dat ze alle tijd in de wereld voor deze man had. Toen likte zij met haar tong de ergste wonden en ging met haar wijsvinger over de sneden alsof zij een zoom aan het dichten was. Dit ging een tijdje zo door. Eindelijk gaf Amma hem prasad, wat heilig water en een banaan. Zij stond op en beëindigde de Bhava Darshan. De daarop volgende dagen was mijn geest in een shocktoestand. Omdat ik was opgeleid in milieuwetenschappen aan de Universiteit van Berkeley, kon ik absoluut niet vatten hoe het mogelijk was dat Amma deed wat zij deed. Een paar bewoners probeerden mijn vragen te beantwoorden. De monnik die nu Swami Amritaswarupananda heet, vertelde me dat de lepralijder, genaamd Dattan, al een poosje bij Amma kwam. De monnik die tegenwoordig Swami Amritatmananda heet, zei dat Amma bezig was hem te helen en dat hij een stuk verbeterd was vergeleken met voorheen. Hun antwoorden deden mijn gedachten nog meer duizelen. Ik besloot Amma hierover te benaderen.

Halverwege de ochtend trof ik Amma, terwijl zij met een grote schoffel aan het tuinieren was. Zij maakte waterputten rondom de kokospalmen in de voortuin. De cirkel die zij om iedere boom als een kleine dam maakte, was perfect van vorm. Het herinnerde mij aan het symbool van zwart graniet aan het begin van het paadje dat naar Amma's huis leidde.

Met behulp van een vertaler vroeg ik Amma toestemming een vraag te stellen over de lepralijder. Amma legde de schoffel neer en gaf mij haar volledige aandacht.

"Amma wat ik gisternacht heb gezien is niet mogelijk, ik bedoel wetenschappelijk gezien is het onmogelijk. Zulk een zieke huid kan niet worden hersteld. Hoe is dit mogelijk?"

"Dochter wil je weten wat het wonder is?"

"Ja, Amma, vertel het mij alstublieft."

"Het echte wonder is dat jij dezelfde kracht in jezelf bezit, maar jij weet het niet. Amma is gekomen om je dat te tonen."

Ze glimlachte lief, nam de schoffel weer op en ging verder met haar werk. Amma maakte er geen drukte over dat zij een

Amma met Dattan

lepralijder kon genezen. Er was geen spoortje ego of trots te bespeuren. Vanuit Amma's standpunt bezien was de buitengewone handeling die ik had bijgewoond, alleen maar van belang als opstapje naar Zelf-ontdekking. Op dat moment kristalliseerde er iets in me. Alle oude referentiepunten in mijn leven vielen uiteen. Er vond een onomkeerbare, tektonische verschuiving in mijn wereldbeeld plaats. Mijn hart opende zich voor dit prachtige, bescheiden, goddelijke wezen dat mij slechts wilde tonen wat in mijn eigen hart verborgen lag.

Onmiddellijk besloot ik om bij Amma te blijven en van haar te leren wat er te leren valt. Het was een van die momenten in het leven waarop je alles zeker weet. Je weet het gewoon. Je hart weet met absolute zekerheid. En vanaf dat moment ga je verder en zul je nooit meer dezelfde zijn. Je wordt herboren op dat moment van horen, van getuige zijn. Er echode een ongekende resonantie vanuit het diepst van mijn hart en die zette mij stevig neer op het spirituele pad waarop ik vandaag de dag nog steeds voortga.

29 jaar lang heb ik gemediteerd op het beeld van Amma die haar armen opende voor Dattan de lepralijder. Ik heb het van bijna iedere hoek bekeken. Ik heb mijzelf voorgesteld dat ik hem was, mij afgestemd op zijn ervaring dat hij uit de dood het leven terugkreeg door de genade van de Goddelijke Moeder. Ik stelde mij voor hoe ik hem in mijn eigen armen nam. Onmogelijk. Ik baadde me in de herinnering aan de intense, gloeiende schoonheid van pure liefde die op Amma's gezicht verscheen, toen zij de lepraleider in haar armen nam. En wat was de zich herhalende boodschap? Dat vanuit Amma's standpunt bezien de liefde veel belangrijker was dan het helen.

Bovendien hebben wij allemaal de kracht van die Hoogste Liefde in ons. Noem het Gods Liefde, Goddelijke Liefde of *Prema* (Hoogste Liefde) in het Sanskriet; hoe je het ook wenst te noemen, het is de almachtige, alles overwinnende, eeuwige, universele

Liefde. Volgens de wijzen en heiligen van alle tradities is deze liefde onze ware aard, maar wij zijn ervan afgesloten. Het doel van een spiritueel leven is om te ontwaken in die Allerhoogste Liefde die onze aangeboren aard en ons inherente en grootste potentieel als menselijke wezen is.

Wie heeft de macht om het leven aan de stervenden terug te geven? Degene die met die macht bekleed is, hoeft haar prachtige zijden jurk niet te bevuilen om een rottende man te omhelzen. Het is genoeg als zij haar handpalmen op hem richt en de helende kracht door haar handen naar hem toestraalt met de kracht van haar geest. Die macht bezit zij. Maar voor Amma was het tonen van liefde aan Dattan, die door zijn eigen familie was verstoten om een wisse dood te sterven, de meeste krachtige van de twee mogelijkheden. Wie bezit een geest die zoiets kan bedenken? Wie is de scheidsrechter van het lot? Zij bevindt zich in ons midden en haar naam is Mata Amritanandamayi. De moeder van Zuivere Genade.

HOOFDSTUK 2

Ik speel het spel mee

Zoals het tegenwoordig bij Amma is, zo was het vroeger ook. Je kunt op een dag zoveel ervaren en de maanden vlogen voorbij. Het tijdschema van de ashram was op de muur van mijn kamer geplakt en diende als mijn dagelijkse leidraad.

4:30	Archana
6-9	Meditatie/Yoga
9	Ontbijt
10	Les over de geschriften
11-13	Meditatie
13	Middageten
14-16	Vrije tijd
16-17	Les
17-18:30	Meditatie
18:30-20	Bhajans
20:30:	Avondeten
21-23	Meditatie

Mijn eerste grote ontdekking was dat ik mediteren heerlijk vond. Al het andere paste in mijn dag rondom de meditatiesessies. Ik zat meestal op de veranda van de Kalari, urenlang. Op die manier waren de maaltijden, de lessen en het afwassen van de pannen vlak in de buurt. Het was efficiënt, ik zat niemand in de weg en was in trance. Nadat ik mijzelf had aangespoord om te gaan eten of af te wassen, kuierde ik terug naar de Kalari om weer te gaan zitten. Zo gleden dagen, weken en maanden voorbij.

TIJD VOOR DE LES

De lessen waren een hoogtepunt van de dag: 's morgens de Bhagavad Gita en 's middags een van de Upanishaden. Ik weet nog dat op een bepaalde morgen een nieuwe cursus door Amma zelf werd ingewijd. Zij zat in de Vedanta Vidyalayam, een kleine, open beschutting met een eenvoudig dak en betonnen vloer die juist de westhoek van de Kalari raakte. Amma zat op een klein verhoogd platform met een stapel boeken naast zich en stak de versierde olielamp aan die bij zulke gelegenheden gebruikt wordt. Terwijl de monnik die de lessen volgde, het reciteren leidde, strooide Amma bloemblaadjes over de boeken en over ons. Dan zegende zij een *kindi* (koperen pot voor ceremonies) gevuld met water dat zij overal heen sprenkelde. Vervolgens gingen wij één voor een naar Amma toe, deden een diepe *pranam* en ontvingen het nieuwe boek uit haar handen. Ik keek naar mijn boek. De titel was: *Vedanta-Sara* door Adi Shankaracharya.

De studie van Vedanta was een openbaring voor mij. Adi Shankaracharya legde tot in het kleinste detail de filosofie van eenheid uit, van een verenigd veld van zuiver bewustzijn, van zuiver bestaan, van Brahman die het substraat van het universum is. Het is inherent mogelijk om die eenheid direct te ervaren, om over onze schijnbare werkelijkheid heen te stappen, als wij ons hier werkelijk toe zetten. Dit is het doel van het menselijk leven. Het is niet een ervaring die wij moeten bereiken, want wij bevinden ons al in die toestand. Maar door ons gebrek aan begrip identificeren wij ons met ons lichaam en onze geest, die vergankelijk zijn, en niet met hun eeuwige grondslag, zuiver bewustzijn. We moeten begrijpen dat alle zintuiglijk genot tijdelijk is en uiteindelijk een bron van toekomstig lijden. Hoe duidelijker wij dit inzien, des te makkelijker is het om ons los te maken van onze egoïstisch voorkeur en afkeer. Geleidelijk krijgen wij dan een steeds juistere visie op de wereld, onszelf en God en ervaren

deze drie direct als één zuiver bewustzijn in essentie. Als ons visie gecorrigeerd is door spiritueel begrip, verdwijnen al onze angsten. Al onze egoïstische wensen vervagen. Zo worden wij bevrijd van ons egoïsme. Dit maakt ons echter niet inactief. Net als Amma blijven wij handelen, niet voor ons eigen welzijn, maar voor de wereld. Voor een wetenschappelijk getrainde geest als de mijne was Shankaracharya's Vedanta Sara een soort balsem van pure opluchting. Mijn geest dronk zijn heldere uiteenzetting van de ware werkelijkheid in, zoals iemand water drinkt na een lange voettocht door de woestijn.

De twee andere vrouwelijke ashrambewoners kwamen uit Australië. Wij waren allemaal ongeveer even oud, hoewel ik de jongste was. Een was de persoonlijke bediende van Amma en de ander was van het stille, academische type. Zij assisteerde Amma tijdens de Devi Bhava Darshans. Wij hadden allemaal onze eigen taken en besteedden geen moment van de dag aan praten met elkaar. Ik leerde hen enkel kennen door de tijd die wij samen doorbrachten met het dienen van Amma en de ashram.

Ik bewonderde hen allebei. Er was iets speciaals aan hen, zij wisten altijd precies wat er gedaan moest worden. De een herhaalde altijd haar mantra, in stilte natuurlijk, terwijl zij bezig was met Amma's directe verzorging. Zo kookte zij, maakte schoon en waste Amma's kleding. Zij was heel efficiënt in haar taken, maar vond ook tijd om mij speciale werkjes te laten doen die me dichter bij Amma brachten.

De andere vrouw was net zo begaafd maar dan met betrekking tot efficiëntie op academisch gebied. Ik merkte op dat zij terugging naar haar kamer, wanneer ik na de les op de veranda ging zitten mediteren. Zij kopieerde dan ijverig haar aantekeningen van de les in een groot schrift en voegde de Sanskriet en de Engelse vertaling toe van ieder vers waarover we net een lezing hadden gekregen. Wat ik aan de universiteit in de wetenschappen had voltooid, verrichtte zij op het gebied van de geschriften. Haar concentratie en liefde voor Moeder tijdens Devi Bhava waren verbazingwekkend. Ze bleef stilletjes aanwezig aan Amma's zijde, hield alles in de gaten tot op het laatste moment, en dat was meestal een uur of drie of vier 's nachts.

Ik vroeg mij af of ik ooit zulke kwaliteiten van zelfdiscipline zou hebben. Ik dompelde mij onder in de spirituele concepten die we in de les leerden en diende onbaatzuchtig door de pannen af te wassen, maar het kern van mijn spirituele beoefening was de tijd die ik mediterend doorbracht.

EEN YOGALES

Op een morgen, kort na het ontbijt, riep Amma mij bij zich in haar kamer. Iemand had haar verteld dat ik aan hatha yoga deed en zij wilde mijn *asana's* (yogahoudingen) zien. Een aantal bewoners zat rustig in een hoek en besteedde niet veel aandacht aan mij. Dus begon ik met de zonnegroet. Toen stond ik in de boogschutterpositie lange tijd op één voet. Daarna deed ik de hoofdstand en een aantal andere houdingen waar Amma om vroeg. Ik had geen hoge dunk van mijn yogabeoefening omdat ik zomaar een paar basisoefeningen van de moeder van een schoolvriend op de middelbare school had geleerd. Maar Amma vond het geweldig. Zij liet me sommige houdingen steeds weer herhalen.

Eindelijk vroeg Amma mij om tegenover haar in de volledige lotus te zitten. Dat was makkelijk genoeg. Amma ging ook in de volle lotus zitten, zodat haar knieën de mijne raakten. Toen begon de pret. Amma boog voorover en pakte mijn onderarmen vast. Ik deed bij haar hetzelfde. Toen, in een roterende beweging met de klok mee, begonnen we in een langzame cirkel te bewegen. Eerst een kleine cirkel en daarna in een steeds groter wordende boog. Al snel draaide Amma achterovergebogen net boven de grond langs terwijl ik helemaal naar voren boog als tegenhanger van

Amma's gewicht en de kracht van haar bewegingen. Toen ging mijn romp in een cirkel naar achter, net boven de grond langs, ik boog net genoeg om de grond niet te raken, maar Amma's gewicht en beweging hielden mij in evenwicht. Amma gaf door haar grip aan dat zij sneller wilde. En zo draaiden we rond in deze cirkelende beweging, in een perfect ritme. Ik had dit nog nooit eerder gedaan. Het was meer dan opwekkend. De assistente knielde in de buurt en ik hoorde haar zeggen: "Voorzichtig, jullie gaan je hoofden stoten! Voorzichtig! Stop nu maar!" Maar ik wist dat Amma en ik perfect synchroon waren want als zij naar achteren cirkelde, cirkelde ik naar voren. Hoe dan ook, we gingen niet langzamer, want Amma zat aan het stuur en niet ik. Uiteindelijk ging Amma langzamer en barstten we in lachen uit. Mijn hoofd draaide absoluut niet, maar mijn ziel tolde.

Nadat we weer op adem waren gekomen, droeg Amma mij op om yogalessen aan de vrouwelijke bewoners te geven. De lessen zouden 's morgens in Amma's kamer plaats vinden, nadat zij naar beneden was gegaan. En zo werd de eerste yogales voor vrouwen in de ashram geïnaugureerd door de grootste yogini van het universum: Amma.

IK LEER DE WAS DOEN

Achter het huis van Amma's familie waren drie wasstenen en een kraan waar soms ook nog water uit kwam. Daar was ik in mijn eerste week aan het worstelen met mijn wasgoed. Maar hoe werkte deze grote wassteen eigenlijk? Gewapend met mijn emmer, een stuk Rinzeep en allemaal vlekken op mijn kleding, ging ik aan het werk. Makkelijk toch? Vul de emmer, laat de kleding weken, boen met de zeep, borstel met de plastic borstel de plekjes die extra aandacht nodig hebben, probeer je buurman niet nat te spatten en boven alles: verspil geen water.

Dat leek niet al te moeilijk; ik bedoel je hoefde alleen dit patroon te volgen, maar ik deed er echt veel langer over dan de anderen. Natuurlijk wilde ik niet bekeken worden als de nieuwkomer van de wassteen, dus ik keek goed hoe de anderen het deden terwijl ik op mijn beurt wachtte om de kraan te gebruiken. Aha! Eerst sloegen zij hun kleding op de steen en daarna wreven zij ermee over de steen. Dat leek veel efficiënter dan mijn kleine borstel. Dus, na water te hebben bijgevuld, begon ik hetzelfde te doen. Of tenminste, dat dacht ik.

Uiteindelijk wendde de monnik, die nu bekend is als Swami Amritaswarupananda, zich tot mij en zei heel beleefd: "Als je de kleding op die manier op de steen beukt, dan blijft er niets van over. Kijk, probeer het eens op deze manier." Ik voelde mij geraakt dat hij mij wilde helpen mijn techniek te verbeteren en het niet erg vond dit te zeggen. Hij had gelijk, er was een kleine beweging met de pols nodig die maakte dat de kleding in de lucht draaide zodat deze vanzelf naar beneden kwam en de steen niet zo hard raakte. Door deze beweging werd de kleding meer ineengedraaid waardoor de vieze vlekken los kwamen van de stof. Het ging ook veel sneller zo. Het maakte minder lawaai en bovendien vloog er beduidend minder zeepsop door de lucht naar de buren, wat van slechte manieren getuigde. Voor ik het wist, had ik mijn hele emmer gedaan en kon de volgende persoon dankbaar mijn plaats innemen.

AVONDTAKEN

Het werd mijn taak om 's avonds na de bhajans achter Amma te lopen met een thermoskan, waaier en gezichtsdoekje. Wanneer Amma om één van deze dingen vroeg, haastte ik mij haar dit te brengen. Als zij om iemand vroeg, dan ging ik die persoon halen. Amma dwaalde door de ashram, soms alleen, maar vaker in gezelschap van devotees die zojuist waren aangekomen, of met bewoners. Ze zaten onder de kokospalmen of op de stoep van de hutten en voerden gesprekken tot diep in de nacht. Soms lachte Amma speels en maakte grapjes, andere keren werden er serieuze zaken besproken. Voor mij was het een tijd van voortdurende mantrajapa en goed in de gaten houden wat Amma nodig had. Haar energieniveau nam nooit af; haar aandacht was altijd gericht op de zorgen en behoeften van anderen. Zij gaf haar tijd volledig aan iedereen die haar op kwam zoeken. Ze offerde dag in dag uit haar eigen voedsel en slaap op en het was moeilijk om haar bij te houden, zelfs voor een 23 jarige.

Op een nacht, na de bhajans, bracht iemand Amma een *tamboera*, een viersnarig instrument dat als een diepe dreun klonk. Starend naar de sterren begon Amma de tamboera te bespelen. Terwijl ik naar haar gezicht zat te kijken, verzonk zij in *samadhi*. Nooit eerder had ik iemand in die staat zien verzinken en er ging een golf van zuiverende vrede door me heen. Ik wilde dit moment van pure gelukzaligheid niet verstoren door naar Amma te staren, maar haar gezicht gloeide met een maanbeschenen licht dat vanuit haar binnenste leek te stralen. De schittering van Amma's glans werd steeds sterker. Tranen stroomden een tijdje stil over haar wangen. Toen kon ik een zacht mompelend lachen horen dat klonk alsof het van een ander bestaansniveau kwam. Het hield lang aan en ebde toen weer weg. Dit was de nacht waarin ik me realiseerde dat dit pad van liefde zoveel dieper ging dan ik mij had voorgesteld. Urenlang werd Amma's bewustzijn in beslag genomen. Ik zat dicht bij Amma tot zij haar ogen openende, vlak voor de dageraad. De monniken zaten dichtbij te mediteren terwijl de nacht voorbijging, en koesterden zich in deze hemelse sfeer.

ELKE NACHT

Elke nacht vroeg Amma een of twee meisjes in haar kamer te blijven om te helpen. Volgens mij is het zo dat als je wilt weten hoe iemand werkelijk is, je zijn kamer eens moet bekijken. Mijn kamer is rommelig, Amma's kamer is ongelofelijk eenvoudig. Niet meer dan 5 bij 6 meter en met gewone witte verf op de muren. Er staat een smal bed in met daaronder een kastje met schuifdeuren waarin haar kleding wordt bewaard. Geen meubilair, zelfs geen stoel. Amma zat gewoon op een stromat op de vloer om haar maaltijden te nuttigen. Geen telefoon, geen televisie, alleen een ventilator aan het plafond. De 'keuken' bestond uit een tweepits-gasstel op een piepklein balkonnetje plus een minuscule koelkast. De enige versieringen waren een geschilderd Krishnabeeldje van klei dat in de ene hoek stond en een foto van de godin Saraswati, die aan de muur aan het voeteneind van Amma's bed hing.

Met het risico een beetje op de zaken van mijn verhaal vooruit te lopen, wil ik hier een anekdote vertellen. Onlangs, toen wij 's zomers op tournee waren, werd er aan zee een prachtige nieuwe kamer voor Amma gebouwd. Groot, luchtig, vol licht, uitkijkend op de Arabische Zee, met frisse wind van de oceaan, alleen het geluid van de brekende golven en een echte keuken. Toen Amma van de tournee terugkwam, weigerde zij ook maar één voet in het appartement te zetten. Ze zei dat haar oude kamer prima was. En daarmee was de zaak afgedaan. Wat toen Amma's kamer was, is nu Amma's kamer. Het enige wat is toegevoegd is een telefoon.

Maar ik dwaal af. De nachten in Amma's kamer waren rustig. Ik serveerde Amma een eenvoudig avondmaal, terwijl zij haar stapel post doorlas en beantwoordde. Andere nachten werkte Amma hard. Een vertrouwd beeld was dat van Amma die een brief in haar ene hand hield, terwijl iemand anders een tweede brief aan haar voorlas. Als er dan iemand binnenkwam, stopte de voorlezer soms met lezen. Dan vroeg Amma waarom ze ophielden. "Ik heb toch twee oren, je hoeft niet te ophielden." En dat was waar. Haar geest kon in beide taken totaal aanwezig zijn en zij volbracht ze perfect.

Dit was ook het moment om problemen op te lossen wanneer bewoners raad of aanwijzingen nodig hadden. Amma voerde een opendeurpolitiek, wat inhield dat de deur van haar appartement openstond. We konden altijd binnenkomen als het nodig was. Het verbaasde mij altijd dat Amma geen behoefte had aan privacy, dag of nacht; al haar tijd gaf ze aan anderen. Als Amma's voet- of kuitspieren pijn deden, masseerde ik ze. Soms hielp ik met de bereiding van haar eten. 'Slaap' is niet het woord dat ik zou gebruiken om te beschrijven wat Amma deed als ze ging liggen. Het was meer dat zij haar lichaam een paar uurtjes rust gunde. Haar bewustzijn van alles wat er om haar heen gebeurde bleef, zelfs als zij lag te rusten. Dit bleek wel, want regelmatig maakte ze ons wakker om ons te vragen om iemand op te vangen die 's nachts was aangekomen of als iemand ziek was geworden en hulp nodig had.

KOKEN VOOR AMMA

Op een keer werd mij gevraagd een bijgerecht voor Amma's avondmaal te bereiden. Degene die gewoonlijk voor Amma kookte, vertelde mij welk gerecht ik klaar moest maken en gaf precieze instructies. Ik weet nog dat ik in plaats van mijn mantra onophoudelijk te herhalen dacht: "O, wat heb ik een geluk dat ik dit mag klaarmaken! Amma zal het zo heerlijk vinden. Misschien vraagt zij straks wel of ik voortaan voor haar wil koken!" In plaats van mijn zuivere mantra stopte ik mijn zuivere ego in het gerecht.

Het eten werd geserveerd, maar ik werd weggeroepen voor een andere taak. Teleurgesteld dat ik niet kon zien hoe Amma van mijn bijdrage zou genieten, kon ik niet vermoeden wat er zou gaan gebeuren. Ongeveer een half uur later kwam er iemand aanrennen om mij op te halen. Ze riepen mij naar Amma's kamer omdat zij zich doodziek voelde. Toen ik daar aankwam, schrok ik afgrijselijk. Amma moest ontzettend overgeven op het toilet.

Zij vroeg mij haar vast te houden. Ik voelde me zo rot toen ik naast haar stond en schoon water inschonk om haar mond mee te spoelen. Ik gaf haar een handdoek toen de misselijkheid uiteindelijk stopte. Ik wist dat het kwam van de schotel die ik met zoveel ego had klaargemaakt. Wat een ramp!

De monniken waren erg bezorgd en wilden weten hoe ik het eten had bereid en waarom ik haar dat specifieke gerecht had gegeven dat gewoonlijk niet 's avonds werd gegeten. Dus toen Amma het helemaal uit haar systeem had verwijderd, gingen wij allemaal zitten. Ik vertelde iedereen wat het werkelijke probleem van het gerecht was geweest en wachtte op Amma's antwoord. Amma barstte in lachen uit en trok mij aan mijn oor. Mijn rechteroor natuurlijk, hetzelfde oor waar zij aan had getrokken toen wij elkaar voor het eerst ontmoetten. Ze zei tegen iedereen, niet alleen tegen mij, dat wij volledige aandacht moesten hebben bij iedere activiteit. De mantra zou ons helpen als wij die continu zouden herhalen. Het zou elke actie zuiveren als we de mantra met *shraddha*, bewustzijn en vertrouwen reciteerden.

Wij luisterden allemaal aandachtig, ik nog het meest natuurlijk; dit was een echt leermoment. Dit was Amma's manier van onderwijzen, vriendelijk, gemakkelijk, niet een bepaald persoon beschaamd makend, maar ervoor zorgend dat de essentie goed overkwam; niet slechts voor één individu, maar voor allemaal. Over al deze jaren heeft Amma dit op deze manier gedaan. Veel standjes werden uitgedeeld en soms was het niet onmiddellijk duidelijk waarom een situatie zo'n sterke reactie bij Amma teweegbracht. Het is mij opgevallen dat Amma's toon altijd afgestemd was op het niveau van de persoon voor wie de les bedoeld was. Zij die een scherpe tong hadden, kregen een scherpe reactie; zij die zachtaardiger waren, werden op een zelfde manier behandeld. Wanneer een standje verwarrend leek, ontdekte ik dat met een beetje zelfreflectie uiteindelijk altijd duidelijk werd wat gecorrigeerd diende te worden. Het was Amma's taak om ons van ons gevoel van 'ik' en 'mijn' te bevrijden, van ons kleinzielige egoïsme. Over het algemeen moest ik mijn besef van 'doener' leren loslaten. Waarom zou ik op Amma reageren? Was ik niet naar haar gekomen om echt bevrijd te worden?

HET AANSTEKEN VAN DE LAMPEN

Op een avond na de bhajans kwamen er verschillende auto's om Amma en de ashrambewoners voor een huisbezoek naar Kollam te brengen. Daar bevond zich het huis van de familie van een van Amma's eerste volgelingen en er was een receptie georganiseerd. Het was al negen uur toen we ons in de auto's persten. Amma en de dames op de achterbank en twee monniken voorin. De andere auto's werden gevuld met de rest van de bewoners en de instrumenten. Toen we in Amma's auto stapten, zaten we erg krap op de achterbank. Het lukte mij om ineengehurkt te zitten zodat Amma wat meer ruimte had. Ook had ik zo een perfect zicht op het tafereel dat zich af ging spelen. Amma begon *Shiva Shiva Hara Hara* te zingen. Wat langzaam begon, werd al gauw een zeer snelle bhajan die niet eindigde. Amma lachte en riep in vervoering. We zongen allemaal helemaal vanuit ons hart. De hele auto was gevuld met een onbeschrijflijke gelukzaligheid. Ik vroeg mij af hoe de bestuurder nog kon rijden. Toen de bhajan was afgelopen, waren wij praktisch in Kollam. Amma's stemming was erg verheven en levendig. Haar ogen leken op gloeiende kolen.

Ik vroeg Amma naar de intense gelukzaligheid die ik voelde als ik een bhajan met mijn hele hart zong, wat natuurlijk niet altijd gebeurde. "Is dat ware gelukzaligheid?"

Amma zei dat ik moest proberen om de gaten tussen de momenten waarop ik die gelukzaligheid voelde, te verkleinen, zodat het continu zou worden. Dan pas zou het de echte ervaring van gelukzaligheid zijn, als de tussenpozen waren verdwenen.

Tegen de tijd dat wij Kollam bereikten, was het duidelijk dat dit een bijzonder nachtje beloofde te worden. Het huis was voor Amma's bezoek prachtig versierd. Bloemenkranss waren langs de hele veranda gehangen en op het pad voor het huis stond een enorme olielamp fel te branden. Amma werd naar de pujakamer van het gezin geleid. Daar stonden overvolle dienbladen gevuld met fruit en geurige jasmijnbloemen. Glanzende koperen pujabenodigdheden stonden netjes op een blad binnen Amma's handbereik. De monniken stroomden naar binnen. Ik zat vlak achter Amma met een gezichtsdoek en een waaier.

Iedere foto op het uitgebreide altaar was versierd met verse bloemenkransen. Er was iemand de hele dag bezig geweest om de gebedskamer zo perfect in orde te brengen. Overal waar je keek was iets moois te zien. In het midden stond een grote foto van Amma in Devi Bhava. Amma begon met het aansteken van de gloednieuwe olielamp, waarvoor zij een kleine handlamp gebruikte die zij met een lucifer had aangestoken. Daarna werden met de lamp een paar kamferblokjes aangestoken en met haar blote handen legde Amma deze in het water van de koperen *kindi* (waterpot met schenktuit). Hoe kon zij dat doen zonder haar vingers te verbranden of de vlam te doven? Terwijl de kamfer op het water ronddreef, nam Amma een beetje heilige as en sprenkelde dit uit over het water. Nu verspreidde de kamfer zich en dreef verschillende kanten op. Amma bleef naar de beweging kijken. De monniken waren al mantra's aan het reciteren en na een poosje deed Amma mee. Dit waren niet de mantra's die ik in de ashram had gehoord. Ze waren anders. Met mijn gebrek aan kennis van Sanskriet noemde ik het maar huisbezoek-mantra's.

Amma tilde de grote koperen schaal met water op, die zij met kamfer en heilige as had gezegend. Zij hield hem dicht bij haar gezicht en ademde over het oppervlak van het water waarna

53

zij de lucht diep inademde. Althans daar leek het op vanuit mijn gezichtsveld. De aratilepel werd aangestoken en Amma omcirkelde een aantal van de pujafoto's met de vlam, maar niet haar foto. Zij pakte een handvol jasmijnbloemen vermengd met roze en rode bloemen die ik niet kende. Deze hield ze even boven de brandende kamfer en strooide ze toen over de foto's om deze te zegenen. Terwijl Amma met haar rechterhand wat heilig water de kamer in sprenkelde en vervolgens over de mensen die aanwezig waren, begon zij te zingen:

Vedanta venalilute oro nadanta panthannalannal
ni tan tunaykkum avane enne Gitarttham ippozh evite?

Waar is nu de waarheid van de Gita
die zegt dat U een reiziger
naar de ultieme stilte zult leiden
door het droge, hete seizoen van Vedanta?

Dat lied was het tegenwicht van de bhajan die wij tijdens de autorit hadden gezongen. Ik kon voelen hoe de gelukzaligheid van het lied mij begon te bevangen en ik probeerde te doen wat Amma mij had voorgesteld. Verkort de tussenpozen. Breng je gedachten tot stilte en houd je geest op één punt gericht. Los voor althans een enkel moment op in goddelijke liefde.

Na de puja nam de familie Amma mee naar een grote ruimte waar zij de vele familieleden kon ontvangen en darshan kon geven. We kregen allemaal een heerlijk maal; het was mijn eerste volledige Indiase maaltijd, maar het duurde niet lang voor ik smeekte mijn bord niet meer te vullen. Iedereen lachte toen ik in Malayalam 'muddi' zei, wat 'genoeg' betekent.

Wij waren ongeveer een uur in het huis en ik dacht dat we nu naar de ashram terug zouden keren. Maar in plaats van in de auto te stappen gebaarde Amma dat ik haar moest volgen. Daar gingen we, op een drafje. De monniken haalden ons in toen

Amma net het volgende huis waar een olielamp bij de voordeur was aangestoken, binnenging. De familie zat vol verwachting te wachten en Amma was in hun pujakamer nog voor zij klaar waren met het wassen van haar voeten. Hetzelfde ritueel speelde zich af, maar nu zong Amma een ander lied:

kotannu koti varshangalayi satyame
tetunnu ninne manusyan

O eeuwige waarheid,
Sinds miljoenen jaren is de mensheid naar U op zoek

Amma gaf het gezin en de familieleden darshan. Daarna at zij een heel klein beetje van het voedsel dat zij haar aanboden. De deur uit en naar het volgende huis waar een lamp in het halletje aangestoken was. Zo ging Amma verder naar nog zeven huizen met mij achter haar aan hollend om haar bij te houden. Ze ging zo snel. De monniken konden Amma gemakkelijk bijhouden, geen probleem. Toen wij het laatste huis verlieten, keek ik op mijn horloge. Het was bijna twee uur. De lucht was helder en verfrissend koel. Maar wacht, Amma ging in de tegenovergestelde richting van waar wij gekomen waren. Ik rende achter haar aan om haar in te halen.

Haar tempo werd sneller. Toen zag ik een klein paadje. Amma liep het pad op met mij dicht achter zich. Een ogenblik later kwam er een nieuwe straat in zicht. Meer dan een dozijn huizen met aangestoken olielampen strekten zich voor ons uit in de nacht. Amma's uitbundigheid nam geen greintje af. Zij was een overstromende beker van liefde, die vreugde bracht in elk huis waar een lamp was aangestoken. Haar enthousiasme om spirituele voeding te brengen naar iedereen die vol verwachting op haar komst wachtte, was eindeloos. We kwamen pas vlak voor zonsopgang in de ashram terug.

AMMA'S FAMILIE

Amma's familie was op zoveel manieren genereus; dat kon ik onmiddellijk zien. Zij nodigden mij bij hen thuis uit, zij gaven mij een kamer in hun huis en alles wat zij bezaten werd gebruikt om de ashram te ondersteunen. Zij verwachtten er niets voor terug. Haar familie had al heel wat doorgemaakt toen Amma meer bekendheid kreeg vanwege haar goddelijkheid. Er hadden zich al zes spirituele zoekers uit drie verschillende continenten bij hen op de stoep gemeld om dicht bij Amma te wonen. Zij hadden op iedere manier kunnen reageren, maar kozen boven alles voor de rol van hoffelijke gastheer en gastvrouw. Amma's ouders, broers en zussen leren kennen en hen door de jaren heen volgen was verbazingwekkend. Ik zag hen naar school gaan, diploma's behalen, trouwen en hun eigen kinderen grootbrengen, bedrijfjes starten en daarin succesvol worden.

Het kan voor hun niet gemakkelijk geweest zijn om zich aan te passen aan de constante eisen van Amma's groeiende missie in hun eigen voortuin. Steeds opnieuw gaven zij hun eigen huizen en land op door een stukje verder weg te gaan wonen. Zo konden zij de niet aflatende toestroom van steeds meer volgelingen herbergen. Amma's ouders, broers en zussen gaven belangeloos voor het welzijn van de ashram, zodat die kon groeien.

Veel nachten genoten zij allemaal van de koele avondlucht en van elkaars gezelschap en kletsten en lachten zoals families dat doen. Alles wat zij hadden, deelden ze met ons, inclusief hun hele huis, hun terrein, het voedsel en het brandhout om het eten op te koken. Als er 's nachts iemand aankwam of een plek om te slapen nodig had, stelden zij altijd hun huis beschikbaar. Terwijl sommige gezinnen geïrriteerd zouden raken door de niet aflatende inbreuk op hun privacy, waren zij precies het tegenovergestelde. Zij voelden het als hun plicht om de devotees te verwelkomen.

Jaren later werden alle eigendommen die zij geschonken hadden, toevertrouwd aan de *sannyasa*-orde die Amma in Amritapuri had gesticht. Geen enkel familielid is eigenaar van enig eigendom van de ashram, hoewel al hun eigendommen zonder enige compensatie aan de trust gegeven werden. Zij kregen geen cent betaald voor hun eigen land. Alle scholen, ziekenhuizen en instituten die door Amma zijn opgericht, vallen onder een trust bestuurd door de raad van bestuur van de ashram. Zelfs Amma's eigen naam staat nergens genoemd op welk papier over het eigendomsrecht van de ashram ook. Ook zit geen enkel familielid van Amma in het bestuur. De enige leden van het bestuur zijn sannyasins (monniken). Hoe verfrissend vandaag de dag.

Toen het tijd was dat Amma's nicht Durga zou gaan trouwen in mei 1999, was er veel opwinding omdat zij de eerste nicht van Amma was die ging trouwen. De familie vroeg Amma's zegen om een lening bij een bank te vragen zodat alles goed georganiseerd kon worden. In India komen de kosten voor het grootste deel ten laste van de familie van de bruid. De bruiloft was om meerdere redenen een gunstige gebeurtenis: het was een teken dat Amma's familie in staat was in haar eigen behoeften te voorzien zonder op enige manier afhankelijk te zijn van de ashram.

Het was een bron van trots voor het gezin van Sugunanand Acchan en Damayanti Amma dat al hun kinderen en hun echtgenoten aan een universiteit waren afgestudeerd. Zo konden zij een goede huwelijkspartner vinden en voor hun eigen gezin zorgen te midden van de ontluikende ashramgemeenschap. Het zou niet lang duren voor zij allemaal dankzij hun harde werk en aangeboren talenten een succesvol bedrijf leidden, of het nu een zuivelbedrijf of het bouwen van boten betrof. Iedereen werd voor de bruiloft uitgenodigd. Er werd een groot, gedenkwaardig feest georganiseerd. Grote aantallen mensen werden voor het eten uitgenodigd, zoals in India de gewoonte is.

KRISHNA BHAVA DARSHAN

Op een ochtend werd er een verrassende aankondiging gedaan. Op zondag zou Amma Krishna Bhava Darshan geven. Dit was voor alle devotees heel bijzonder, omdat Amma voorheen altijd Devi én Krishna Bhava Darshan op dezelfde nacht gaf, maar daarmee opgehouden was. Het nieuws verspreidde zich snel en op zondag kwamen er drommen mensen om deze Krishna Bhava bij te wonen. De sfeer in de Kalari was totaal anders. Krishna was speels met de devotees en Devi was ernstig. Krishna stond op één voet en rustte met de ander op een krukje. Amma ging niet zitten. Devotees stonden in de rij in de tempel en ontvingen staande hun prasad. Er werd een schaal met stukjes banaan opgehouden zodat Amma iedereen die voor darshan kwam iets te eten kon geven. Ook werden er andere bhajans gezongen, voornamelijk bhajans over Krishna waarvan de meeste op luchtige melodietjes waren gezet. Toen ik als gewoonlijk de tempel binnenging om te mediteren, voelde ik er niet veel voor om voor darshan te gaan. Het klinkt vreselijk raar om te zeggen, maar mijn devotie was volledig op de Goddelijke Moeder gericht.

Tegen het einde van de nacht kwam iemand mij halen voor darshan, omdat Amma wist dat ik nog niet gekomen was, maar ik vertelde hem dat mijn hart alleen maar naar de Goddelijke Moeder verlangde. Toen de Krishna Bhava bijna voorbij was, kwam Amma naar de tempeldeur om de devotees gedag te zeggen. Er waren er velen blijven wachten. Amma stapte net buiten de tempeldeur en begon te dansen met haar armen omhoog gericht en een hemelse glimlach op haar gezicht. Zelfs Amma's gezicht zag er die nacht anders uit, meer jongensachtig en ondeugend. De dans ging alsmaar door terwijl de bhajan sneller werd. Nu had ik spijt van mijn beslissing om niet voor darshan te gaan, maar er was geen weg terug. Wat was ik stom geweest! Zover ik weet, was dat de laatste keer dat Amma Krishna Bhava Darshan heeft gegeven.

NAAILES

Op een middag toen ik in Amma's kamer was, besloot zij wat naaiwerk te doen. Er stond een trapnaaimachine in de hoek die we iets naar voren haalden om er beter bij te kunnen. Toen begon Amma de veranderingen die zij in haar hoofd had aan te brengen. Ik had Amma nog nooit eerder zien naaien en keek gefascineerd toe. Ze haalde een aantal rokken uit het kastje waarin haar kleding werd bewaard. Amma's vaardige vingers begonnen de zomen uit te leggen met een tornmesje, maar zo snel dat het onmogelijk was om te zien wat er gebeurde. Ze bekeek de stof, legde het gladde materiaal onder de naaimachine zonder spelden om de veranderingen die ze wilde aanbrengen te markeren, en begon gewoon. In minder dan geen tijd, naaide Amma de zoom perfect recht. Zij hield de stof op de juiste spanning, bewoog deze door de op en neer gaande naald en trapte ondertussen met haar voet om de machine te laten werken. Ze was een expert in naaien, dat was overduidelijk.

Toen zij klaar was met alle drie de rokken, legde zij ze opzij en vroeg of ik van naaien hield. Ik zei ja, maar ik was er niet zo goed in. Amma gaf mij een naald en garen en koos een rok voor mij uit om te zomen. Ik deed mijn best, maar het zou mij minstens een uur kosten om het af te krijgen. Amma leek niet gehaast te zijn en keek aandachtig toe. Via een vertaler merkte zij op dat een naald maar een paar centen kostte en een onbeduidend dingetje leek, maar als wij hem na gebruik onzorgvuldig lieten slingeren, kon er iemand op trappen. Dat zou een groot probleem kunnen worden. Ook al leek iets onbeduidend, wij moeten toch voorzichtig en bewust zijn, anders zou een onbeduidend dingetje iets groots kunnen worden. Amma leerde mij het spirituele alfabet, maar was ik wel in staat om het in mij op te nemen?

PELGRIMSTOCHT NAAR DE KANVA-ASHRAM

In die tijd was de bibliothecaris van de ashram een westerling die een bepaalde relatie had met de opzichter van de beroemde Kanva Ashram bij Varkala in zuid Kerala. Amma stelde voor dat wij daar met alle ashrambewoners een pelgrimstocht naar toe zouden maken. Dus klommen wij gezamenlijk in een gehuurde bus en gingen op weg. Mijn eerste spirituele pelgrimstocht met Amma! Bij aankomst kregen we een kamer toegewezen. De vrouwen bleven bij Amma en de rest kreeg elders een plekje. Voor één keer was het een geluk om vrouw te zijn. Daarna gingen wij groente snijden en helpen bij wat kleine taken.

In de late namiddag verzamelden we ons allemaal bij de *tirtham* (heilig water) vijver. Amma droeg haar halsdoek en had het haar op haar hoofd in een knot gebonden. Amma deed mij altijd aan Heer Shiva zelf denken als zij zo rondliep. Zo vreselijk vertederend. We zaten allemaal bij elkaar voor een mooie, lange meditatie. De meditatieve sfeer was zo voelbaar dat zelfs de apen in stilte verzonken. Er werden wat snacks en melkwater uitgedeeld terwijl wij in stille, postmeditatieve staat bij elkaar zaten. Niemand had de behoefte om te praten. Amma sprak wat op zachte toon, maar er was geen vertaling. En eigenlijk was er ook geen behoefte aan, want ik was tevreden met het luisteren naar Amma's stem en het genieten van de zachte glans die haar in de naderende schemering omgaf. Ik herinner mij de bhajans, gevolgd door een eenvoudig maal van kanji, voordat we ons terugtrokken om te gaan slapen. In het uur voor de dageraad werden we door een bel gewekt voor de archana. Amma lag wel maar sliep niet. Het leek haar niet te storen dat wij opstonden voor het gebed, maar ik was toch zo stil als een muis.

Kanva Ashram, Tirtham Pond

De dag ging voorbij zoals de vorige. Er was volop gelegenheid om te mediteren, Vedanta te lezen, in mijn dagboek te schrijven, te helpen met de groente en de afwas. Maar in de middag gebeurde er iets heel bijzonders. Amma riep de vrouwen bijeen om te gaan zwemmen. Dat hield in wij met zijn drieën plus Amma. Een zeer groot waterbassin, niet al te ver weg, was de plaats voor onze zwempartij. In die dagen hadden wij geen zwemjurken, dus gebruikten we onze onderjurken die we aan één kant over onze schouder bonden. Amma had een volledige petticoat wat veel handiger was. We gingen het water in, voorzichtig om het water op de bodem van de tank niet te verstoren. Het was diep, dus moesten we watertrappelen. Dan een beetje naar voren zwemmen om Amma veel ruimte te geven, zodat zij kon doen wat haar ontspanning bood, namelijk in volledige lotushouding drijven en naar de lucht staren. Na een tijdje liet Amma ons allemaal handen vasthouden en in een cirkel zwemmen, wat erg moeilijk was. Maar zij wilde dat het ons lukte. Zij herhaalde steeds: "Mijn drie zwanen, Amma's drie witte zwanen!" Het was een prachtig moment van zusterschap voor mij.

Toen veranderde Amma's stemming abrupt en vroeg zij ons uit het water te gaan. Ze stond erop, dus zwommen we terug naar de rand en klommen onhandig uit het water. Toen we achterom keken naar het water, kregen we rillingen van angst. Wat een aanblik! Er kwamen slangen onze kant op zwemmen, een heel stel! Zo te zien een heel nest slangen, onderweg om Amma's zwanen op te eten. We schudden onze hoofden. Opnieuw had Amma ons gered.

PELGRIMSTOCHT NAAR KANYA KUMARI

Over een maand liep mijn visum af, bovendien begon mijn geld op te raken. Dus schreef ik naar mijn grootvader en vroeg of hij mij wat geld kon sturen. Hij was altijd gul voor mij geweest en binnen een week kreeg ik 300 dollar toegestuurd. Tegen die tijd was mijn idee over dat geld inmiddels veranderd. Ik had het niet echt nodig; het was beter om het aan Amma te geven zodat de ashram bakstenen kon kopen voor een kleine ondergrondse meditatiegrot die achter de Kalari gebouwd werd . Maar toen Amma mijn idee hoorde, stelde zij voor dat we allemaal op een nieuwe pelgrimstocht zouden gaan. Deze keer met alle bewoners en devotees die maar in een grote touringbus pasten. Bestemming: Kanya Kumari.

Het nieuws van Amma's uitnodiging verspreidde zich snel en een paar dagen later stapten we in de bus op weg naar het zuiden. We kochten wat voedsel om onderweg als snack uit te delen. Pakketjes voedsel met yoghurtrijst en mangochutney werden ingepakt in de keuken van de devotees. Ook namen we grote pannen mee zodat we onderweg wat eenvoudig voedsel konden koken. Amma was erg praktisch, maar zelfs van de gewoonste wereldse zaken maakte zij een feest.

Onderweg langs de kust stopten we om een beroemd wandelpad over de heuvel te belopen dat Maruthamalai heet en naar de top van een hoge klif kronkelt. Daar boven heb je een prachtig uitzicht op de westkust van het blauwe juweel: de Arabische zee. Het duurde meerdere uren om naar boven te klimmen. Af en toe klauterden we over grote rotsblokken. Het was een steil, rotsachtig pad dat door een droog terrein liep voor je bij de top kwam. Amma liep het hele stuk op haar blote voeten. Verschillende mannen droegen op hun hoofd grote blikken met koekjes en snacks om op de top te serveren. Ik kon niet geloven dat zij met deze zware lading het pad konden beklimmen, maar ze schenen uitermate gelukkig met hun speciale taak.

Toen we de top van de kliffen bereikten, bleek het uitzicht de klim zeker waard. Het was spectaculair om zo veel te kunnen zien: de kuststrook, de aparte vallei beneden ons en verscheidene

belangrijke tempels die duidelijk zichtbaar waren. Een kenmerk van deze klif waren de grotten. Een ervan was vlakbij toen we langs het pad omhoogklommen. Deze had een kleine houten deur met een groot hangslot erop. Ik liep zoals gewoonlijk vlak naast Amma met de waaier en de gezichtsdoek.

Toen haalde Amma een ongelofelijke stunt uit. Ik weet niet of iemand het gezien heeft, omdat Amma's hand ineens uitschoot en het hangslot niet langer dan een fractie van een seconde aanraakte. Toen draaide zij zich om en zei tegen een devotee: "Zoon, kun jij proberen dit slot open te maken?" Toen hij het slot beetpakte om het te proberen, ging het open alsof de bewoner gewoon was vergeten zorgvuldig af te sluiten. Ik stond daar met mijn ogen te knipperen. Had ik mij dit soms ingebeeld? Maar dit duurde niet lang, want Amma was de grot al ingegaan en ging zitten voor een bhajan en een korte meditatie. Het was duidelijk dat er iemand in de grot woonde, want er lagen een opgerolde matras en boeken over de geschriften. Dan stond er een klein schrijftafeltje netjes naast een eenvoudig altaartje dat klaarblijkelijk voor meditatie en puja's werd gebruikt. Op de een of andere manier leek het dat iedereen erin paste, ook al waren er veel te veel mensen voor zo'n kleine ruimte. Amma zong *Mano Buddhyahamkara* en zat daarna in stilte, wij volgden allemaal haar voorbeeld. Iemand bracht wat bloemen en water naar Amma. Waar dat vandaan kwam weet ik niet, misschien stond het al in de grot? De monniken zongen mantra's en Amma zegende het altaar door er bloemblaadjes over te strooien en heilig water in de grot te sprenkelen.

Daarop verlieten wij de grot. Amma vroeg een devotee ervoor te zorgen dat de deur weer veilig afgesloten werd. Ik had het gezicht van de bewoner graag willen zien als hij later die dag terugkwam en bemerkte dat hij huisbezoek had gehad.

In Kanya Kumari aangekomen stuurde Amma een aantal van ons met het slingerende pontje naar de rots waar Swami

Vivekananda bijna honderd jaar geleden naar toe was gezwommen. Op deze plaats had hij het visioen van de Heilige Moeder gekregen. Haar voetafdruk, die in de rots gegrift werd, is hier nu nog zichtbaar. Mahatma Gandhi wenste, net als vele anderen, dat op deze plaats, aan de voet van Moeder India, zijn as zou worden uitgestrooid, bij het samenkomen van drie zeeën. Er leeft een sterk geloof dat op dit puntje van India de Heilige Moeder altijd aanwezig zal zijn, in wat voor vorm dan ook. Soms is ze moeilijk te herkennen. Mayi Amma die toen een levende legende was, verbleef daar en men dacht dat zij die ziel was.

Mayi Amma was heel, heel oud. Niemand kon precies vertellen hoe oud zij was, omdat zij een aantal jaar geleden op een middag ontdekt werd in de netten van plaatselijke vissers. Deze dachten dat zij dood was maar toen ze haar lichaam naar de kant brachten, kwam zij ineens tot leven en liep weg. Haar verzorgers waren een roedel honden, die altijd over haar waakten terwijl zij, uren en uren achtereen, dag in dag uit, een vuur liet branden op het uiterste puntje van India. Zij sprak zelden en bewoonde een eenkamerhuisje op het strand zonder zichtbare middelen van bestaan. Vaak kon men haar in de wilde zee zien zwemmen op weg naar een afgelegen rots waar ze uren in de volle zon bleef liggen.

Amma wilde haar een bezoek brengen en dus liepen wij allen de korte afstand naar haar hutje. Vlak voor we naar binnen gingen, werd er een camera in mijn handen gestopt en iemand zei: "Neem een foto". Ik had geen speciaal talent om foto's te nemen en ook geen zin om een plaatje te schieten, maar het verzoek was zo dwingend dat ik naar binnen stapte en naar de beste plaats om te fotograferen zocht. De kamer was eenvoudig en schoon. Mayi Amma was niet oud, zij was stokoud. Haar huid had de donkere tint van gekreukeld leer. Ze zat in een stoel met haar benen uitgestrekt op de planken die voor dit doel aan de zijkant van de stoel bevestigd waren. Ze droeg de jurk van een vissersvrouw.

Een eenvoudige doek was als rok vastgebonden. Slechts een sjaal bedekte haar bovenlichaam. Haar witte haar was netjes gekamd, op de kruin van haar hoofd lage een witte jasmijnbloem. Ik vroeg me stilletjes af hoe die bloem daar kon blijven liggen. Amma zat op een ledikant vlak naast Mayi Amma's stoel. De sfeer was ongelofelijk, subliem. Zwijgend stonden wij verspreid door de kamer toe te kijken, met zijn zessen of zijn achten. Ik stond verstijfd op een plek rechts van Mayi Amma, tegenover Amma, met de camera onhandig in mijn handen en een zeer droge mond. Hoe kon ik in vredesnaam de moed opbrengen om een foto te nemen en zo dit perfecte moment verstoren? Ik stond daar gewoon als een zoutpilaar. Er ging wat tijd voorbij en Amma straalde met een zacht blauw licht en een speciale glimlach die ik nooit eerder had gezien. Een gedachte welde in mij op: "Wie is in hemelsnaam deze oude vrouw?" En precies op het moment dat ik deze gedachte kreeg, draaide Mayi Amma zich om en keek mij recht in mijn ogen. Het was duidelijk dat zij mijn gedachte had gehoord. De adem stokte in mijn keel en ik nam haar blik in me op. Wat een ongelofelijk heldere en prachtige ogen. In deze ogen die van een onbestemd diepblauw waren, zag ik de oceaan. De weidse oceaan, die golfde en bewoog en tot leven kwam in haar ogen. Op dat moment stond de tijd stil en ik voelde de zegen van haar darshan die mij als een golf overspoelde. Zij verbrak de blik na wat wel een eeuwigheid leek, ook al was het waarschijnlijk maar een moment dat ze naar me keek. En toen deed ik het. Ik schoot de foto zonder er nog bij na te denken. Het leek haar niet te storen, of ze merkte het niet op. Toen nam ik er nog eentje met Amma erbij, terwijl zij bij elkaar naar binnen keken.

HET HELEN VAN EEN KIND

Om het verhaal van een krachtige heling, die ik vlak voor mijn vertrek van Amma heb gekregen, te kunnen vertellen, moet ik eerst iets over mijn moeilijke vroege kindertijd vertellen. Ik was door een stel jonge ouders op de wereld gezet in Chicago. Mijn moeder had de Northwestern University verlaten om met mijn vader te trouwen. Hij was haar lieveling aan de universiteit, een populaire ouderejaars en basketbalspeler. Kort na mijn geboorte verhuisden we naar Washington DC, zodat mijn vader als journalist bij de Washington Post kon werken. Nog voor ik vier jaar werd, verliet hij mijn moeder en mij. Op een avond kwam hij gewoon niet thuis. Mijn moeder moest zich snel beraden omdat er voor haar geen familie of steun was om op terug te vallen in die streek. We verhuisden terug naar Pittsburgh om bij mijn grootouders te wonen.

Het was 1963 en er werd nog erg neergekeken op echtscheidingen. Wij woonden in een rustige buitenwijk, met ongeveer zes gezinnen in de onmiddellijke omgeving. Traditionele gezinnen. Het moet moeilijk voor mijn moeder zijn geweest om er bij te horen en vrienden te maken in haar omstandigheden. Ik herinner me nog een vierde juli (onafhankelijkheidsdag). Alle kinderen uit de buurt hadden hun fiets versierd zodat we een Onafhankelijkheidsdag-optocht konden houden in de straat en daarna zouden gaan picknicken. Wij hadden de hele morgen aan het versieren van mijn fiets gewerkt, maar toen het tijd werd om weg te fietsen, kon ik mijn moeder niet vinden tussen de mensen. Dus rende ik terug naar het huis van mijn grootouders om haar te halen. Daar zei ze tegen me dat zij om een reden die nergens op sloeg, niet mee kon gaan. Ik rende terug en probeerde de anderen in te halen. Pas jaren later begreep ik dat mijn moeder zich daar ongemakkelijk voelde en niet welkom was in die groep mensen. Wij hadden een ander soort gezin, zonder vader. Dat maakte mij kwetsbaar.

Hetgeen me weer terugbrengt naar mijn onderwerp. De kinderen speelden altijd in het bos achter het huis van mijn

Amma met Mayi Amma

grootouders of in de achtertuin van een van de families. Het was een veilige buurt, iedereen kende elkaar. Achter een van de huizen was een speelhuisje waar we veel dagen en avonden pret hadden. Ook al was ik nog maar vijf jaar, ik mocht buiten spelen als ik maar op tijd thuis was voor het eten.

Toen ik op een middag buiten ging spelen, waren er nog geen andere kinderen buiten. Misschien lagen ze nog in bed of waren ze naar de stad met hun ouders. Op weg naar het speelhuis zag ik een paar oudere jongens die ik niet kende. Terwijl ik op de anderen wachtte, speelde ik in het zand. Chuckie K. was wat jonger dan ik. Zijn broertje C. was ouder. Hij moet wel een tiener zijn geweest omdat hij nooit met de kinderen speelde. Ze kwamen beiden naar de achtertuin en C. begon tegen de oudere jongens te praten die naar mij wezen. Toen kwamen ze naar mij toe en zeiden dat ze in het speelhuis gingen spelen. Had ik geen zin om met hen mee te doen. Natuurlijk had ik daar zin in, daar speelden we immers altijd.

Maar dit was geen spelletje. Zodra wij binnen waren, ging de deur dicht. De twee jongens die ik niet kende, waren ook binnen. Ze lachten en waren heel ruw, ze duwden elkaar. Een van hen begon mij rond te commanderen. Ik begon te huilen, maar zij duwden me op de grond. Toen deden zij wat nooit iemand zou mogen overkomen; ik was doodsbang. Ik schreeuwde en huilde. Toen renden zij naar buiten en lieten mij huilend achter. Ik wist naar huis te komen, maar was totaal van de kaart.

De huishoudster van mijn oma, Mary Abloff, was aan het strijken toen ik thuiskwam. Zij keek op en zag onmiddellijk dat mij iets was overkomen. Ze maakte mij schoon maar zei niets. Toen mijn oma uit de stad terugkwam, was zij boos dat ik mijn muts verloren had.

"Waar is hij?"

"Weet ik niet, misschien in het speelhuis", stamelde ik.

"Ga hem halen, hij is splinternieuw!" zei ze.

Ik begon weer te huilen. De huishoudster zei dat ze met me mee zou gaan om de muts te halen. Ze nam mijn hand en ging stilletjes met mij mee. Mijn muts was in het speelhuis en verder was er niemand. Ik zei niets, zo getraumatiseerd was ik. Het heeft jaren geduurd voor ik mij dit incident volledig kon herinneren. Als jonge vrouw probeerde ik ervan te herstellen. Dat mijn hart uiteindelijk helemaal van deze aanval is geheeld, dank ik geheel aan Amma. Een van de meest diepgaande momenten die ik met Amma heb gehad, was toen zij dit verhaal aan mij terugvertelde. Het bijzondere was dat ik er nooit met iemand over had gesproken, zelfs niet met mijn eigen moeder.

Amma riep mij om bij haar in de Kalari te komen zitten op de middag voordat ik terug naar Amerika zou vliegen omdat mijn visum afliep. Amma begon met te zeggen dat ik een onschuldig hart had. En ook dat ik toen ik zes maanden geleden was aangekomen een dagdromer was, maar dat ik mij in de loop van de tijd serieus met spiritualiteit bezig was gaan houden. Dat ze blij was dat ik terug wilde komen om in de ashram te wonen. Ik zou een sponsorbrief ontvangen zodat ik permanent terug kon komen. Mijn hart was zo open voor Amma, zij gaf mij alles wat ik nodig had.

Toen, zomaar ineens, veranderde Amma van onderwerp. Zij verwees naar de jongens die mij bezeerd hadden, toen ik een klein meisje was. Amma zei dat zij iets erg verkeerd gedaan hadden en daarvoor geleden hadden. Maar, zei ze, het moet hun ook vergeven worden. Het verleden is een vervallen cheque. Anders bederft iets wat in het verleden is gebeurd onze geest, trekt ons naar beneden en vernietigt ons.

Ik luisterde naar de vertaling en was stomverbaasd. Ik knikte omdat ik wist dat wat Amma had gezegd volkomen waar was. Op dat moment begreep ik ook pas echt dat Amma alles van ons weet, maar ons dat slechts laat weten als het absoluut noodzake-lijk is. Net als bij het helen van de lepralijder stelt Amma er geen belang in om erkenning te accepteren voor iets wat ze doet of voor krachten die zij bezit. Er is geen spoortje ego of eigenbelang in haar te vinden, zelfs geen nanospoortje. Als zij iets doet dan is dat om een goede reden, een kosmische reden. Amma is zuivere genade in persoon.

Zij hield mij lang in haar armen en wreef met haar hand over mijn rug. De levendige herinnering die mij sinds mijn vijfde jaar bij was gebleven speelde zich in mijn hoofd af, zoals talloze keren daarvoor, maar voor het eerst raakte ik er niet van in paniek. De beelden, het schreeuwen, de schaamte kwamen allemaal op en vervaagden. Ik wist dat het Amma's *sankalpa* (goddelijke intentie) was om mij hier eindelijk van te bevrijden. Ik ontspande me en gaf mij aan haar omhelzing over en liet mij zo helen. De nacht-merrie was voorbij.

Nogmaals, wie kan zoiets bewerkstelligen? Wie kan ons ver-lossing geven? Wie kan definitief zaken in ons leven ontwarren en ons bevrijden? Zoals in het geval van de lepralijder overtroefde de manifestatie van pure liefde ieder biologisch obstakel voor het herstel van de huid. Wij, nieuwsgierige toeschouwers, zijn degenen die perplex staan. Amma maakt geen enkele aanspraak op faam of glorie. In het geval van mijn molestatie werd de pure helende genade onmiddellijk overgebracht, maar de goddelijke liefde kwam eerst. Hoe onmogelijk iets ook lijkt, het wordt mogelijk gemaakt door Goddelijke Liefde. Wie kan deze overbrengen? Zon-der enige aarzeling zeg ik: God alleen. In Amma's levensverhaal heb ik daar te veel voorbeelden van gezien.

Een van de meest inspirerende delen van de Indiase spirituele traditie stelt dat God zich in een menselijke vorm kan manifes-teren om troost en richting te geven aan hen die lijden en naar hem uitroepen. Er is een Sanskriet woord, *avatar*, om precies dat fenomeen te omschrijven. Waarom zou God alleen in de hemel moeten blijven zitten om vanaf een verre troon de scepter over het menselijk bestaan te zwaaien? Ik houd van het idee van een God die naar beneden naar de aarde komt om zich tussen ons te mengen in een menselijke vorm. Voor mijn hart klinkt dat zinvol.

HOOFDSTUK 3

Ongeduldig wachtend

Weer aarden in San Francisco was echt moeilijk. Ook al waren er slechts zes maanden voorbijgegaan, er was sprake van een grote cultuurschok. In die buitengewone maanden was alles veranderd. Voor mij leek Amerika nu het buitenland. Het Indiase Consulaat in San Francisco accepteerde mijn aanvraag voor een inreisvisum, maar deed slechts vage uitspraken over hoe lang het zou duren het uit te geven. De papieren zouden naar Delhi worden opgestuurd, daarna zouden ze naar Kerala worden doorgezonden om te worden bevestigd. Nee, ze konden echt niet zeggen wanneer ik van ze zou horen. En nee, ze wilden ook mijn paspoort niet houden, dat zou naar hen teruggestuurd moeten worden als het visum was goedgekeurd. Nee, koop in elk geval nog geen vliegtuigticket. Nee, bel ons alsjeblieft niet, wij bellen u wel.

Ik keerde terug naar Nieuw Mexico. Binnen een week had ik een goedkoop appartementje gevonden en een baantje als kok in een restaurant. Toen ik een prachtig altaar voor mijn meditaties bouwde en de matras op de grond trok om op te slapen, kwam er een golf van Amma over mij heen. Het gevoel was: het komt wel goed. Dus besloot ik het beste van mijn tijd hier te maken. Amma had benadrukt dat zij altijd bij mij zou zijn, het minste wat ik kon doen was mijn spirituele beoefening zo goed mogelijk volhouden.

Het denken aan een incident dat plaatsvond ongeveer een week nadat ik Amma had ontmoet, hielp mij nu. Ik had van een ashrambewoner gehoord dat de inwijding in de beoefening van mantrameditatie *mantra diksha* wordt genoemd en door de Goeroe wordt uitgevoerd. Ik was toen wat onzeker over mijn mantra, want die had ik op de rivier de Colorado ontvangen. Dus vroeg ik Amma op een morgen of zij mij een mantra kon geven. Ik vertelde haar niet dat ik er indirect een had gekregen. Amma lachte eventjes toen mijn verzoek om een mantra werd vertaald en zei: "Maar je hebt van Amma toch al een mantra gekregen, nietwaar?" Amma was helemaal bewustzijn, altijd. Dit soort gebeurtenissen vonden voortdurend bij Amma plaats en op een gegeven moment leek het belachelijk om te blijven zeggen dat iets stom toeval was. Het is beter om Amma's alwetendheid te accepteren.

Mijn herinnering aan dit incident en andere van gelijke aard hield mijn vertrouwen sterk toen ik op mijn visum wachtte.

Nu moest ik geld verdienen voor de terugreis. Elke extra dienst die ik in het restaurant kon draaien en elke training die mij aangeboden werd, nam ik aan om mijn vaardigheden te verbeteren en opslag te krijgen. Iedereen weet dat werken in een restaurant betekent dat je vele uren maakt en hard moet werken voor een laag loon, maar ik kon tenminste een redelijk bedrag verdienen door 40 of meer uur per week te werken. Ik had naar een stad kunnen verhuizen om daar een baan te nemen die in overeenstemming met mijn universiteitsdiploma was. Maar ik wilde als een vogel op een tak zijn, klaar om weg te vliegen zodra mijn visum klaar was. Ik wilde niet in het stadsleven en de eisen van een carrière verstrikt raken. Mijn prioriteit was om genoeg geld te verdienen om naar Amma terug te keren. In die tussentijd wachtte ik dat moment af in de overvloedige natuur van Nieuw Mexico.

Natuurlijk vertelde ik al mijn vrienden dat ik de Goddelijke Moeder had ontmoet en over de fantastische dingen die ik het afgelopen jaar had meegemaakt. Wat zij precies over mijn ervaring dachten, kon me niet schelen. Mijn vertrouwen was nu in Amma en hing niet af van wat anderen erover dachten. In Taos,

Nieuw Mexico, is een prachtige Hanumantempel, die is opgericht door Ram Das en de devotees van Neem Karoli Baba. Daar kon ik heen gaan om samen te komen met anderen die het pad van liefde volgden. Zij zongen prachtige *kirtans* (devotionele liederen) en de Hanuman Chalisa. De tempel werd een plaats om me te ontspannen en vrede te ervaren. Wat zou het fijn zijn als Amma zo'n plaats in Amerika had, dacht ik bij mijzelf.

Mijn eerste salaris werd uitbetaald en ik had al besloten wat ik ermee zou doen. Onmiddellijk liet ik de bankbediende een cheque van $1008 opstellen voor de M.A. Mission Trust. Vervolgens ging ik naar het postkantoor waar ik Amma's adres met een licht trillende hand op de enveloppe schreef. Zou de cheque de ashram bereiken zonder onderweg te worden gestolen? Het was bijna al het geld dat op mijn rekening stond. Het was genoeg voor een vliegtuigticket terug. Maar mijn huur was betaald, ik had eten in de voorraadkast en ik was vastbesloten om mijn eerste salaris te doneren. Het steunen van de ashram met wat voor hen het meest noodzakelijk was, zou voor mij een grote troost zijn tijdens het wachten. Ik betaalde een beetje meer om de brief aan te tekenen en deed hem op de post. Een grote vrolijkheid vulde mijn hart toen ik het postkantoor verliet.

Een week later gebeurde er iets heel vreemd. Ik kreeg zelf een aangetekende brief. Van mijn grootvader. Hij schreef dat hij sinds mijn terugkeer uit India steeds aan mij had gedacht en dat hij dacht dat ik wel wat geld kon gebruiken om weer op te kunnen starten. Bijgesloten was een cheque van $1000.

En zo kroop de tijd voorbij. Iedere maand nam ik contact op met het Indiase consulaat. Elke keer was er geen verandering in mijn onbesliste status. Ik had het geld voor mijn vliegticket apart gezet en had meer dan genoeg om van te leven. De secretaris van de ashram had mij teruggeschreven; hij bevestigde dat mijn gift was aangekomen. Hij schreef ook dat Amma niet wilde dat ik dit nog een keer deed. Zij wilde dat ik mijn geld op een spaarrekening zette. Ik kon het nodig hebben, zei ze, en ik zou weldra terugkeren en het op die manier voor onvoorziene uitgaven kunnen gebruiken. Gezien de magere inkomstenbronnen die de ashram had, raakte het mij dat Amma bezorgd was over mijn welzijn in Amerika, waar ik alleen was, ver van mijn eigen familie. Het was overduidelijk dat Amma geen interesse had in geld. Dus opende ik een spaarrekening om het geld dat ik maandelijks overhield op te zetten.

Zes maanden waren voorbij gegaan en mijn ongeduld nam toe. Mijn *sadhana* (spirituele oefening) was niets vergeleken bij het in Amma's aanwezigheid zijn en ik voelde dat de wereld mij afmatte. Ik had vele bijzondere dromen over Amma: in eentje wreef ik haar voeten, in een andere kreeg ik een lange darshanomhelzing, in weer een andere zwommen wij samen in een rivier… Maar het was niet genoeg. Mijn hart was vervuld van een verdrietig verlangen.

En toen schreef Amma mij. Zij moedigde mij aan om terug te komen, zelfs als het met een toeristenvisum was. Bijgesloten in het pakje dat ze mij stuurde was een van haar linnen gezichtsdoekjes. Het was een schokkende herinnering toen ik haar gezichtsdoek vasthield. Mijn geest begon af te wegen wat het zou betekenen om mijn aanvraag voor een langdurig visum, waar ik maanden op gewacht had, in te trekken. Het Indiase consulaat stond niet toe dat je twee soorten visa aanvroeg. Als je een toeristenvisum aanvroeg, verviel je andere aanvraag automatisch. Ik aarzelde. Amma was heel duidelijk, maar het idee om na een bezoekje van zes maanden weer naar Amerika terug te moeten was onverdraaglijk. Terwijl ik over mijn beslissing aan het wikken en wegen was, gebeurde er iets dat alles glashelder maakte.

PAARSE PRUIMENSAUS

Op een middag in het restaurant was ik pruimensaus voor het avondmaal aan het maken. De saus wordt gemaakt van vers fruit en moet meer dan een uur koken voor hij dik wordt. Vervolgens wordt de heldere saus in een blender helemaal glad gemaakt. Toen ik daarmee bezig was, vloog het deksel van de blender af en kreeg ik de kokend hete saus in mijn gezicht. Ik zakte op de vloer in elkaar door de invloed van de kokende saus. Mijn collega's kwamen aanrennen om te helpen. Een blik op mij en zij zagen dat het ernstig was. Ze maakten een groot ijskompres voor mijn gezicht en belden een ambulance die mij onmiddellijk op kwam halen. Tegen de tijd dat we op de eerste hulp aankwamen, was ik in shock. Een collega was met mij meegegaan als steun en dat was maar goed ook want ik kon niet eens normaal praten. De pijn was verschrikkelijk. Hij legde aan de eerstehulparts uit wat er was gebeurd, terwijl het ijskompres voorzichtig werd verwijderd. Ik kon aan het gezicht van mijn vriend en de ernstige uitdrukking op het gezicht van de arts zien dat het ernstig was. Er werd morfine gebracht en ik werd een onderzoekskamer binnen gereden. Er werd een specialist opgeroepen. Nadat de dokter mij onderzocht had, zei hij mij dat ik een groot aantal derdegraadsverbrandingen in mijn gezicht had, maar dat de kokende saus wonderbaarlijk genoeg mijn ogen niet had geraakt waardoor die gelukkig geen gevaar liepen. Hij zei dat ik zou genezen maar waarschijnlijk wel plastische chirurgie zou moeten ondergaan en dat infectie een groot gevaar was. Dus de eerstkomende week zouden de verbrandingen met de grootste zorg moeten worden behandeld om complicaties te voorkomen. Hij zou mij over een week terugzien en zond me naar huis.

Ik was perplex over deze omkering van mijn omstandigheden. Hoe ongelofelijk kostbaar is ieder moment van het leven, elk gezond moment. Wat had ik toch veel als vanzelfsprekend aangenomen. In dubio te zijn over al dan niet een toeristenvisum aanvragen leek nu zo'n luxeprobleem; mijn hoop was volledig vervlogen. Ik beet op mijn tanden om niet te huilen. Tranen zouden mijn verbrandingen geen goed doen en mijn geest moest nu sterk zijn, wat er ook gebeurde. Het had nog erger kunnen zijn, dacht ik bij mezelf; mijn alwetende Amma had mij ook niet de gezichtsdoek voor het ongeluk kunnen opsturen. Toen ik thuis kwam, haalde ik behoedzaam het verband van mijn gezicht. Ik weigerde in de spiegel te kijken, maar plaatste Amma's prachtige perfecte gezichtsdoek op mijn verbrande gezicht. Ondersteund door kussens viel ik in slaap met Amma's mantra op mijn lippen en een intens gebed om redding in mijn hart. Die week ging in een waas voorbij. De dokter had mij een speciale brandzalf gegeven, maar het deed vreselijk pijn om deze op de wonden aan te brengen, omdat hij te dik was. Als je hem over de wonden uitsmeerde, deed het ontzettend veel pijn. Dus hield ik het liever bij het gebruik van de verkoelende gezichtsdoek en wachtte ik op de vervolgafspraak. Ik had mij vast voorgenomen gedurende het hele proces sterk te blijven. Om dat te bereiken dacht ik zo min mogelijk na, herhaalde continu mijn mantra en ik keek niet in de spiegel.

HET LEVEN IN GALOP

Op dat moment leek het leven wel op een paard dat bij zonsondergang terugdraafde naar zijn stal. De afspraak met de dokter begon ermee dat hij zich afvroeg of ik nu dezelfde persoon was die hij een week geleden op de eerste hulp had gezien. Ik begreep de vraag niet en knikte bevestigend. Hij ging zitten en rolde zijn stoel dicht naar mij toe zodat hij van dichtbij mijn gezicht kon bekijken. "Hoe is dit mogelijk? Ik heb nog nooit zo'n genezing gezien. Wat heb je gedaan?" Ik kon de exacte situatie niet precies aan hem uitleggen, maar zei dat de crème erg moeilijk te gebruiken was en dat ik mijn gezicht zo schoon mogelijk had gehouden, zoals hij me had opgedragen. Ik had de brandwonden dus aan de lucht blootgesteld met een linnen doek zachtjes ter bescherming eroverheen. Dat was alles. Hij bekeek mij met een blik van totaal ongeloof, maar wat kon hij zeggen? Hij rondde het onderzoek af en legde uit dat mijn huid op die plaatsen in de toekomst altijd gevoelig voor de zon zou blijven. Ook zei hij dat zich daar mettertijd een soort blos zou kunnen ontwikkelen, omdat de haarvaten zich op latere leeftijd zouden herstellen in plaats vanaf de geboorte, waardoor deze opvallender zouden blijven. Hij vertelde dat ik veel geluk had gehad, maar hij had geen idee hoe gezegend ik werkelijk was.

Toen was het voor mij een uitgemaakte zaak. Ik keerde naar mijn appartement terug en belde het Indiase consulaat. Dan maar een toeristenvisum. Ik kon niet langer wachten. Nadat ik ongelofelijk lang in de wacht had gestaan, kwam de bediende terug aan de telefoon en klonk een beetje in de war. Waarom vroeg ik eigenlijk een toeristenvisum aan nu mijn langetermijnvisum slechts een paar dagen geleden was goedgekeurd? Wilde ik dan mijn paspoort niet opsturen? Ik tastte naar mijn stoel zodat ik kon gaan zitten. Ik voelde mij een beetje duizelig.

Zo kon ik naar Amma terugkeren. 🪔

HOOFDSTUK 4

In het diepe!

Vreugde. Dit woord zegt alles. Toen ik weer in de ashram terug was, leek alles op zijn plaats te vallen. Een reden hiervoor was dat het ongeluk mijn innerlijke vastberadenheid had versterkt. Het hielp mij in te zien hoe vergankelijk het leven is, hoe vluchtig. Ik zag duidelijk in dat dit moment met Amma alles was wat ik had. Mijn langdurig visum was slechts één jaar geldig. Hoewel het verlengd kon worden, voelde het deze keer extra kostbaar en was ik vastbesloten er het beste van te maken.

Al het geld dat ik met mijn werk had opgespaard, wat nu een aardig sommetje was geworden, bood ik aan Amma aan. Zij weigerde er echter ook maar een cent van aan te nemen en stond erop dat ik een spaarrekening zou openen in Vallikkavu, het dorpje aan de overkant van de backwaters. Na enige weerstand van mijn kant gaf ik toe, met het voorbehoud dat als de ashram echt iets nodig had, ik daarbij zou helpen.

Mijn kamer zou in het rijtje palmhutten zijn aan de noordwestkant van de Kalari. De plaatselijke variant van palmhutten is een rechthoekig bouwsel, gemaakt van matten van geweven kokosblad. Een laag wordt op die eronder aangebracht door hem met dikke touwen vast te binden. Het framewerk van de hut waar de matten op worden bevestigd is van bamboe. In zo'n hut wonen was een lang gekoesterde droom, die ik altijd voor mezelf gehouden had. Tot nog toe had ik in een kamer geslapen in het huis van Amma's familie. Een andere wijziging die Amma aanbracht was het aanpassen van mijn dagelijkse routine zodat er meer evenwicht was. In plaats van acht uur meditatie en drie uur seva, werden deze verhoudingen omgedraaid.

SPINNEN EN SLANGEN

In de palmhut was geen ventilator en de hut was net groot genoeg om twee strooien matten in te leggen. Het was hemels. In die dagen werd de ashram aan drie kanten door de backwaters omgeven en deze rij hutten was aan de rand van de westerse lagune. Uit mijn raam kijkend kon ik eendenfamilies voorbij zien zwemmen, mensen in kano's, waterslangen, schildpadden en kikkers. Vaak zag ik slangen door het dakspant van de hut glijden, maar ik vond dat het net zo goed hun thuis was als het mijne; zo dicht voelde ik mij in die hut bij de natuur staan. Zij vielen mij niet lastig, dus waarom zou ik hen op hun weg storen?

Op een nacht kwam ik erg laat in mijn hut terug. Er waren nog maar een paar uurtjes over voor de archana begon en ik wilde op zijn minst even slapen. Mijn blik gleed over de achterwand die ook van geweven palmmatten gemaakt was. Daar zag ik een grote giftige springspin. Hij was moeilijk te zien omdat zijn kleur zo perfect versmolt met de achterwand. Toen zag ik dat er twee zaten. Nee...het waren er drie, o nee vier... vijf! Ik hield op met tellen. Ik besloot maar te gaan slapen. Ik was bang dat zij met zijn alle op me zouden springen als ik zou proberen ze weg te slaan. En zij waren met veel meer dan ik. Er verder over nadenken zou alleen maar angst creëren. Het was best mogelijk dat ik al die weken rustig had geslapen terwijl zij er ook waren en ik ze gewoon nooit had opgemerkt. Als het mijn lot was om door giftige springspinnen gebeten te worden, dan zou naar hen meppen mijn overlijden alleen maar bespoedigen. Het zou gebeuren of niet. Dus kon ik net zo goed een paar uurtjes gaan slapen.

Ik sliep zonder enige zorg, wetend dat Amma over mij waakte. Als ik terugkijk, verbaas ik mij over de overgave die ik in die

Een onderbreking bij het koken

dagen had. Natuurlijk moedigde Amma nooit aan dat wij risico nemen als we duidelijk kunnen zien dat we in gevaar zijn. Ten slotte is het God die ons de macht geeft om het gevaar te zien en het onderscheidingsvermogen om het te vermijden. Maar in mijn onschuldige vertrouwen dacht ik dat Amma alles wel zou regelen. En dat deed zij ook. De volgende morgen werd ik net op tijd voor de archana wakker. Later op de dag vertelde ik mijn spirituele zusters over de spinnen in mijn hut. Zij hielpen mij om ze naar buiten te brengen. Ik kon zien dat zij niet wisten of ze moesten lachen om mijn dwaasheid of onder de indruk moesten zijn van mijn vertrouwen. Uiteindelijk deden ze beide.

KOK VAN DE ASHRAM

Een paar dagen na mijn aankomst vroeg Amma mij om de kok van de ashram te worden. Wat een ongelofelijke eer, dacht ik. Ik moet zeker 10.000 levens hebben doorgemaakt om deze seva te verdienen. Een jong Indiaas meisje dat in de ashram was komen wonen, zou mij helpen. De keuken was in de familiewoning. Het eten werd klaargemaakt boven open vuren die boven diepe, wijde kuilen met ingebouwde schoorsteen brandden. De pannen stonden op stenen blokken die voorzichtig konden worden aangepast aan de maat van de pan. Op mijn eerste dag kwam Damayanti Amma, Amma's moeder, zelf naar mij toe om mij te leren hoe ik op de juiste manier het vuur aan moest steken. Ze begon met mij een eenvoudige puja te leren, waarbij ze het eerste vers gesneden stukje witte kokosnoot in de vlammen offerde, een gebed zei en ritueel water sprenkelde. Zij was erg streng. Ze liet me zien hoe ik 's ochtends voor zonsopgang allereerst alles moest vegen. En hoe ik de keukenvloer met een mop schoon moest dweilen. De pannen moesten op een bepaalde manier staan. Het water moest zuiver gehouden worden. De roerstokken met zorg behandeld worden. Omdat zij geen Engels sprak, moet mijn trainingsessie wel een grappige aangelegenheid zijn geweest, als iemand die had kunnen zien.

En dus begon mijn dag met de archana om half vijf, dan naar de keuken, niet later dan zes uur. Op Bhava Darshan dagen was de gebruikelijke tijd dat het licht uit moest twee uur 's nachts of later, soms om middernacht. Thee of koffie waren strikt verboden. Er werd twee keer per dag gekookte melk geserveerd, een op een met water verdund en voorzien van een flinke schep suiker. Als ik geroepen werd om in Amma's appartement te helpen, betekende dit dat ik maar een paar uur slaap kreeg. En Amma sliep nooit echt, zij liet meer haar lichaam rusten. Zij was altijd aanwezig en alert, zelfs tijdens het rusten. Op een nacht maakte Amma ons wakker en zei dat er een familie over het water was aangekomen die in het donker de weg niet kon vinden. Dus moesten wij hen helpen en een kamer voor hen regelen. En ja hoor, daar waren ze, dwalend over het pad, zoekend zonder dat zij enig idee hadden waar zij Amma's ashram konden vinden. De ashram die in werkelijkheid niet veel meer was dan het huis van haar familie en omringend terrein.

Maar ik dwaal af. Als ik nog voor zonsopgang in de keuken kwam, begon de werkdag met een snelle schoonmaak, een korte puja, het centreren van mezelf, en het aansteken van het vuur. Daarna verdeelde ik de rijst in porties. Ik scheidde het graan van het kaf op een grote wanmand. Ik waste het zorgvuldig zonder ook maar een korreltje te verspillen. Geen enkele korrel mocht over het hoofd worden gezien, want dat was een zonde die ongeluk opleverde. Als de rijst begon te koken, moest warm water uit de pan ernaast worden toegevoegd. Geen koud water, want dat zou reuma veroorzaken.

Als wij kokosnoten hadden, moesten deze worden uitge- schraapt op het snijkrukje, een smal krukje met een scherpe schaaf die aan het opgeheven einde uitstak. Het herinnerde mij een beetje aan mijn dagen als melkmeisje, want de hoek die de onderarmen maakte was beslissend voor de kritische factor van het doen van tien kokosnoten in een rap tempo. Er werd ontbijt gekookt voor ongeveer 25 bewoners. Het tellen van het aantal maaltijden voor de dag gebeurde ergens halverwege de morgen, maar meestal moest er lunch gemaakt worden voor vijftig mensen. Het avondeten op Bhava Darshan nachten was voor honderden mensen en werd bereid in pannen zo groot dat je er wel in kon liggen. Nadat de lunch was geserveerd, was er een pauze tot het tijd was om het avondeten klaar te maken. Vaak zorgde het avondmaal op Bhava Darshan nachten ervoor dat de hele voorraadkast in een keer leeg was. Dan bleef er voor de bewoners niets anders over dan enkel kanji, zonder curry, zowel voor het ontbijt als het avondeten, tot we weer nieuwe boodschappen konden kopen. Soms was dat pas dagen later.

De lunch bestond altijd uit rijst, een groentecurry en dan een schep sambal, rasam, poullishetti of paddapu dahl. Geen van deze gerechten bevatte kokosnoot. Hoewel die overal om ons heen groeide, was hij te duur. De groentecurry werd heel zorgvuldig in porties verdeeld. 's Morgens oogstte ik vaak chira, wilde spinazie die op stukken grond rondom Amma's huis groeide. Het duurde heel lang om voor de lunch genoeg te snijden. Chembu, of olifantsvoet, was een ander hoofdbestanddeel. Een spotgoedkope groente waarvoor je eerst je handen met olie moest inwrijven voordat je het kon snijden, omdat het de huid irriteerde als het rauw was. Het was erg voedzaam, maar niet erg gewaardeerd om zijn smaak. Okra, drumsticks en bittere meloen konden wij ons nooit permitteren. Zelfs aardappelen waren een luxe. Mijn ervaring als kok in de ashram was precies het tegenovergestelde van mijn ervaring als kok in het restaurant in Nieuw Mexico. Maar het gaf zoveel energie anderen te dienen zonder enige waardering terug te verwachten. Wij werkten stilletjes, onder het zingen van onze mantra en deden ons best om Amma's instructies tot op de letter op te volgen.

Sommige devotees brachten zakken met vers geoogste chieni, de heerlijke plaatselijke variant van tapiocawortel, mee. Dat was een speciaal maal om te bereiden. Vaak kwam Amma helpen bij het snijden, zoals zij nog af en toe doet tijdens het programma op dinsdag in de Kalitempel. De meest gebruikte groenten waren groene keukenbananen, enorme komkommerachtige meloenen en andere soorten plaatselijke wortelen, kolen en wortels. Iedere ui was één ui te veel. Knoflook was uitgesloten. Zout was er wel natuurlijk. Zwarte peper, komijnzaad, gedroogde rode chilipepers met mate, een snuifje asafoetida, verse tamarindepasta, verse gember, verse currybladeren, korianderzaad, mosterdzaad en een paar groene chilis waren alles wat wij gebruikten als specerijen en kruiden. Om de ochtend stak Amma's schattige broertje Kocchu-papa, nu bekend als Sudhir Kumar, zijn gezicht om de achterdeur van de keuken om te zien of er boodschappen gehaald moesten worden. Dan ging hij naar de groentemarkt een eindje verderop om te halen wat we nodig hadden.

Het was een verbazingwekkende tijd, het leren klaarmaken van tientallen verschillende schotels, hoe van een maal voor vijftig mensen er een voor honderd te maken, en voor dat alles de instructies te krijgen in een taal die ik niet echt begreep.

De maalsteen was het enige elektrische apparaat dat we hadden. Op dagen dat we een curry met kokosnoot konden maken, werd de vers geschraapte kokosnoot in de kom van de ronde maalsteen gedaan. Dan werd de stamper in een bepaalde hoek op de vijzel gezet en op zijn plaats geketend. Daarna werd de motor aangezet. Deze liet de kokosnoot ronddraaien samen met verse gember en andere kruiden, afhankelijk van de schotel. Dit apparaat kon in een half uur alles tot een grove pasta vermalen of in drie kwartier tot een fijne pasta.

Vaak kwam de keuringsdienst van waren langs, dat wil zeggen Amma. Zij kwam onverwacht en doopte haar vinger in de pasta terwijl de vijzel aan het draaien was. Dan controleerde zij de smaak. Als ik maar een minuscuul sjalotje zou hebben gebruikt, zo'n klein paars uitje, dan zou Amma het hebben geproefd. Een of twee teentjes knoflook? Vergeet het maar. Amma kon in een nanoseconde proeven wat in de blender was gedaan. In elk geval had ik geleerd om onophoudelijk mijn mantra te herhalen tijdens het koken, want voor Amma was dat het belangrijkste ingrediënt. Om verschillende redenen waren de kookvuren een uitdaging. De belangrijkste was het vinden van voldoende droge brandstof om ze te laten branden. De hoofdnerf van het kokospalmblad werd een van mijn beste vrienden, ook al moest die volledig gedroogd worden om te kunnen branden. Ik verzamelde wat ik maar kon vinden en liet alles een tijd drogen. Vooral het moessonseizoen vormde een uitdaging. Nooit kochten we hout buiten de ashram. Te duur. Op een keer was er een oude hardhoutboom omgevallen. Er kwam een man die hem tot brandhout hakte. Ik voelde dat er een zegen uit de hemel was gegeven. Ieder vrij moment besteedde ik aan het zoeken van droge stukken kokosomhulsels, takken, palmbladeren ... Alle soorten hout, droog of nat, werden verzameld en op de houtstapel gelegd.

Damayanti Amma was een enorme hulp die ervoor zorgde dat ik altijd brandhout had. Zij vertelde het me altijd als ze ergens iets had zien liggen. Zij was er met haar hele ziel was aan gewijd ervoor te zorgen dat alle bewoners op tijd te eten kregen en dat hield in dat de kok een voorraad droog brandhout had. Damayanti Amma was nooit anders dan heel vriendelijk tegen mij, ook al denk ik dat het van haar kant heel wat aanpassingsvermogen vereiste om mij in de keuken te hebben. Nu Amma's familie begreep wat Amma's missie in de wereld was, was de moeite die zij zich getroostten om de ontluikende ashram van dienst te zijn ongelofelijk. De familie was tot alles bereid om voor Amma's devotees te zorgen, zelfs als dat betekende dat zij nauw samen moesten werken met iemand die van de andere kant van de wereld kwam en die niets wist.

De tweede uitdaging die de vuren vormden, was de hitte. Mijn hele lichaam leek te reageren op de grote hitte van de vuren in de besloten ruimte van de piepkleine keuken. Overal kreeg ik blaren, vooral in mijn gezicht. Bovendien moest de kanji vellum (het rijstwater) afgegoten worden in een kleinere schaal als de rijst gekookt was. Dat hield in dat je de rijstpan onder precies de juiste hoek moest kantelen terwijl hij bovenop de stenen boven het vuur stond. Stel je maar eens voor dat je veertig liter zojuist gekookt rijstwater in een schaal op de vloer moet gieten. Dan mag je niet morsen, dat zou een ramp zijn. De stoom en de hitte van het afgieten van het water maakte dat mijn lichaam blaren kreeg. Omdat ik Amma lichamelijk zag lijden als zij de devotees troostte, wilde ik niets over mijn blaren en hittebulten zeggen. Maar op een dag gebeurde er iets waardoor ik het wel aan Amma moest laten zien.

INSECTENBETEN

Ik paste altijd goed op dat ik geen enkel levend wezen in de ashram doodde, zelfs geen insect of spin. Maar Damayanti Amma had mij een ding laten zien dat ik uit de keuken moest verwijderen zodra ik het zag, en dat was de giftige duizendpoot. Die waren plat, glimmend bruin en ongeveer zeven tot tien centimeter lang. Ze zei dat die echt gevaarlijk waren en dat ik voor ze op moest passen in de gootstenen en in de houtstapel. Volgens haar waren ze agressief en snel: ze zouden tegen je been op rennen en onmiddellijk bijten, hetgeen zeer pijnlijk en giftig was. Daarom verzwakte ik mijn norm van geweldloosheid; als ik er eentje zou tegenkomen, betekende dat zijn einde. Misschien dat ik er twee of drie gedood heb in zes maanden tijd. Ik voelde mij daar altijd slecht onder, maar ik praatte mijn handelingen goed door in te zien dat het voor de veiligheid van zowel mezelf als anderen was. Dat was ook belangrijk. Toen ik op een nacht in mijn hut lag te slapen, werd ik plotseling wakker door een snerpende pijn in mijn arm onder mijn oksel. Toen verdween de pijn weer en ik viel juist weer in slaap toen een nog grotere prik mij klaarwakker maakte. Ik had een choli aan, de blouse die onder een sari gedragen wordt, en mijn rechterhand ging naar de plaats waar de pijn zich begon te verspreiden. Toen wist ik precies wat er aan de hand was: onder de mouw van mijn blouse voelde ik iets tussen mijn vingers wriemelen, een duizendpoot. Jakkes! In een seconde was mijn blouse uit en ja hoor daar was dat onding. Hij viel op de vloer en begon naar de rand van de hut te rennen. Ik gaf hem een klap met een handwaaier die in de buurt lag en sloeg hem in tweeën. Ik zweer dat hij gewoon doorrende, maar nu twee verschillende kanten op. De nare plek op mijn arm werd al groter en veroorzaakte pijn die uitstraalde naar mijn arm en mijn nek. Snel deed ik mijn blouse aan en een halve sari om hulp te zoeken. Aan de zijkant van de Kalari lagen bewoners te slapen die hun kamer hadden afgestaan aan devotees na de Bhava Darshan van een paar uur geleden. Ik maakte hen wakker omdat ik niet wist wat ik moest doen en Amma niet onnodig wilde storen. Ik vertelde wat er was gebeurd en vroeg wat ik doen moest, maar ze zeiden allemaal dat duizendpoten niet zo giftig waren en dat het wel mee zou vallen. Ze zeiden dat we de volgende morgen wel zouden zien hoe erg de beet was. Ze gaven me wat door Amma gezegende bhasmam om op de beet te smeren en dat maakte het een stuk beter. Ze waren vriendelijk en geduldig ook al had ik hen in hun slaap gestoord.

Ze hadden gelijk, de volgende morgen zag de beet er niet slecht uit. Er zat een pijnlijke verharde plek waar het gif was ingespoten, maar verder was er niet veel te zien. Omdat ik allergisch ben voor hommelsteken, ben ik nogal oplettend voor reacties op insectenbeten; dit was niet zo'n allergische reactie. Dus daar ging ik, naar de keuken om de vuren aan te steken. Ik was een uur aan het koken en was de beet alweer bijna vergeten, toen er een adrenalinestoot door me heen ging. Het voelde alsof iemand een vuur in mijn bloedstroom had aangestoken. Overweldigd ging ik op de grond zitten. Het jonge Indiase meisje dat mij in de keuken hielp, zag in dat er iets ernstig mis was. Zij legde de kooklepel neer en greep mijn hand om mij naar Amma te brengen. Amma onderzocht mij en merkte twee dingen op: overal strepen op mijn lichaam en een achtergrond van hitteblaren. Er werd aan haar verteld dat ik de afgelopen nacht door een duizendpoot was gebeten. Amma zei dat de hitte van het vuur het gif had geactiveerd en mijn reactie erop had versterkt. Amma riep Damayanti Amma om mij onmiddellijk naar de dokter te brengen. Ik bad tot Amma dat mijn luchtpijp onderweg niet door een zwelling dicht zou gaan.

Het was in die dagen erg gecompliceerd om naar de dokter te gaan. Stevig doorstappend gingen we op pad en staken de backwaters met de boot over. We liepen langs een huizenblok over de modderweg en sloegen rechtsaf de rijstvelden in. Deze grensden aan de backwatersloten die in die tijd overal kriskras doorheen liepen. Het was midden op de dag. De zon brandde op ons toen we de smalle dijk overstaken die twee beplantte rijstvelden van elkaar scheidde. Ik begon mij zwak te voelen, maar de angst om van de dijk in het rijstveld te vallen hield me alert. Op de een of andere manier wankelde ik door de velden en zo'n twintig minuten later kwamen we bij het huis van de dokter aan.

De dokter was een oudere, intelligent uitziende man met een vriendelijk rond gezicht. Natuurlijk wist ik niet wat 'een beet van een giftige duizendpoot' in het Malayalam was. Maar met een stok in het zand tekenen zou genoeg moeten zijn. Hij en Damayanti Amma begonnen onmiddellijk ernstig met hun hoofd te schudden toen zij zagen wat ik tekende. De dokter verdween in het huis en kwam een minuut later terug met in zijn ene hand drie bruingele balletjes zo groot als een knikker en in zijn andere een glas water. Hij gebaarde dat ik een van de ballen in moest nemen en het water op moest drinken. Dus deed ik dat. Het was fris en smaakte geurig, scherp en een beetje bitter. De andere twee kruidenballetjes gaf hij aan Damayanti Amma. Hij weigerde enige betaling. Hij vroeg mij om in de ligstoel op zijn veranda uit te rusten voor ik weer terug zou lopen en dankbaar zonk ik erin weg. Damayanti Amma ging bij mij in de buurt zitten om even uit de hitte bij te komen voor wij terug naar huis liepen.

Voor mij kwam de uiteindelijke afsluiting van dit verhaal meer dan twintig jaar later. Tijdens een vraag- en antwoordsessie op een dinsdag in 2009 vertelde Amma over de begindagen van de ashram. Ook al had ik nog nooit met een woord over mijn hitteblaren tegen Amma gerept, zij vertelde hoe de ashramkok helemaal onder de blaren zat van de kookvuren, maar daar nooit over had geklaagd. Als wij ooit denken dat Amma iets niet opmerkt, of het twintig jaar later vergeten is of het onbelangrijk vindt, dan hebben wij het danig mis.

NIEUWSBERICHT UIT HET VERLEDEN

Nog recenter, meer dan vijfentwintig jaar na mijn dagen als ashramkok, hield een Indiase getrouwde bewoner mij aan toen ik hem bij de Kalitempel passeerde. Pappettan Acchan wilde mij een nieuwsbrief in het Malayalam laten zien, gepubliceerd onder de naam *Divya Upadesham* die hij in een stapel die weggeven werd had gevonden. Hij had daarin een artikel gelezen over de ashramkok van vroeger. Net toen ik langs hem liep, herinnerde hij zich dat ik dat was geweest. Natuurlijk wilde hij me vertellen wat erin stond.

Het was 1986 en Amma leidde een programma buiten de ashram in de nabijgelegen stad Alleppy. Toen het programma was afgelopen, was Amma van plan om met alle bewoners tegen lunchtijd weer in de ashram te zijn. Amma had aan mij gevraagd vooruit te gaan, zodat ik vroeg in de ashram terug zou zijn om voor die dag te koken. Maar toen ik aankwam, bleek er al gekookt te zijn. Dus kon ik niet besluiten wat nu het juiste was om te doen. Waarom zou Amma mij terugsturen om te koken als er al gekookt was? Dus besloot ik om maar alvast vooruit te werken en de kookvuren aan te steken. In het artikel stond dat mensen commentaar begonnen te leveren op mijn beslissing en dat velen mij uitdaagden door te zeggen dat het eten zeker zou bederven en weggegooid zou moeten worden. Ze zeiden dat er een laag aantal maaltijden voor die dag geteld was. Maar ik wilde Amma's woorden gehoorzamen. Als er te veel eten was, konden we dat 's avonds serveren. Amma had mij niet voor niets teruggestuurd.

Toen Amma terugkwam, waren er veel onverwachte gasten aangekomen om Amma te ontmoeten. Er was genoeg eten voor iedereen, alleen maar omdat Amma hiervoor opdracht had gegeven. Op het eerste gezicht leken Amma's woorden onlogisch, maar de diepte van haar inzicht is feilloos. In het *Divya Upadesha* artikel wees Amma erop dat de discipel altijd het woord van de Goeroe oprecht zal volgen, omdat hijweet dat zij Waarheid bevatten, ook al wordt hij door andere mensen bekritiseerd. Tot op de dag van vandaag heb ik nog nooit meegemaakt dat Amma's woorden vluchtig waren of van geen belang. Als een Gerealiseerde Meester spreekt, is het de waarheid zelf.

Toen ik in Amerika verbleef en op mijn nieuwe visum wachtte, was er een andere westerling in de ashram komen wonen. Het was een jonge vrouw uit Nederland van ongeveer mijn leeftijd. Wij konden gelijk goed met elkaar overweg. Iedereen hield van haar. Als zij er was, werd er altijd heel veel gelachen. Het kwam zo uit dat er iemand in de keuken vervangen moest worden, omdat het Indiase meisje niet langer kon blijven. Toen de Nederlandse als keukenhulp werd voorgedragen, twijfelde Amma of de keuken wel goed zou lopen als twee mensen die niet zo bekend waren met de Indiase keuken, er zouden werken. Maar er waren niet veel alternatieven, dus gingen wij maar van start. In het begin ging alles goed. We vonden het werk leuk, maar we wisten niet precies waar we nu eigenlijk mee bezig waren. Ik herinner me nog een avond dat er heel veel rijst over was van het middageten. We vonden het wel een idee om daar rijstpannenkoeken van te bakken, net zoiets als aardappelpannenkoeken. Op dat moment leek dat een goed idee, maar hoe we het ook probeerden, het lukte ons maar niet om de pannenkoeken niet op de bakplaat uit elkaar te laten vallen. En als het gelukt was, wat zouden de ashrambewoners dan gedacht hebben over rijstpannenkoeken als avondmaal. Gelukkig lukte het ons om het avondmenu te veranderen en waren we net op tijd klaar met koken voor de bhajans afgelopen waren. Dus leed niemand honger.

HET BOUWEN VAN DE KALITEMPEL

Op een morgen stonden we met een aantal in een groepje bijeen voor de meditatiekamer te wachten tot de les over de Upanishaden begon. Het grote nieuws was dat de kokospalmen omgehakt zouden worden om plaats te maken voor een nieuwe gebedstempel in de voortuin. Iemand uitte nostalgische gevoelens voor die bomen, maar Amma wilde daar niet van horen. De bomen werden opgeofferd voor een groter doel. Op dit moment konden op deze plaats een aantal mensen mediteren, maar dit zou de plaats worden waar veel mensen verlichting zouden bereiken en zo vrede over de wereld verspreiden. Onze gehechtheid aan de bomen was begrijpelijk, maar wij moesten de diepere opoffering begrijpen die voor het welzijn van de wereld gemaakt moest worden.

Toen de bomen verwijderd waren, werd er door de astroloog zorgvuldig een zo gunstig mogelijke dag uitgekozen. Amma leidde een krachtige inzegeningsceremonie voor de eerste steen die in de aarde werd gelegd. Het graven van de fundering begon gelijk en kort daarna werden materialen geleverd. Het staal voor het betonnen raamwerk, het granietsteen dat in kleine stukken geslagen moest worden om door het beton te mengen en zakken vol cement, het werd allemaal opgeslagen aan de rand van een uitgezet stuk grond dat de omtrek van het gebouw aangaf. Voor ons vormden de grootte van het project en de haast die het had een beetje een raadsel. Wij woonden nog maar met twintig mensen in de ashram, maar Amma hield vol dat we geen idee hadden hoeveel kinderen naar haar toe zouden komen. Wij moesten een plaats voor hen maken waar zij konden verblijven.

En dus droegen we zand. Tonnen en tonnen zand, avond aan avond, in kookpotten op ons hoofd balancerend over de smalle voetbruggetjes die de lagune naar zee doorkruisten. Daarna werd het zand compact gemaakt om de ruimte tussen de betonnen pijlers van de fundering van de toekomstige Kalitempel op te vullen. Het was fantastisch hard werk, vol mantra zingen om het voor elkaar te krijgen. In de kleine uurtjes van de nacht maakte Amma warme drankjes voor ons klaar en deelde de snacks die we nog in voorraad hadden aan ons uit. Dan gingen we een paar uur slapen.

Soms viel de betonbouw op Bhava Darshan dagen. Dan kon je alle devotees die waren aangekomen, van wie velen in hun beste kleren, enthousiast zien aanschuiven in de rij zodat de *chutties* (Chinese woks van staal) met beton gemakkelijk verplaatst konden worden. Zo stond er een rij mensen van de betonmolen naar de plaats waar de steunpilaren werden gegoten. Iedereen stond dicht bij de volgende persoon zodat hij de met beton gevulde pan naar zijn buurman of -vrouw konden gooien. Soms betekende dit het een voor een omhooggooien van de chutties, naar de tweede en derde verdieping, want de jongere mensen stonden op platforms. Iedereen concentreerde zich goed om het beton niet op de persoon onder hem te laten vallen. Er was heel veel vrolijkheid en teamwerk in de lucht tijdens de betondagen en veel hongerige mensen voor de lunch. Op die manier werd de Kalitempel van de grond af opgebouwd op de grond waar Amma ooit in Kali Bhava had gedanst. En nu kon je haar betonchutties zien gooien met de devotees die in de komende jaren Devi Bhava zouden bijwonen in de tempel die door Kali zelf was gebouwd. Zoals gewoonlijk maakte Amma door haar actieve aanwezigheid van iedere taak een plezier. Ook werd het werk daardoor lichter. In Amma's aanwezigheid was samenwerken aan een enorm project moeiteloos. De bouw werd in 1987 tijdelijk vertraagd doordat Amma geldbronnen en vrijwilligers inzette voor de overname van een plaatselijk weeshuis met vijfhonderd kinderen, dat failliet gegaan was. Maar toch was de tempel verbazingwekkend genoeg op tijd klaar voor de viering van Amma's vierendertigste verjaardag in oktober 1987, net iets meer dan een jaar nadat de bouw begonnen was.

AMMA'S PROGRAMMA'S BUITEN DE ASHRAM

Omstreeks deze periode begonnen nabijgelegen steden en dorpen Amma uit te nodigen voor programma's buiten de ashram. Kollam, Alleppy, Mavelikara, Harippad, Tiruvella, Kottayam en Pandalam zijn een paar namen die ik me herinner. Aan de ashram werd een klein, donkerbruin minibusje gedoneerd en op de zijkant werd in witte letters 'Mata Amritanandamayi Mission' geverfd. Zes banken aan beide zijden van het middenpad konden comfortabel plaats bieden aan twee mensen per kant of drie dicht

op elkaar. De hele ashram paste in de minibus en Amma zat op de op een na laatste zitplaats rechts. Om wat meer ruimte te creëren voor Amma, die die nacht zoveel van zichzelf had gegeven voor de devotees, ging ik op mijn hurken tussen de banken zitten. Zo zat ik prima. Vaak kon ik zo als voetkussen voor Amma's voeten dienen. Zo gingen er soms een paar uur voorbij zonder dat ik daar erg in had, zo verdiept was ik in de stemming van devotie in de minibus.

De dikke, crèmekleurige gordijnen en de ramen konden worden gesloten om ons wat privacy te geven als we door een stadje reden. Dan liep de temperatuur in de bus op tot het kookpunt. Amma lachte en zei dat de oude rishi's vroeger naar grotten trokken om ascese te beoefenen, maar dat tegenwoordig een minibusje voldoende was. Een van de eerste vereisten voor een spiritueel leven is uitstijgen boven voorkeur en afkeer, heet en koud, pijn en plezier. Wie bevrijding nastreeft, moet zich door dit soort dingen niet negatief laten beïnvloeden. Onze geest moest onbewogen blijven.

Amma merkte op dat velen van ons naar buiten keken, naar het uitzicht en legde uit dat wij nooit onze binnenkant zien wanneer wij naar buiten kijken. Alle zaken die we zien laten subtiele impressies in onze geest achter, ook al denken wij dat we ze niet in ons opnemen. Later zullen al die impressies rusteloze *vasana's* (neigingen) scheppen, die wij dan weer moeten overwinnen. Wanneer we op pelgrimstocht gaan, proberen we juist de gedachten in onze geest tot rust te brengen, legde Amma uit, en niet nog meer gedachten te creëren.

Afhankelijk van hoe ver we moesten rijden, verlieten we de ashram soms rond het middaguur. Dan stopten we in het huis van de gastheer om ons op te frissen en kregen thee en een lichte maaltijd. Dit was de enige keer dat we thee dronken. Maar omdat het niet goed voor de stembanden was om net voor het zingen thee te drinken, sloegen wij dit meestal af. In die tijd waren er nog geen bhajanboeken uitgegeven; daarom schreef ik de bhajans die Amma zong met de hand in een dagboek. Vaak werd een bewoner, vooral Puja Unni, die nu Swami Turiyamritananda heet, geïnspireerd om een nieuw lied te schrijven. Elke bhajan had een diepe betekenis en een unieke melodie. De liederen waren een offer van liefde en devotie. De essentiële spirituele lessen van Amma konden gemakkelijk worden begrepen door naar haar devotionele liederen te luisteren. Deze gingen over:

Gedachten, spraak en handelingen allemaal wijden aan de herinnering en dienstbaarheid aan God (*Manasa Vacha*); geen hypocriet zijn die in de tempel aanbidt, maar de bedelaar bij de tempelpoort een schop geeft (*Shakti Rupe*); je bewust zijn dat niemand in de wereld ons werkelijk toebehoort (*Manase Nin Svantamayi, Bandham Illa*); op het doel gerichte concentratie (*Adiyil Paramesvariye*); onschuldige tranen huilen als die van een kind voor de Goddelijke Moeder om het doel te bereiken (*Ammayil Manasam*); in een staat van eenheid versmelten met je geliefde godheid door de beoefening van meditatie en ascese (*Karuna Nir Katale*); baden in het innerlijke visioen van de Geliefde (*Kannilenkilum*) en pure en perfecte vrede in deze wereld vol lijden bereiken (*Ammayennulloru*). Het pad van liefde en devotie werd onderstreept in al Amma's devotionele liederen die wij in de Kalari zongen, maar ook tijdens de programma's buiten de tempel.

Amma liet mij zien hoe de *talam* (het ritme of de maat van het lied) te houden door met één vinger zacht op mijn knie te kloppen. Het was belangrijk het lichaam stil te houden, zo kon de geest zich beter concentreren. Door devotionele muziek kon de geest naar een punt van perfecte stilte geleid worden. Ik bleef proberen de ruimten tussen de gelukzalige momenten te dichten, zoals Amma mij eerder had aangeraden.

Na het bhajanprogramma gaf Amma darshan tot heel laat. Vele nachten stapten we pas weer tegen twee of drie uur 's morgens in de minibus. Dan kwamen we tegen zonsopgang in de ashram terug. Dan waste ik mij en ging naar de keuken, mijn hoofd vervuld van dromerige muziek en van Amma's liefdevolle aanwezigheid de avond ervoor. Op deze manier regen weken en maanden zich aaneen tot een jaar. Mijn spirituele oefeningen waren een goed afgewogen combinatie van seva, meditatie, studie van de geschriften en hatha yoga. Ieder van ons volgde de specifieke leiding die Amma ons gaf, afhankelijk van of wij meer devotioneel of intellectueel waren ingesteld, meer *tamas* (lethargie), *rajas* (actie) of *sattva* (zuiverheid) in ons temperament hadden, of we meer sereen of ruw in ons optreden waren. Amma was de perfecte reflectie van wat ieder van ons in zijn hart was. Diegenen die vol van liefde waren, gingen op in liefde en inspiratie. Diegenen die het aan subtiliteit en verfijning ontbrak, werden steeds op de proef gesteld. Er was een duidelijk verschil in hoe Amma iedereen instrueerde die voor spiritueel onderricht bij haar kwam.

Omdat wij met een beperkt aantal waren, was het gemakkelijk te zien wie tijd besteedde aan archana en wie niet. Of wie mediteerde en wie daar geen tijd voor had. Een jonge vrouw, die vele jaren later besloot de ashram te verlaten, kwam bijna nooit en legde uit dat haar seva het haar onmogelijk maakte. Een aantal jaren later liet ik mijn seva een beletsel worden voor mijn dagelijkse beoefening, met desastreuze gevolgen. Ik noem haar hier en op nog een aantal plaatsen in mijn relaas, omdat zij op mijn eigen reis van invloed is geweest. Uit respect voor haar privacy noem ik haar naam niet.

Het beoordelen van anderen was een sterke *vasana* (neiging) die ik bezat, dus probeerde ik te oefenen een stille getuige te zijn en te werken aan mijn eigen zelfverbetering. Wij konden niet weten dat Amma met opzet de buitenwereld voor ons op een afstand hield, zodat wij de gelegenheid hadden om spiritueel sterk te worden voordat de vloed uitbrak.

HOOFDSTUK 5

Mijn kinderen huilen

Er woonden ongeveer 20 *renunciates* (mensen die afstand van de wereld gedaan hebben) met Amma op de eigendommen van de Idammanel-familie in april 1986, toen Amma een uitnodiging om naar Amerika te komen accepteerde. De uitnodiging kwam van de broer van Swami Paramatmananda, Earl Rosner en zijn vrouw Judy in Amerika. Dat moment zou later worden herinnerd als een keerpunt voor de wereld. Op dat tijdstip was ik druk bezig met het klaarmaken van de lunch en had geen idee wat er zojuist in de hutten was gebeurd waar Amma met een aantal bewoners een bijeenkomst had. Nealu kwam naar de keukendeur en vroeg mijn aandacht. Hij zei: "Amma heeft zojuist de uitnodiging van mijn broer om naar Amerika te komen geaccepteerd. Zij stuurt mij om te vragen wat er voor de reis nodig is." Ik weet nog hoe ik de grote lepel neerlegde en naar de vlammen staarde terwijl ik nadacht. Toen somde ik uit mijn hoofd een aantal dingen op: paspoorten, visums, warme sokken, een plaats waar Amma bhajans kan zingen en posters – heel veel posters, want niemand in Amerika kende Amma. Toen hij terugging om Amma te informeren dacht ik bij mijzelf: "Wat weet ik eigenlijk van dat soort dingen?" en ging verder met koken.

Nog geen twee uur later werd er op de deur van mijn hut geklopt. Het was Swami Paramatmananda met een roestige typemachine in zijn handen. "Ik denk dat je dit wel nodig zult hebben", zei hij en overhandigde mij de typemachine. "Amma zegt dat jij die dingen voor de reis moet regelen."

De wereld zou Amma gaan ontmoeten. Die middag zei ze tegen me: "Mijn kinderen zijn overal. Ze huilen om Amma, maar kunnen haar niet vinden. Amma moet naar hen toe gaan." Ik wist dat wat Amma zei waar was, want zelf had ik bijna twee jaar naar haar uitgeroepen voor ik van haar hoorde. In mij was een rusteloosheid geweest, een holle pijn van binnen, die mij in beweging hield en voortdreef om Amma te zoeken. En zeker was ik niet de enige die daar in de wildernis naar haar uitriep. Maar hoeveel mensen werden door dit soort omstandigheden uit hun huis en normale leven getrokken om helemaal hier naar toe te komen, naar de pont in Vallikkavu en de rivier over naar Amma?

EEN DAG MET MOEDER

Mijn brein veranderde van versnelling en ik kreeg allerlei ideeën. Het leek voor de hand liggend om naar de steden te reizen waar ik vrienden of familie had. Ik zou zoveel mogelijk mensen mijn verhaal over mijn ontmoeting met Amma vertellen en wat er hier gebeurde. Hoe zij de lepralijder Dattan had genezen. Hoe Amma ons briljant over het spirituele pad leidde. Amma had al een school opgericht en een kliniek die uit één kamer bestond en waar een dokter en verpleegster gratis eerstelijnsgezondheidszorg en medicijnen aan de arme dorpelingen van het eiland verstrekten. Ik ging naar Swami Paramatmananda om mijn gedachten te delen en ideeën van hem over te nemen. Wij besloten een korte documentaire te maken over het leven met Amma. Die noemden we *Een Dag met Moeder*. Amma gaf haar zegen aan het filmen en Swami Paramatmananda werkte dag en nacht om de film voor mijn vertrek klaar te krijgen. We maakten ook nog een kortere film getiteld: *Amrita Sagara, Zee van Gelukzaligheid* die op Amma's onderricht gebaseerd was. Saumya (nu Swamini Krishnamrita) deed het geluid. Het leek ons dat deze films de beste manier waren om Amma bij zoveel mogelijk mensen te introduceren. Swami Paramatmananda's moeder woonde in Chicago, mijn familie in Pittsburgh en Boston. Zijn eerste yogaleraar woonde in Madison. Zijn broer en al mijn studentenvrienden in het baaigebied bij San Francisco. Deze plaatsen zou ik gemakkelijk kunnen bezoeken, ook al had ik toen nog geen idee hoe ik rond zou reizen omdat ik helemaal geen geld had. Wij begonnen allebei brieven te schrijven. Op een dag werd er een luchtpostbrief in de ashram bezorgd. De afzender was een man die George Brunswig heette. Hij schreef uit San Francisco. Hij had over een boekje gehoord met de titel: *De Moeder van Zoete Gelukzaligheid*, dat het leven van een Indiase heilige genaamd Amma beschreef. Of we hem alsjeblieft het boekje konden sturen. Hij zou kosten en verzendkosten vergoeden. Hij was ons eerste contact in de buitenwereld. Ik schreef hem dezelfde dag nog terug. Ik legde uit dat ik naar het baaigebied zou reizen en een aantal van die boekjes mee zou nemen. Als hij het goed vond, zou ik hem ergens aan het begin van de zomer opbellen.

RETOURTJE WORDT WERELDREIS

Een ongelofelijke gebeurtenis vond plaats toen ik naar het reisbureau in Kochi ging. Ik legde aan de reisagent uit wat ik nodig had, een gewoon retourticket naar San Francisco, terugreis over twee maanden. We raakten aan de praat terwijl zij de tarieven bekeek. Ik vertelde een beetje waar ik mee bezig was, niet denkend dat ze erg geïnteresseerd zou zijn. Maar ze kreeg een vreemde blik op haar gezicht en begon van alles aan mij te vertellen. Voor een klein beetje meer geld kon ik twee vliegmaatschappijen uitkiezen en naar tien steden vliegen. Een wereldticket met totaal tien stops voor slechts $1000? Ik viel haast van mijn stoel. Dat was precies wat ik nodig had. Mijn volgende gedachte was dat ik dan ook makkelijk naar Europa kon gaan. Dat leek een zeer gunstige start. In mijn gedachten was Amma's reis naar Amerika in slechts een seconde veranderd in een wereldtournee. Ik vertelde de reisagent dat ik er binnen een paar dagen op terug zou komen. Terug in de ashram kon ik niet wachten om Amma over deze fantastische nieuwe ontwikkeling te vertellen.

Amma vertrok geen spier, ze was aan het tuinieren toen ik het haar vertelde. Ze keek me gewoon aan en zei: "Ok dochter, wat jij denkt dat het beste is. Een van Amma's kinderen woont in Frankrijk. Je kunt hem schrijven. Kijk wat hij ervan vindt." En zij ging rustig verder met tuinieren. Amma is de meest onthechte persoon die ik ooit ontmoet heb. Ik denk dat ik meer reactie van haar had gekregen als ik met een idee om restjes rijst op te maken was gekomen.

GESCHENKEN DIE SCHENKEN

Voor mijn vertrek ging ik Amma om haar zegen vragen. Zij gaf me twee afscheidsgeschenken mee. Het eerste was een eenvoudige, middelgrote koperen olielamp. Ik moest deze lamp op een zijtafel aansteken elke keer voordat ik een video zou laten zien. Met een sprankelende glimlach wees Amma naar het bovendeel van de lamp en zei: "Derde oog", terwijl ze het met *kumkum* aanstipte (een rood poeder dat heilig is voor de Goddelijke Moeder). Toen wees zij naar de voet van de lamp en zei "voeten", twee punten op de rand aanwijzend die ze ook met *kumkum* markeerde. Ik kon mij voorstellen dat de Goddelijke Moeder daar zat en mij gezelschap hield.

Het tweede geschenk was een ring. Amma had een klein juwelenkistje tevoorschijn gehaald en naast haar neergezet terwijl wij zaten te praten. Zij opende het kistje en gaf me een ring, die van zilver was, ingelegd met een geëmailleerd portret van haar tegen een hemelsblauwe achtergrond. Ze wilde dat ik die kreeg. Ik was zo geraakt dat de tranen in mijn ogen sprongen. Ik deed hem onmiddellijk om en hij paste precies om de wijsvinger van mijn linkerhand. Die ring was mijn troost voor de vele, vele kilometers die ik zou afleggen voordat ik later die zomer weer bij Amma zou zijn. Amma zei daarop: "Dochter, vraag nooit ergens om en alles zal je gegeven worden." Jaren later, toen ik de Ramayana voor het eerst las, begreep ik waarom Rama aan Hanuman de ring gaf om Rama's identiteit aan zijn geliefde Sita Devi te bevestigen. Hoewel ik geen Hanuman ben, zou Amma's *sankalpa* (goddelijke intentie) voor haar kinderen in het buitenland voelbaar zijn door de aanwezigheid van de ring die ik droeg. Met absoluut vertrouwen in Amma's woorden ging ik in oostelijke richting de wereld rond.

OP WEG

Toen ik in Juni 1986 op weg ging, had ik er geen idee van dat dit voor mij slechts de eerste van drie zulke reizen zou zijn, kriskras door de Verenigde Staten en Europa. Amma zou haar Wereldtournee pas een jaar later beginnen. Daarvoor werden duizenden kilometers er tienduizenden in een poging om Amma naar het westen te brengen, naar haar kinderen die om haar huilden. Een plan had ik niet en ook geen devotees met wie ik contact kon opnemen. Er was geen boek *Wereldtournees plannen voor Dummies* om als gids te dienen. Mijn familie had gewoon een ticket voor me gekocht om hen op te zoeken en ik ging op weg. Zij konden niet weten dat het zo'n bliksembezoek zou zijn en dat nog geen jaar later een Indiase heilige genaamd Amma in hun eigen huis zou logeren.

Ik landde in San Francisco met een rugzak met één set kleding, de koperen olielamp, kopieën van het boek *De Moeder van Zoete Gelukzaligheid* en de twee video's die we hadden gemaakt. Ik trok het land en de wereld door en toonde de films aan zoveel mogelijk mensen in iedere stad waar familie of vrienden waren.

Op die plaatsen kon ik altijd op voedsel en onderdak rekenen, op liefdevolle vriendelijkheid en vrijgevigheid. Elke keer als ik geen ideeën meer had of als het spoor dood leek te lopen, dan leidde Amma's genade mij in de volgende richting. Omdat er geen gelegenheid was om Amma op te bellen, moest ik noodgedwongen met mijn hart naar Amma's wensen luisteren. Die meditaties leidden in alle richtingen die je maar kunt bedenken.

DE EERSTE VERTONING VAN DE VIDEO

De allereerste publieke videopresentatie van *Een Dag met Moeder* vond in San Francisco plaats en werd door George Brunswig georganiseerd. Hij was de man uit San Francisco die per luchtpostbrief verzocht had om het boek *De Moeder van Zoete Gelukzaligheid*. Er waren bijna 25 mensen bij de vertoning aanwezig. Gedurende de vraag- en antwoordsessie die er op volgde, was het duidelijk dat een aantal van hen tijdens het kijken al een verbinding met Amma had gevoeld. Toen de groep naar de woonkamer ging om iets te drinken, kwamen er twee vrouwen naar mij toe: Tina en Nancy. Mocht er iets zijn wat zij voor mij doen konden, dan zouden ze erg graag helpen. Ik voelde dat Amma mij zonder dralen twee engelen had gezonden. We maakten een afspraak en zij vertelden me hoe ik in Berkeley kon komen waar zij woonden.

HOE KUNNEN WIJ HELPEN?

Toen ik een aantal dagen later op weg was naar mijn afspraak met Tina en Nancy, vroeg ik mij af hoe die zou verlopen. Wat was de volgende stap? "Vraag nergens om, en alles wordt je gegeven" was Amma's opdracht. In elk geval maakte het de dingen eenvoudig. Het bleek dat Tina de moeder van een schattig jongetje van zes jaar oud was: Theo. Nancy was een wetenschapsonderzoeker aan de Universiteit van Californië, Berkeley. Zij wilden meer verhalen over Amma horen en vragen stellen. We praatten meer dan twee uur. Toen ik afscheid nam, gaven zij weer aan dat ze erg graag wilden helpen, op wat voor manier dan ook. Omdat in Amerika nog maar heel weinig mensen Amma kenden, vond ik het een goed idee om met hen samen te werken. Ik had er niet om gevraagd, zij hadden het aangeboden. Zij voldeden aan de criteria. Zij begonnen met het organiseren van meer videovoorstellingen die ervoor zorgden dat ik steeds meer contacten legde. Iemand ging naar Mount Shasta, een ander kende een gezin in Miranda. Op deze manier kon ik loslaten en maar laten gebeuren. Op een paar uitzonderingen na gebeurde precies hetzelfde in elke stad en stadje dat ik in Amerika aandeed, ongeacht hoeveel mensen er naar de video waren gekomen. Er kwamen altijd één of twee, soms drie mensen naar mij toe die meer wilden weten. Met deze twee of drie mensen in elke stad contact houden en hen in de planning laten meehelpen maakte dat het werkte. Ieder droeg op zijn eigen manier oprecht bij om de eerste wereldtournee mogelijk te maken. Dit alles lang voordat zij Amma ontmoet hadden, slechts gebaseerd op het zien van de video *Een Dag met Moeder*. Voor mij was dit een teken van Amma's zuivere genade dat elk benodigd detail zich op het juiste moment manifesteerde.

WAT ZEGT EEN NAAM?

George Brunswig bood aan om mee te helpen met het maken van een pamflet over Amma's leven. We werkten uren samen aan de lay-out. Ik had al een synopsis van Amma's leven en van haar leringen voor de binnenkant geschreven. De achterkant was voor de aankondiging van de tournee bestemd. Ik dacht dat dit opschrijven hielp om het concept van de tournee tot leven te brengen. De aankondiging op de achterkant onder een favoriete foto van Amma zei: *Data en plaatsen van Amma's bezoek*. Op de lijst stonden San Francisco, Seattle, Mount Shasta, Big Sur, Santa

Cruz, het Zuidwesten, Chicago, Madison, Pittsburgh, Boston en New York City. Diezelfde dag hadden we een gesprek over het openen van een postbus zodat wij een postadres hadden. Daarvoor hadden wij een naam nodig. Het vinden van een naam leek belangrijk. In mijn beleving maakte dit alles echter. Dus zaten we daar over te brainstormen, George en ik. Amma's ashram in India werd op dat moment Mata Amritanandamayi Mission oftewel MA Missie genoemd. George dacht dat dit niet geschikt was voor Amerika, omdat 'Missie' een typisch christelijke benaming was. Ik stelde Mata Amritanandamayi Centre voor, of MA Centre. Ik gaf de voorkeur aan de Britse spelling Centre, maar George niet. Hij zei dat het altijd een beter idee was om de spelling van je eigen land te behouden; het zou dus M.A. Center moeten worden. Ik moest wel met deze logica instemmen en zo, in tien minuten tijd, ontstond het M.A. Center. Het kon alleen door Amma's genade zijn dat een eenvoudig moment van het opschrijven van de woorden 'M.A. Center' zo'n langdurig leven beschoren zou zijn. Een plaats waar zoveel onbaatzuchtige dienstverlening plaats zou gaan vinden.

ALLE WINDRICHTINGEN

Noord, zuid, oost, west, met de bus, de auto, het vliegtuig en de trein. Ik sliep bij familie en vrienden in huizen, appartementen, *tipi's* (indianententen) en zelfs af en toe in een *yurt* (nomadentent). Het was mijn bedoeling om de video *Een Dag met Moeder* zo vaak als mogelijk te laten zien in die twee maanden. Of het nu voor één persoon was of voor een groep van vijfentwintig mensen, ik volgde hetzelfde stramien: de lamp aansteken, over Amma's leven vertellen en de video laten zien. Daarna sprak ik over de tijd die ik bij Amma had doorgebracht en beantwoordde vragen totdat iedereen tevreden was. Ik legde uit dat Amma de volgende zomer zou komen. Als iemand contact wilde houden als de tourneeplanning vorderde, vroeg ik hem zijn naam en adres in mijn notitieboek te schrijven. Deze namen werden uiteindelijk de kerngroep door heel Amerika die Amma thuis zou ontvangen. Soms brachten mensen iets te eten mee voor een potluck (feestje waarbij iedereen iets te eten en drinken meeneemt) en bleven wij laat op en praatten over het spirituele leven met Amma. Het was altijd duidelijk wie er tijdens de presentatie van die avond een verbinding met Amma had gelegd. Uit dit netwerk van mensen kwamen nieuwe contacten voort, meer videopresentaties, meer contact tussen Amma en haar kinderen. Dit alles werd door Amma's nimmer aflatende genade geleid.

Half augustus, nadat ik meer dan 60 dagen ononderbroken had gereisd, keerde ik dankbaar naar Amma terug. Ik was in Singapore, San Francisco, Oakland, Berkeley, Carmel, Santa Cruz, Mount Shasta, Miranda, Seattle, Olympia, Taos, Santa Fe, Albuquerque, Boulder, Madison, Chicago, Pittsburgh, Baltimore, Washington DC, New York, Boston, Londen, Zürich, Schweibenalp en Graz geweest.

TERUG NAAR HUIS

Amma zat op de veranda van de Kalari die dag in augustus van 1986 toen ik terugkwam in de ashram. Sommige bewoners waren bij haar en waren benieuwd hoe ik mijn tijd had doorgebracht. Wat gebeurde er? Wanneer zou Amma naar Amerika vertrekken? Welke plaatsen zou Amma bezoeken? Hoeveel mensen hadden er over Amma gehoord? Ik herinner me nog de regen van vragen die tegelijkertijd opwindend en overdonderend waren. Ik had moeite ze helder te beantwoorden. Toen keek ik naar Amma, zij was volkomen stil, leek alles in zich op te nemen. Toen keek zij op en haar diepe, eeuwige ogen klonken zich aan de mijne, er was stilte in de lucht.

"Sheriyayo, mole?" was het enige wat Amma mij vroeg. (Is alles oké dochter?) Het effect dat deze simpele directe vraag van Amma op mij had is onbeschrijflijk. Het was alsof de lucht zelf was opgehouden met ademen en op mijn antwoord wachtte. De tijd kwam een moment tot stilstand. Amma testte mijn hartsvermogen om haar boodschap over te brengen op haar ver weg wonende kinderen en Amma tot hen te brengen, terwijl ik al die tijd zelf zo ver van Amma's fysieke aanwezigheid was geweest om dat te doen. Intuïtief begreep ik dat Amma mijn vastberadenheid testte. Kalm en bedachtzaam antwoordde ik: "Sheriyayi, Amme." (Alles is in orde, Amma.) Op dat moment voelde ik een golf van energie in mijn borststreek, alsof een subtiele brug van goddelijke liefde Amma's hart met het mijne verbond. Amma glimlachte vol mededogen naar mij en hield mij lange tijd in haar armen. Amma wilde dat ik ging uitrusten van de reis. Toen ik opstond en afscheid van haar nam, voelde ik onmiskenbaar dat er een diepe verbinding tussen ons was verzegeld die mij 'alles wat ik nodig had zonder er om te vragen' zou geven. Op dat moment wist ik in mijn ziel dat de tournee door zou gaan en dat Amma binnen afzienbare tijd bij haar kinderen in de hele wereld zou zijn. Tegelijk voelde ik dat er heel veel inspanning en opoffering mee gepaard zou gaan. Ik weet nog hoe een enorm gevoel van vreugde mij overspoelde.

Er was geen moment te verliezen. De volgende dag stelde ik voor dat wij een nieuwsbrief op zouden stellen voor de mensen op de adressenlijst die ik had verzameld. "Wat? Een nieuwsbrief? Maar Amma is nog niet eens op bezoek geweest in Amerika." Dit was de algemene respons. Hiermee niet tevreden wendde ik mij tot Amma om haar mening. Zij stond er volkomen achter, vroeg mij een om bandrecorder en een stel vragen uit de tijd die ik weg was geweest. Amma zou deze vragen beantwoorden voor het eerste nummer van de nieuwsbrief. En bovendien schreef zij met haar eigen hand een brief om aan allen die zich op de adressenlijst hadden ingeschreven te sturen. Ik stelde voor de nieuwsbrief *Amritanandam* te noemen, dat 'Onsterfelijk Gelukzaligheid' betekent, naar Amma's eigen naam.

HET KOPEN VAN DE VLIEGTUIGTICKETS

Het ticket waarop ik gedurende de zomer had gereisd was een droomticket. Het had heel goed gewerkt voor het plannen van de tournee. Het was mijn plan om voor Amma en de groep een zelfde ticket te kopen. Er was maar één probleempje: we hadden geen geld om tickets te kopen. Dit was sterk op de achtergrond in mijn gedachten naarmate de weken en maanden voortschreden.

Zelfs voordat ik naar Amma was gekomen, was ik altijd een zeer zuinig mens geweest. Ik bezat geen creditcard op mijn naam en had nooit een auto gehad, hetgeen voor een Amerikaanse ongebruikelijk was. Het enige impulsieve wat ik ooit in mijn leven had gedaan, was naar Amma in India reizen. Nu ik in de ashram woonde, was de enige ruggensteun die ik voor noodgevallen had, een American Express card die mijn ouders mij hadden gegeven, op voorwaarde dat ik die alleen zou gebruiken als het absoluut noodzakelijk was.

Alles wat we nodig hadden, zou naar ons toe komen; Amma was daarover duidelijk geweest. De vliegtickets voor de tournee zouden geen uitzondering zijn; daar was ik absoluut zeker van. Het was slechts een kwestie van timing. Maar nu begon de tijd te dringen; de vliegtickets waren nodig om visums voor Amerika aan te vragen. De Franse visums konden worden verkregen door middel van de Amerikaanse visums. Alleen dan konden we voortgaan met de meer gedetailleerde planning. Alleen dan zou de droom om Amma naar haar kinderen te brengen een kritische stap dichter bij realisatie zijn.

De herinnering van Amma's woorden: "Mijn kinderen huilen om me, zij kunnen mij niet vinden", moedigde mij aan om door te zetten. Zelf had ik twee jaar gehuild voordat ik Amma ontmoette en ik wist hoe dat voelde. Ik wilde niets liever dan dat Amma met haar kinderen zou worden herenigd net zoals ik zelf met haar was herenigd. Amma's verlangen haar kinderen te zien was mijn verlangen geworden om Amma bij haar kinderen te zien. Ik besloot dat er enig risico moest worden genomen. Wij moesten verder. Ik kaartte het onderwerp aan bij Swami Paramatmananda. Ik wist dat hij dezelfde regeling met zijn moeder had als ik met de mijne, de creditcard voor noodgevallen. Mijn praktische suggestie aan hem was dat wij samen naar de reisagent in Kochi zouden gaan en de kosten van de tickets zouden delen; ik zou er vijf kopen en hij vijf. Ik verzekerde hem dat het geld terug zou komen. Daar had ik een rotsvast vertrouwen in. Mocht het niet zo zijn, zo bezwoer ik hem plechtig, dan zou ik aan het eind van de tournee een baantje als kok zoeken om de schuld terug te betalen. Zonder enige aarzeling stemde hij toe dat dit een goede oplossing was. Nog geen uur later vertrokken wij naar Kochi, zonder met wie dan ook over ons plan te hebben gerept.

De twee luchtvaartmaatschappijen waren Singapore Airlines en Delta. De tien steden waren Singapore, San Francisco, Albuquerque, Chicago, Washington DC, Boston, New York, Parijs, Zürich en Wenen. Luisterend naar de klank van onze creditcards die door de reisagent door de ouderwetse machine werden gehaald, wist ik in mijn hart dat de tournee door zou gaan.

HET AMERIKAANSE CONSULAAT IN CHENNAI

De taak die de volgende drie maanden bijna al mijn aandacht opeiste was de aanvraag van alle paspoorten, het verkrijgen van de Amerikaanse en Franse visums en het verkrijgen van de vliegtickets voor Amma en de negen anderen die mee gingen op tournee. De paspoorten waren gemakkelijk, maar de visums waren een ander verhaal. Ook al ging je in die dagen maar voor een kort bezoekje, je moest Amerikaanse sponsors hebben voor Amma en de monniken. Het was al heel moeilijk om één visum te krijgen, laat staan zeven visums. Maar hoewel geen enkele familie die ik voor sponsorschap had benaderd, Amma ooit had ontmoet, waren ze allemaal bereid om Amma's groep te sponsoren.

Een gevoel van onrust woog zwaar op mij toen ik in het busstation in Kayamkulam stond te wachten op de bus die mij in zeventien uur naar het Amerikaanse consulaat in Chennai zou brengen. Ik had geen afspraak, geen speciaal plan om de visums te krijgen en geen agent achter de hand die onze zaak kon bepleiten. Het weinige onderzoek dat ik had kunnen doen, gaf aan dat het ongekend was dat wij zouden kunnen krijgen wat we nodig hadden zonder vele maanden wachttijd. Als we werden afgewezen, zouden we een heel jaar moeten wachten voordat een nieuwe aanvraag mocht worden ingediend. Maar ik wist dat de beslissende factor als altijd Amma's overheersende genade zou zijn. Een van Amma's talloze wonderen was dat zij dit soort zaken zonder de minste hapering voor elkaar kreeg. Maar toch moest wel de juiste inspanning worden geleverd. Met een verzameling van tien vliegtuigtickets en paspoorten en zeven sponsorbrieven veilig in mijn rugzak weggestopt, stapte ik de bus in. Het grootste deel van de tijd bad ik dat ik niet met lege handen terug zou keren en knabbelde op stukjes pinda. Als de visums zouden worden geweigerd, dan zouden de plannen voor de tournee in duigen vallen, in elk geval voor de door mij zo zorgvuldig geplande data.

Toen ik het consulaat binnenliep, stond ik tussen tientallen en nog eens tientallen mensen die in de entreehal wachtten. Sommigen liepen wat rond en allen hadden een groot papier met een nummer erop in hun hand. Ze werden in volgorde door de ambtenaren die achter ramen zaten opgeroepen. Toen ik de lawaaiige, nerveuze menigte bekeek, voelde ik de lucht weer stil worden, net als een paar maanden geleden toen ik bij Amma op de veranda van de Kalari zat. Ik besloot het nummersysteem te omzeilen en liep recht naar het raam en probeerde de aandacht van een ambtenaar te trekken. Ik leunde naar voren en vertelde op een rustige manier wat ik nodig had: zeven visums voor een bezoek aan Amerika van twee maanden deze zomer. Nee, geen van de aanvragers was getrouwd. Nee, ook niet verloofd. Nee, geen van hen bezat een eigen bedrijf. Maar ja, allen zouden in augustus zeker weer naar India terugkeren. Ja, ik wist dat ze sponsors nodig hadden. Ik hield het pakje met sponsorbrieven omhoog en knikte van ja. Ik glimlachte een beetje bibberend naar de ambtenaar terwijl ik innerlijk Amma's woorden herhaalde: "Vraag nergens om, alles komt naar je toe ... vraag nergens om, alles komt naar je toe..." De ambtenaar zwaaide de deur open en liet mij naar binnen in een van de kantoren voor het vraaggesprek.

Ik hoorde mezelf uitleggen wat wij nodig hadden en keek in stomme verbazing toe hoe de hand steeds opnieuw een stempel zette. Hij zette een voor een in alle paspoorten een visum. Uiteindelijk was er minder dan een uur nodig om alle visums te krijgen. Tranen van dankbaarheid stroomden over mijn wangen, toen ik eenmaal weer buiten op de stoep stond. Diezelfde middag nam ik de eerste van een serie bussen die me weer naar huis bracht. Er was nog één reisje naar Pondicherry nodig om de Franse visums te halen, ook dat ging heel gemakkelijk.

KLAAR VOOR DE START? AF!

Het is moeilijk om je die dagen voor te stellen zonder computer, mobiele telefoon en internet, maar de hele planning voor de eerste tournee vond plaats zonder al die hulpmiddelen. De kleine typemachine die ik had gekregen, gebruikte ik om mensen te benaderen en de *Amritanandam* nieuwsbrief op te typen, maar ook om het contact met de kleine verspreide groep mensen te onderhouden die zo graag mee wilde helpen nadat ze Amma's video die zomer hadden gezien. De planning van de Europese tournee was in handen gegeven van een devotee in Frankrijk, Jacques Albohair. Hij onderhield daar de contacten die ik gelegd had. Daarnaast had hij zelf nog contacten gelegd. Ondertussen regelde ik Amma's tournee voor Amerika.

Tegen januari wist ik dat het tijd werd om terug te keren naar Amerika. Nu wij vliegtickets hadden en de visums waren verstrekt, was het tijd om de inhoud van de tournee uit te stippelen. Waar zouden Amma en de groep verblijven? Welke stadjes en steden zou Amma precies gaan bezoeken? Welke zalen zouden geschikt zijn voor de bhajans en de darshan 's avonds? Hoe moest het met de posters voor publiciteit die overal moesten worden opgehangen? Wie zouden dit allemaal gaan uitvoeren? Ik besloot het land weer te doorkruisen, ook al was het hartje winter. Als ik meer videopresentaties zou geven, zouden er meer contacten gelegd worden en meer helpers zich opgeven. En er zouden dan meer van Amma's kinderen horen over Amma's aanstaande bezoek. Dus, beginnend in San Francisco, zou ik niet ophouden tot ik in Boston aan zou komen. Ik vroeg om Amma's zegen en boekte mijn ticket vervolgens voor drie februari.

HET VERKRIJGEN VAN MIJN NOR VISUM

Een klein detail dat ik naar de achtergrond van mijn geest had verdrongen was mijn eigen visum. Ik had een No Objection to Return (N.O.R.) visum nodig om na de tournee terug te kunnen keren naar India. Het jaar daarvoor had ik een verlenging van mijn visum gekregen, maar nu moest ik het land weer uit om verder te gaan met het plannen van Amma's tournee. Nu was het al moeilijk genoeg geweest om het Registratiekantoor voor Buitenlanders in

Kollam afgelopen augustus ervan te overtuigen dat ik het land weer moest verlaten. Hoe zouden zij dan nu reageren op deze tweede aanvraag voor een N.O.R. visum nog geen half jaar later? Ze waren er inderdaad niet blij mee, maar accepteerden mijn aanvraag. Het werkelijke probleem deed zich voor toen de politie naar de ashram kwam voor een routineonderzoek dat nodig was voor de toekenning van mijn aanvraag. Ik moest naar het kantoor in het huis van Amma's familie komen. Twee politie-inspecteurs wilden mijn paspoort en mijn verblijfsvergunning zien en mij spreken. Toen wij met zijn drieën in het piepkleine kantoortje gingen zitten, overviel mij een gevoel van claustrofobie.

Allereerst wilden de agenten weten waarom ik nu weer uit India weg moest. Ik was hier namelijk op een inreisvisum, zeiden ze, en het was niet mogelijk om zo vaak heen en weer te gaan, twee keer in minder dan een jaar. Wat was de reden hiervoor? Ik zei dat mijn familie mij terug wilde zien en vertelde dat er nog wat andere zaken mijn aandacht vroegen. Met dat antwoord waren zij in het geheel niet tevreden. Ze gaven me een ultimatum: of ik bleef en behield mijn langetermijnvisum of ik ging en verspeelde mijn inreisvisum. Dat was het visum waarop ik zo lang had gewacht, het visum dat het mij mogelijk maakte Amma niet iedere zes maanden te hoeven verlaten.

Een moment lang holde mijn geest nerveus heen en weer tussen de twee mogelijkheden, maar er was echt geen keuze. Als ik zou kiezen voor het behouden van mijn inreisvisum, dan zou het plannen van de tournee tot stilstand komen. Dit was voor mij geen optie meer; de planning was al te ver gevorderd. Ik kon hun eisen niet accepteren, dus vertelde ik de agenten dat ik naar Amerika moest en dat ik mijn langetermijnvisum op zou offeren. Zonder nog één woord toe te voegen, schreven ze op de achterkant van mijn registratie papieren: "Toestemming om het land te verlaten: toegekend. Toestemming om terug te keren:

geweigerd." En dus was mijn visum niets meer waard. Mijn hart bonkte in mijn borst toen wij opstonden. Dat was het dan, mijn kostbare visum was weg met één haal van een pen. Het had geen zin er nog over na te denken, ik kon niets meer doen. Ik had ook geen zin om iemand dit slechte nieuws te vertellen, dat kon wel tot later wachten.

MANTRADIKSHA IN DE KALARI

De tijd voor de tweede organisatieronde in Amerika naderde snel. Amma had mij laten weten dat ik *mantradiksha* zou krijgen (een formele initiatie in het gebruik van een mantra). Dit zou voor mijn vertrek in de Kalari plaatsvinden. Dit was een moment waarop ik mij had voorbereid sinds mijn aankomst in de ashram in 1983. Ik had het transformerende effect van mantrainitiatie gezien bij de weinige bewoners die *diksha* in de Kalari hadden ontvangen. Ik hoopte dat ik deze genade van Amma waardig zou blijken. Er wordt gezegd dat de Goeroe tijdens de initiatie een deel van zijn eigen, vitale, ontwaakte energie op de discipel overbrengt. Hierdoor wordt het proces van ontwaken bij de leerling versneld.

Twee dagen vooraf werd mij verteld dat de aankomende zondag de dag van mijn initiatie zou zijn. Ik begon te vasten, ook al at ik 's avonds een licht maal om niet te veel te verzwakken. Op zondag voor Devi Bhava nam ik laat in de middag een bad en trok een splinternieuw stel kleren aan. Ik ging in de Kalari mediteren. Naarmate Bhava darshan in de nacht verderging, werd het gevoel van anticipatie steeds sterker. Er was een ongewoon grote menigte, Amma eindigde pas omstreeks halfvier 's nachts. De tempeldeuren werden gesloten en ik bleef binnen met Amma die nog steeds haar zijden Devi Bhava sari droeg. Dr Leela, die nu bekend is als Swamini Atmaprana, was ook aanwezig om Amma te assisteren bij mijn initiatie.

Eerst liet Amma mij op hetzelfde voetbankje plaatsnemen dat zij zojuist tijdens Devi Bhava had gebruikt. Toen ging ze naar het altaar achter de pietham. Ik vouwde mijn benen in volledige lotuspositie, mijn rug rustte lichtjes tegen de voorkant van de pitham. Ik was naar het oosten gericht, naar de gesloten tempeldeuren. De bhajanmuziek weerklonk op de veranda, de monniken zongen prachtige liederen tot Devi, de Goddelijke Moeder. Ik richtte mijn aandacht naar binnen, van de muziek af. Mijn blik was naar beneden gericht en ik kon Amma een aantal krachtige, oude hymnes van Devi horen reciteren, die ik eerder bij inwijdingsriten gehoord had. Ik voelde mij volledig ontspannen en ontvankelijk op dat ogenblik.

Toen kwam Amma naar mij toe met een slinger van rode hibiscusbloemen. Deze hing ze mij om en ze bracht verse sandelhoutpasta op mijn voorhoofd aan. Lange tijd hield zij haar wijsvinger op mijn derde oog. Ik richtte mijn gedachten op de klank 'ma' en concentreerde me hier volledig op. Daarbij hield ik mijn gedachten gericht op het beeld van mijn *ishta devata,* de Goddelijke Moeder. Amma bleef reciteren, maar met een diepere, zachtere stem. Het kostte geen moeite mijn geest over te geven. Er waren geen gedachten, geen tempel, geen tijd, slechts een gevoel van totale eenheid. Na ik weet niet hoe lang fluisterde Amma een mantra in mijn rechteroor. Haar vinger hield het andere oor gesloten, alsof zij wilde voorkomen dat wat ze zei er de andere kant weer uit zou gaan. Drie maal herhaalde zij de mantra en ging toen weg, achter mij, naar het altaar. Ik kon het ruisen van haar zwaar zijden sari horen en het tinkelen van haar enkelbanden, die op de maat van de bhajans bewogen. Het was onbeschrijflijk mooi. Amma was aan het dansen, vertelde Swamini Atmaprana mij de volgende morgen. Er liepen tranen over mijn gezicht zonder dat er een bepaalde emotie mee geassocieerd was. Er ging nog meer tijd voorbij. Terwijl de mantra binnen in mij echode en de *mantra shakti* (de kracht van de mantra) in iedere cel van mijn lichaam resoneerde, verbleef ik in die verheven staat van meditatief bewustzijn.

De ingewijde mocht na Amma's vertrek in de tempel blijven zitten zolang als hij nodig had. De eerste stralen van de zonsopgang streelden mijn gezicht toen ik stilletjes uit de Kalari tevoorschijnkwam en terugging naar mijn hut.

TOESTEMMING VOOR EEN TOURNEE VOORAF

Een dag later, tijdens het inpakken voor het vertrek, kreeg ik plotseling een idee. Waarom zouden wij niet een tournee vooraf maken met een aantal monniken die vooruitgestuurd werden voordat Amma kwam? We zouden naar iedere plaats die Amma zou bezoeken kunnen reizen om een avond met *satsang* (spirituele lezing) te houden en om *bhajans* te zingen. Na de videopresentatie zouden zij dan hun veel bredere ervaring met Amma kunnen delen met de mensen. Bovendien konden zo alle zalen en huizen die ik de komende maand wilde organiseren, bezichtigd worden om te zien of alles geschikt was. Ik wist dat het alles extra ingewikkeld zou maken om een tournee vooraf te regelen, terwijl ik tegelijk bezig was Amma's bezoek te regelen. Toch besloot ik Amma hierover te vragen. Niemand vond het een erg goed idee behalve Amma. Zij glimlachte zo lief toen ik haar over mijn idee vertelde, en zij koos de monniken uit die voor Amma uit naar Amerika zouden reizen.

De datum van de tournee vooraf werd gesteld op 26 maart. De monniken zouden naar San Francisco vliegen. Zij zouden het harmonium en de *tabla* meenemen en samen zouden wij het land doorkruisen. Swami Amritaswarupananda begon prachtige *Hari Katha's* te componeren (het verhaal van de Heer op muziek gezet). Een ging over Amma's levensverhaal, een ander over Mirabhai, een heilige uit de 14ᵉ eeuw. Het was zijn bedoeling deze te delen op het programma van de tournee vooraf. Nu alles geregeld was, vertrok ik.

HET VERSCHIJNEN VAN HET GODDELIJK WEB

Toen ik Amerika die winter doortrok, was het extreem koud, maar iedere dag had ik in elk geval één videopresentatie en één goede maaltijd. Soms organiseerde iemand met wie ik in de zomer contact gelegd had dat ik de video kon laten zien. Andere keren stapte ik gewoon een boekhandel binnen en keek wie er Amma's video wilde bekijken. Ik deed niet moeilijk; Amma's kinderen waren overal en zij was het licht dat mij leidde. Gebogen over de Gele Gids zocht ik op informele basis contact met leden van verschillende kerkgemeenten en spirituele centra om over Amma te vertellen. Velen besloten om een gratis avondprogramma in hun kerk of ontmoetingscentrum te organiseren. De Quakers, de Unitarians, het Vipassana Meditation Center, het Cambridge Zen Center, de Theosofical Society, de Soefi's van Boston, de Yoga Society, de Ramalayam Temple in Chicago, de St. John the Divine Church in New York City, zelfs Harvard Universiteit; ze waren allemaal geïnteresseerd. De tournee begon vorm te krijgen, de details begonnen duidelijk te worden.

In de steden waar ik in de zomer contacten had gelegd, kwamen we samen om naar geschikte ruimten te zoeken. Wij bedachten een publiciteitscampagne en begonnen lijsten aan te leggen. We hadden het voortdurend over Amma en de tournee vooraf. Iedereen kon de opwinding voelen stijgen. Wij leerden elkaar kennen door het werk aan een gemeenschappelijk doel: Amma in ons midden brengen. Hun onschuldig vertrouwen bij deze onzelfzuchtige dienstverlening bloeide, hoewel zij Amma nog nooit hadden ontmoet. Het was zo inspirerend om te zien en er deel van uit te maken. Zij werden in de richting van Amma geleid door hun innerlijk kompas. Het was duidelijk dat dit Amma's kinderen waren en ik keek met grote verwachting uit naar hun eerste darshans.

Toen de planning concreter werd, was een van de eerste vragen die ik moest aanpakken waar Amma precies heen zou gaan. Niemand kende Amma. De enige uitnodiging die wij hadden was die in de San Francisco baai. Maar dat zag ik niet als een obstakel. Ik stelde mij altijd voor dat Amma op een paardenbloem blies en dat de zaadjes door de lucht vlogen om te landen waar mijn familie en vrienden woonden. Dit werden de centrale steden die Amma zou bezoeken, verspreid door het hele land. Maar deze zaadjes ontsproten op hun beurt omdat ze waren besprenkeld door het water van Amma's zuivere genade. En zoals de hechtranken aan een kruipplant groeien, kwamen de andere locaties vanzelf.

Uit de eerste videopresentatie in San Francisco kwamen uitnodigingen voort om Mount Shasta te bezoeken, wat mij vervolgens verder leidde naar Miranda en Seattle en toen naar Carmel en Santa Cruz. Taos, in Nieuw Mexico, was vol oude vrienden en spirituele zoekers die allemaal Amma graag wilden ontmoeten, omdat ik daar had gewoond toen ik voor het eerst over Amma hoorde. Vandaar kwamen Santa Fe, Albuquerque en Lama Mountain. Nealu's moeder, Phyllis Rosner, woonde in Chicago. Zijn eerste yogadocent in Madison. Mijn vader woonde in Boston. En ik wilde echt dat Amma New York en Washington DC zou bezoeken. Ik vond dat Amma programma's in deze steden moest houden, omdat hier zulke invloedrijke, verstrekkende beslissingen werden genomen. Amma's goddelijke energie kon zeker een positieve invloed in beide plaatsen hebben. Maar wij kenden niemand die daar woonde. Dus moest ik daar van de grond af aan beginnen. Op deze manier zigzagde ik door het hele land. Amma regelde constant verbindingen tussen mensen en steden. Het enige wat ik hoefde te doen was de draad herkennen en volgen. Gezinnen begonnen aan te bieden dat Amma bij hen thuis kon logeren. Zelfs nadat ik had uitgelegd dat het niet alleen Amma was die zou komen logeren maar wij alle tien, waren we zonder uitzondering nog steeds welkom bij hen. Overal gingen deuren voor ons open. Wat twee maanden geleden nog een immens, onpersoonlijk land had geleken, werd op die manier een verbonden web van goddelijk potentieel; er ontstond een patroon.

MET SLECHTS VIJF DOLLAR OP ZAK

Vaak had ik niet meer dan vijf dollar op zak, maar Amma zorgde er altijd voor dat ik het redde. Een oude schoolvriend reed mij meer dan vijftienhonderd kilometer naar Taos en iemand van een videopresentatie bood mij een Greyhoundbuskaartje aan zodat ik naar de volgende plaats kon reizen. Honderden, duizenden kilometers reisde ik in die zes weken. Het waren mij, mijn rugzak en een intens verlangen om Amma naar haar kinderen te brengen.

Op 20 maart kwam ik in New York City aan. Wow! Over een week zouden de monniken in San Francisco aankomen en zouden we de tournee vooraf beginnen. Mijn familie in Boston had ruimhartig aangeboden om mij terug te laten vliegen zodat ik hen op de zes en twintigste kon opvangen. Ik had een globaal gevoel dat alles zich goed ontwikkelde. Toch moet ik toegeven dat ik ook een knagende bezorgdheid voelde. Ik had gehoopt meer financiële zekerheid te hebben op dit moment. Tot nog toe was er niet meer dan precies genoeg verschenen om mij naar de volgende stad te krijgen. Maar ik moest gewoon doorgaan. De planning was te ver gevorderd om door mijn knagende zorgen gedwarsboomd te worden.

Een dringender probleem was dat ik niet wist hoe ik in Boston moest komen. Ik logeerde in New York City bij een jeugdvriendin van mijn moeder, Ann Wyma, die toneel doceerde aan de universiteit van New York. Zij was zo vriendelijk om die avond een videopresentatie op de campus te organiseren. Ik was ervan overtuigd dat er aardig wat mensen zouden komen en dat er iemand bij zou zijn die mij naar Boston kon rijden. Zo was het namelijk eerder ook gegaan. Kun je je voorstellen hoe teleurgesteld ik was toen ik voor de presentatie kwam en er slechts één persoon op kwam dagen? En hij kwam alleen nog maar langs omdat hij dacht dat het een video over de vechtkunsten van Kerala betrof. Hij had zoveel medelijden met mij dat hij bleef toen ik de olielamp aanstak en over Amma en de aankomende tournee sprak. Ik hoef niet toe te voegen dat hij niet naar Boston ging.

Het werd nog erger. Toen ik de zaal uitkwam, sneeuwde het hard. Ik moest twintig blokken lopen omdat ik geen geld had voor de bus. Ik knoopte mijn jas dicht en ploeterde terug, mijn gezicht naar de bijtende wind gericht. Genadeloos verergerde de sneeuwval en het weer veranderde in een sneeuwstorm. Uiteindelijk, heel plotseling, werd het mij allemaal te veel. Ik stopte midden op het trottoir en keek omhoog de lucht in. Er ging een gevoel van totale wanhoop door mij heen. Het enige wat ik in de gierende wind kon horen waren de woorden die Amma zoveel maanden geleden tegen me gezegd had: "Vraag nergens om, en alles wat je nodig hebt zal je toevallen, mijn lieve dochter."

Hete tranen stroomden over mijn wangen en ik voelde mijn knieën knikken toen ik in de sneeuw knielde, op de stoep, die nacht in New York City. Mensen haastten zich langs me heen en duwden tegen mij aan in hun haast om uit de storm te komen. En daar bad ik. Ik stopte mijn hele wezen in dat gebed. Het was een roep aan Amma om redding om alsjeblieft naar me te luisteren en haar hand te tonen. Om mij te helpen in deze verloren, verlaten toestand en mij te laten weten dat zij mijn gebed hoorde. Het was mijn moment van grootste nood. Waarom waren mijn handen leeg, Amma? Waarom was ik vijf duizend kilometer verwijderd van waar ik moest zijn? Hoe kon ik hopen door te gaan? Hoe kon ik de monniken over een week verwelkomen als ik niet eens de volgende dag naar Boston kon komen? Was er iets dat ik niet goed deed? Was er soms nog iets dat ik op moest offeren? Na dat gebed herinner ik mij niet veel van het lopen van de twintig blokken behalve dat het heel, heel koud was. De volgende morgen werd ik wakker in een leeg appartement. In een nogal sombere stemming liep ik naar de keuken waar een briefje op het aanrecht lag. Er stond op: *Lieve Gretchen, ik weet niet wat je van plan bent, maar ik wilde je graag helpen... Ann.* En daar lagen drie briefjes van twintig dollar die zij voor mij had achtergelaten. Ik wist dat de busreis naar Boston 58 dollar kostte. Mijn keel kneep samen. Amma had wederom naar mij geluisterd.

Maar het mooiste moest nog komen. Toen ik later op de dag bij mijn vader in Boston aankwam, vertelde hij mij dat er twee verschillende gezinnen waren die geprobeerd hadden mij te bereiken. Zij hadden die morgen opgebeld in de hoop mij te vinden en hij gaf me hun telefoonnummers. Ik belde hen op. Beide gezinnen zeiden hetzelfde: ze konden maar niet ophouden aan Amma te denken sinds zij haar een aantal weken daarvoor in de video gezien hadden. De avond daarvoor hadden ze een sterk gevoel gehad dat zij mij wilden bereiken. Ze wilden wat geld bijdragen om de tournee te verwezenlijken. Ze dachten dat ik wel wat geld kon gebruiken in verband met de aanstaande tournee vooraf en Amma's komst over acht weken. Beide gezinnen doneerden precies 5000 dollar.

De zon had nog niet eens de gelegenheid gehad om onder te gaan sinds ik tot Amma had gebeden. Niet één maar haar beide handen had ze laten zien. Dit is een voorbeeld van de zuivere genade die Amma is.

HOOFDSTUK 6

De weg voorbereiden

April 1987
Oakland, Californië

Omdat de uitnodiging aan Amma om naar de Verenigde Staten te komen van de familie van Swami Paramatmananda's broer, de familie Rosner, kwam, haalde ik daar de monniken voor de tournee vooraf op. Het huis van de Rosners in een buitenwijk van Oakland was onze thuisbasis geworden. De vrijgevigheid van de familie Rosner was een welkom en constant baken geworden bij de gehele organisatie van Amma's eerste wereldtournee. Ik was net teruggekomen uit Boston en draafde druk rond. Ik nam lijsten met Judy Rosner door: een lijst met voedsel en kruiden die wij nodig hadden, een andere lijst met warme kleding die we nodig hadden met iedereens maat erbij. Dan een checklijst van gereedheid voor elk van de vijftien steden en kleinere plaatsen die Amma zou bezoeken. Hierop stond alles, van het afhalen van de groep van het vliegveld tot schoonmaakmiddelen voor de yurt. Dan was er nog een lijst met de steden van de tournee vooraf met daarop alles van pannen tot de koperen pujabenodigdheden die we nodig hadden om Amma te kunnen verwelkomen. Er was een hoofdlijst met de huidige contacten, nieuwe tips, suggesties en verzoeken. Dan nog een lijst met vliegtickets en vliegtijden. Nog even en ik had een lijst met lijsten nodig, om alles te kunnen overzien.

Earl Rosner die mij van achter de keukentafel zat te bekijken zei: "Kusuma, rustig aan, ga even op de bank zitten en ontspan je. Amma komt, alles zal prima verlopen. Bederf Amma's lieflijkheid niet door haar naar zoveel plaatsen te slepen." Mijn reactie kwam onmiddellijk. Ik denk dat ik moe was. "Amma's lieflijkheid staat vast; die kan nooit veranderen. We hebben Amma al in ons leven. Ze komt om haar nieuwe kinderen te zien. Ze maakt niet deze hele reis voor ons twee. Amma's lieflijkheid ligt in de omhelzing van haar kinderen, dus er is alleen nog maar meer lieflijkheid om naar uit te kijken. Het is Amma's grootste vreugde om de lamp van liefde in iemands hart te ontsteken. Zeg dit alsjeblieft niet meer tegen mij." Ik was meteen ontzet over het scherpe antwoord dat ik er had uitgeflapt, maar Earl lachte alleen maar, net als een grote broer zou doen. Hij zei dat hij mijn vastberadenheid bewonderde en gaf toe dat hij wellicht degene was die op de bank moest gaan zitten.

Hoewel mijn twee organisatorische reizen door Amerika de 15.000 kilometer al lang overschreden hadden, voelde ik mij toch zo fris als een hoentje toen ik op de morgen van 26 maart naar het vliegveld reed. Een hechte groep spirituele zoekers van het San Francisco baaigebied had noest gewerkt om onze volgende 10.000 kilometer voor elkaar te krijgen, de 'tournee vooraf' zoals wij die noemden. Zij maakten pamfletten, zorgden voor meer videopresentaties, vertelden erover aan vrienden en familie, doneerden hun voertuigen, kochten warme sokken en beddengoed, kookten heerlijk vegetarisch eten, maakten huizen schoon en zaten uren met mij en mijn lijsten opgescheept.

De tournee vooraf zou op 1 april beginnen in een oude maar sterke Dodge die aan ons werd uitgeleend door Jack Dawson, een oude vriend van de familie Rosner. Ik zou de monniken door het land rijden en weer terug, zodat zij satsangs en bhajanprogramma's in iedere grote en kleine stad konden verzorgen waar Amma in mei, juni en juli zou komen. Ik hoopte dat nog meer mensen over Amma's aanstaande tournee zouden horen en dat wij de plaatsen voor Amma's programma's die we geregeld hadden, konden controleren. Ik wilde nu eventuele onaangename verrassingen vermijden, niet straks als Amma op tournee was. De tournee vooraf was een soort generale repetitie. Ik had er zes weken voor uitgetrokken.

Larry Kelley, een inwoner van San Francisco die de allereerste videopresentatie had bijgewoond, en ik reden om beurten op weg naar Seattle, 1500 kilometer noordwaarts voor onze eerste etappe. Eerst reisden we naar Mount Shasta, waar Swami Amritaswarupananda zijn eerste sneeuwbal gooide en de monniken in hun eerste yurt sliepen. Daarna gingen we naar Miranda, waar zij voor het eerst de majestueuze sequoia's zagen. Een oude vriend uit Nieuw Mexico, Scott Stevens, zou Larry als mijn tweede piloot op alle etappes oostwaarts vervangen. Na 2500 kilometer te hebben gereden pikten we hem halverwege in Carson, Nieuw Mexico, op.

De maaltijden bestonden uit *kitcheri* die ik op een klein kampeerfornuisje kookte. Warme chocola en thee gemaakt op hetzelfde fornuisje hielden ons een beetje warm. In de huizen van de mensen die ons onderdak boden, maakten de monniken voor het eerst kennis met een totaal andere cultuur. De potluck-recepties (iedereen neemt iets te eten en te drinken mee) waren de eerste culinaire ontdekkingen die zij zouden doen. Swami Amritaswarupananda maakte kennis met zijn allereerste onaangename bordje 'gras', te weten sla. De monniken maakten kennis met de enthousiaste Amerikaanse 'houdgreepomhelzing', die ik voor hun al snel tactvol leerde te omzeilen. "Wij zijn monniken, Kusuma. Kun je alsjeblieft deze begroetingen in het vervolg voorkomen?" Elke monnik kreeg een nieuwe Coleman slaapzak, die een beste vriend voor hen werd in het koude lenteweer van de Rocky Mountains. Het landschap waar wij door trokken moet hen wel als een totaal andere wereld zijn voorgekomen. Ik kan mij niet voorstellen hoezeer zij naar Amma verlangden. In

het maartnummer van *Amritanandam* in 1987 schreef Swami Paramatmananda:

Lieve broeders en zusters,

... We zijn op 26 maart bij het huis van mijn broer Earl Rosner aangekomen, degene die de Heilige Moeder in Amerika heeft uitgenodigd. Daarna zijn wij met Kusuma en Mr. Larry Kelly door Californië, Oregon, en Washington gereisd. Wij bezochten de plaatsen die Moeder zal bezoeken. Daar hebben wij voorbereidingen getroffen voor haar programma's en ook bhajans gezongen en devotees ontmoet. De respons was heel goed en de devotees kijken reikhalzend naar Moeders darshan van volgende maand uit. Wij voelen Moeders Goddelijke Hand bij elke stap die we zetten. We zijn verbaasd over de verhalen van devotees hier over hun ervaringen die zij door Amma's genade meemaakten. Ook al is Amma's fysieke vorm in India, 18.000 kilometer hiervandaan, haar allesdoordringende Zelf lijkt niet te worden beperkt door tijd en ruimte, omdat zij haar kinderen overal ter wereldzegent.

Kusuma rijdt ons duizenden kilometers door de Verenigde Staten. Zij organiseert Moeders en onze programma's, zij kookt voor ons en doet dienst als kleine moeder terwijl zij op alle mogelijke manieren voor ons zorgt. Door al deze activiteiten was er voor haar deze maand geen tijd om de nieuwsbrief te schrijven en daarom zit Nealu nu achter de typemachine tussen twee etappes door.

In Amma,

Br. Nealu (Swami Paramatmananda)

De aanwezigheid van de monniken was opzienbarend en sprak boekdelen over Amma's grootsheid. Swami Amritaswarupananda zong de *Hari Kathas* die hij had gecomponeerd en schiep een stemming van opperste devotie toen wij van stad tot stad reden.

Swami Paramatmananda, die oorspronkelijk uit Amerika kwam, begon met het geven van inspirerende lezingen voor de vertoning van *Een Dag met Moeder*. We zongen uit volle borst voor Amma, zonder microfoon, en haar goddelijke aanwezigheid was enorm krachtig voelbaar. Zij leidden ongelofelijk transformerende programma's. *Prabhu Misham* was een bhajan van de tournee vooraf die de mensen echt diep raakte. Andere waren: *Gajanana* en *Kaya Pia*, *Gopala Krishna*, *Karunalaye Devi*, *Narayana Hari* en *Gangadhara Hara*. De vraag- en antwoordsessies na de video waren levendig en gaven inzicht. Waar een maand geleden slechts een dozijn mensen mijn videopresentaties bijwoonde, verdubbelde dit aantal zich tot een groep van 25-30 mensen op onze hele tournee. Onderweg werden steeds meer posters en pamfletten van Amma's tournee verspreid.

Na nog eens 2400 kilometer te hebben gereden bereikten we Madison. En daar op het groene gras van de boerderij van de familie Lawrence blies onze betrouwbare, geleende Dodge zijn laatste adem uit. Het was een plechtig moment en de monniken deden een puja ter afronding van zijn heldhaftige, onbaatzuchtige dienstverlening. Hij had ons 6.500 kilometer lang vervoerd en beschut en ons niet eenmaal in de steek gelaten op een eenzaam stuk snelweg. Jack nam het nieuws goed op. Maar ik moest snel een plan verzinnen, want wij waren halverwege onze tournee en de klok tikte voort. We kochten buskaartjes naar Chicago, een goedkope vlucht naar New York en vervolgens een treinreis langs de oostelijke kust naar Washington DC en Boston. Daarna zouden we terug naar San Francisco moeten vliegen; het kon niet anders. Mijn hoofd en hart duizelden door de moeite die ik had mijn focus te bewaren, gegrond te blijven en de pas erin te houden. Toen wij in Boston aankwamen, zou Amma nog geen tien dagen later aan de westkust landen.

Toen wij onlangs herinneringen aan de tournee vooraf ophaalden met Swami Amritaswarupananda en Swami Paramatmananda, hadden wij grote moeite om ons ontberingen te herinneren, ook al was de autorit afmattend. We hadden onderweg talloze keren gelachen en gehuild en diepe momenten van Amma's aanwezigheid en zuivere genade gedeeld. Momenten die ons nederig maakten en tranen in onze ogen deden opwellen. Voor elk van ons betekende het een volwassenwording van ons spirituele leven. We waren bezig met een proces om Amma naar de wereld te brengen. Een groot keerpunt. Dit wilden we op de best mogelijke manier doen. Onze inspanning was ons offer, haar genade stroomde van alle kanten over ons heen. Pas jaren later hoorde ik dat het heel ongebruikelijk was dat discipelen op deze manier hun Goeroe vooruit reisden. Maar omdat ik niet beter wist, deden wij wat nodig was om het nieuws van Amma's eerste wereldtournee te verspreiden.

Ik herinner mij de kerngroep die grotendeels ontstond uit de allereerste videopresentatie van *Een Dag met Moeder* in San Francisco. Zonder deze mensen zou ik nu dit hoofdstuk niet schrijven: George Brunswig, Tina Hari Sudha Jencks, wijlen Nancy Crawford (Brahmacharini Nirmalamrita), wijlen Larry Kelley, Susan Rajita Cappadocia, Robin Ramani Cohelan, James Mermer, Cherie McCoy, Jack Dawson, Timothy Conway, Michael Hock, Scott Stevens, Candice Sarojana Strand, mijn zuster Katherine Ulrich en natuurlijk Earl en Judy Rosner.

Deze groep was er vanaf het begin bij; zij brachten echte offers om Amma naar het Westen te brengen. En zij hadden de eer om het welkomstcomité voor de monniken te zijn die de tournee vooraf verzorgden.

De gezinnen die aan Amma en de tournee vooraf onderdak boden waren de Rosners uit Oakland; de familie van wijlen Marion Rosen: Tina en Theo Jencks uit Berkeley; Ron Gottsegen uit Carmel en Sandhya Kolar uit Carmel; de familie Iyer uit Palo Alto; Liesbeth en Ivo Obregon uit Santa Cruz; wijlen Elizabeth Wagner uit Weed; Susan Rajita Cappadocia uit Mount Shasta; Ken en Judy Goldman uit Miranda; Terri Hoffmans gezin uit Seattle; wijlen Feeny Lipscomb en Bruce Ross uit Taos; Isabella Raiser en Bob Draper ook uit Taos; de familie Schmidt uit Santa Fe; de familie Pillai uit Albuquerque; Balachandran en Lakshmi Nair uit Chicago; wijlen Phyllis Rosner uit Chicago; Barbara, David en Rasya Lawrence uit Madison; Mary La Mar en Michael Price ook uit Madison; Phyllis Sujata Castle uit New York; Gena Glicklich uit Boston; wijlen Mirabhai uit Washington DC; Kit Simms uit Maryland; de familie Devan uit Connecticut; de familie McGregor uit Pittsburgh; en de mensen van de Plain Pond Farm.

Zoals altijd regelde Amma alles op een prachtige manier, als mijn inspanning volledig was. Steeds meer mensen hoorden over Amma. Anderen kwamen in aanraking met het netwerk van mensen dat ik in de zomer had ontmoet en langzaam maar zeker werd de kring van mensen die meehielpen Amma's tournee te organiseren steeds groter. De tournee vooraf had heel wat opwinding gecreëerd, zoals wij gehoopt hadden. Toen het *Eerste Wereld Tournee Souvenirboek* in mei 1987 na een jaar van organisatie werd gepubliceerd, waren er 40 programma's opgezet die de spirituele diversiteit van Amerika representeerden:

AMMA'S TOURNEE DOOR AMERIKA IN 1987

18 mei	Amma's aankomst op het vliegveld van San Francisco
19 mei	De Yoga Society van San Francisco
20 mei	Badarikashram, San Leandro, Californië
21 mei	Harwood Vipassana Meditation House, Oakland
22 mei	Christ Episcopal Church, Sausalito, Californië

23 mei   First Unitarian Church, San Francisco
24 mei   Cultural Integration Fellowship, San Francisco
25 mei   Devi Bhava Darshan bij de Rosners thuis,
          Oakland
26 mei   Unity Church, Santa Cruz, Californië
27 mei   De Women's Club in Carmel, Californië
29 mei   Quaker Friends Meeting House, Seattle,
          Washington
30 mei   Unity Church, Bellevue, Washington
31 mei   Devi Bhava Darshan bij Terri Hoffman thuis,
          Seattle
2 juni   Melia Foundation, Berkeley, Californië
3 juni   Whispering Pines Lodge, Miranda, Californië
4-6 juni Retraite in de Morningstar Community,
          Mt. Shasta, Californië
7 juni   Devi Bhava Darshan, de Yurt in Morningstar,
          Mount Shasta
9-10 juni De Grote Zaal van St. John's College, Santa Fe
12 juni   Center for Performing Arts, Taos, New Mexico
13 juni   Harwood Auditorium, Taos
14 juni   Temple Stones Blessing, Longo-Whitelock
          Residence, Taos
15 juni   Huis van de familie Pillai, Albuquerque
16 juni   Het Lama Mountain Meditation Center, Lama
          Mountain, New Mexico
17 juni   Devi Bhava Darshan, huis van de familie
          Lipscomb-Ross, Taos
19 juni   De White Church op Quesnel, Taos
20 juni   De Hanuman Temple, Taos
21 juni   Zonnewendeviering van de Goddelijke Moeder,
          bij Jameson Wells uit Pot Creek, Nieuw Mexico
22 juni   Huis van de familie Stevens, Carson, Nieuw
          Mexico

23 juni	Devi Bhava Darshan, huis van de familie Schmidt, Santa Fe
25 juni	Gates of Heaven, Madison, Wisconsin
26 juni	Quaker Friends Meeting House, Madison
27 juni	Unitarian Church, Madison
28 juni	Devi Bhava Darshan, huis van de familie Lawrence, Madison
29 juni	Ramalayam Hindu Temple, Lemont, Illinois
1 juli	Divine Life Church, Baltimore, Maryland
2 juli	Unitarian Church, Washington DC
4 juli	Plain Pond Farm, Providence, Rhode Island
5 juli	Cambridge Zen Center, Cambridge, Massachusetts
6 juli	De Sufi Order in Boston, Boston
7 juli	De Theosophical Society, Boston
8 juli	Harvard Universiteit, Cambridge
9 juli	Old Cambridge Baptist Church, Cambridge
10 juli	Het Himalayan Institute, New York City
11 juli	De Geeta Temple Ashram, Elmhurst, New York
12 juli	St. John the Divine Cathedral, New York City
13-14 juli	Retraite in de Devan Residence in Connecticut
15 juli	Amma's vertrek voor de Europese tournee

We rondden het eind van onze tournee aan de oostkust af en reisden precies tien dagen voor Amma's aankomst terug. Wij hadden de weg voorbereid en nu was het eindelijk tijd voor de wereld om Amma te ontmoeten.

HOOFDSTUK 7

Op het wereldpodium

San Francisco
18 mei 1987

Eindelijk ging de zon op op de glorieuze dag van Amma's aankomst. Het was een prachtige, frisse dag en alle voorbereidingen voor Amma en de groep waren met uiterste devotie en verwachting uitgevoerd. Alles, van Amma's darshanstoel tot verse groenten en van nieuwe sokken tot schoon beddengoed, was aangeschaft met iedereens hulp. We hadden een wit busje met twaalf zitplaatsen gehuurd voor de rit over de baaibrug om Amma en de groep op te halen. Veel mensen die met de voorbereidingen hadden meegeholpen, gingen met ons mee om Amma op de internationale luchthaven van San Francisco te verwelkomen.

Er zijn geen woorden om het gevoel in mijn hart op die morgen te beschrijven. Alle zorgvuldige voorbereiding van het afgelopen jaar, alle kilometers, alle zorgen en problemen, alle zegeningen van Amma die dit moment mogelijk hadden gemaakt, dit alles resoneerde in mij. Ik keek naar de gezichten van Amma's kinderen die haar nu voor het eerst zouden ontmoeten; zij hadden zo hard gewerkt, hun gezichten zagen er op dit moment van verwachting zacht en mooi uit. De zoon van de Rosners, Gabriel, was in mijn armen gesprongen om Amma beter te kunnen zien toen zij zo gracieus als een zwaan de aankomsthal van de luchthaven van San Francisco binnen gleed. Zo had ik Amma's gezicht nog nooit gezien. Zij was altijd stralend en aanwezig, maar op dit moment straalde ze licht uit. Ieder deeltje van haar wezen gloeide en er stroomde een energie uit haar als een gigantische golf die op het strand aanspoelt.

AMMA IN HUIS

Men hing Amma een bloemenkrans om en iemand had eraan gedacht een zak chocolaatjes mee te brengen, Hershey's Kisses, die Amma uit begon te delen, terwijl zij iedereen een omhelzing en een kus gaf. Wij zaten allemaal een tijdje bij Amma terwijl de bagage werd opgehaald en de auto's naar het trottoir werden gereden. Amma straalde gewoon en iedereen zweeg, gekoesterd in haar licht alsof dit moment eeuwig zou duren. Amma was zo natuurlijk en praatte met iedereen. Ze vroeg mensen hun naam en deed iedereen vol vreugde lachen toen zij haar stem voor de eerste keer hoorden en ze een anekdote over de lange reis vertelde.

Eindelijk zaten Amma en de groep in de witte bus, alle bagage was ingeladen en de karavaan trok oostwaarts door de baai. Ik herinner mij hoe ik in de achteruitkijkspiegel keek toen ik van het trottoir wegreed. Amma ging op haar gemak in de stoel zitten, keek rustig uit het raam en zag Amerika voor het eerst in haar leven.

Gelijk de volgende morgen begon Amma bij de Rosners thuis darshan te geven aan een kleine groep devotees die niet konden wachten tot de avond van Amma's eerste geplande programma. Ik herinner me met name de inmiddels overleden Steve Fleischer en zijn vrouw, Marilyn Eto; Dennis en Bhakti Guest, die op de een of ander manier naar het huis geleid waren om Amma die eerste morgen te ontmoeten; en natuurlijk, Tina, Nancy, George, Tim, Robin, James, Jack en Cherie, die allemaal zo hard mee hadden geholpen het afgelopen jaar. Al deze mensen waren er die eerste morgen bij.

Amma begon met een lange meditatie, gevolgd door een darshansessie. Die werd afgerond door het zingen van simpele namavali bhajans (devotionele liederen die de naam van de Heer herhalen) terwijl zij iedereen omhelsde. Een paar uur later eindigde het programma en iedereen verspreidde zich om nog wat laatste posters in de stad op te hangen en om zich voor te bereiden op het eerste avondprogramma bij de Yoga Society van San Francisco.

AMMA'S EERSTE AVONDPROGRAMMA

San Francisco
19 mei 1987

Misschien klinkt het vreemd, maar ik was vreselijk nerveus toen ik Amma en de groep die eerste avond naar San Francisco reed. Ik weet nog hoe ik naar mijn handen keek die het stuur vastknepen toen we westwaarts over de baaibrug reden. Mijn knokkels waren helemaal wit van het harde knijpen. "Haal diep adem", bleef ik maar tegen mezelf zeggen. "Herhaal gewoon je mantra, blijf herhalen." Waarom was ik zo zenuwachtig? Gezien alle moeite die we erin gestoken hadden, waren mijn grootste twijfels die avond: "Zal er iemand op komen dagen? Zal Amma wel respectvol ontvangen worden? Zal de Yoga Society teleurgesteld zijn dat zij gastheer zijn voor Amma's programma en dat de zaal niet vol komt?" Dit soort gedachten schoten door mijn hoofd terwijl ik de hoek om reed om vlak voor de zaal te stoppen.

En wat zag ik daar? Er stonden mensen in de rij helemaal tot het einde van het blok huizen om naar binnen te kunnen. Er ging een golf van opluchting door mij heen en ik ontspande onmiddellijk. Ik sprong uit de bus om Amma te helpen uitstappen en zo zette zij voet in een prachtige menigte die met smart op haar wachtte, iemand hing Amma een bloemenkrans om en wij werden de zaal in geleid.

Een kleine verhoging die dienst deed als podium was net groot genoeg voor ons allemaal om op te zitten. Die avond, de enige avond ooit in Amerika, zong Amma zonder geluidsinstallatie.

Zij brak de lucht open met haar gezang en de hemel daalde op ons neer. *Gajanana He Gajanana, Gopala Krishna, Shristiyum Niye, Karunalaye Devi, Prabhu Misam* en *Durge Durge.* Ik hoor Amma deze bhajans nog zingen, als de dag van gisteren. Ik bleef naar het publiek gluren om de reactie te zien. Het is moeilijk de juiste woorden te vinden om dat beeld te beschrijven. De kerngroep van mensen zat allemaal vlak vooraan bij elkaar. Ze waren nog geen anderhalve meter van Amma verwijderd en bewogen mee terwijl zij zong. Iedereen had de ogen op Amma gericht, de mensen werden door haar gebiologeerd en waren muisstil. Velen van hen hadden al meer dan tien jaar devotionele liederen met andere satsanggroepen gezongen, maar de uitdrukking op hun gezichten verried dat zij zoiets als dit nog nooit eerder in hun leven gehoord of gevoeld hadden. Sommigen in het publiek hadden natuurlijk tranen die langs hun wangen stroomden, maar de meest voorkomende uitdrukking was ontzag.

Een jaar lang had ik met enkele van deze mensen gewerkt en ik had ernaar uitgekeken aanwezig te zijn bij hun eerste darshan. Het leek er echter op dat de darshan voor enkelen van hen al begonnen was. Amma zong een lange reeks bhajans en niemand verliet zijn plaats. Aan het einde, na het reciteren van de afsluitende gebeden, heerste er een diepe stilte. We zaten en wachtten, we wilden het moment niet verstoren door in beweging te komen. Daarna gaf Amma darshan tot laat in de nacht. Veel, heel veel mensen kregen Amma's eerste zoete omhelzing die nacht in San Francisco. Er zouden er nog veel meer volgen. Zij werden zachtjes in haar omhelzing gewiegd om daarna nooit meer dezelfde te zijn.

Op de terugreis naar Oakland brachten de monniken het onderwerp van een geluidsinstallatie ter sprake. Het zou onmogelijk zijn, vooral in dit koude klimaat, om de bhajansessies akoestisch te houden. Amma vroeg naar de grootte van de andere zalen en toen wij de omvang ervan beschreven, drong het ook tot mij door. We hadden inderdaad een geluidsinstallatie nodig.

TEST, TEST, EEN-TWEE, EEN-TWEE...

De volgende morgen ging ik op weg naar het centrum van Oakland op zoek naar een muziekwinkel. Ondertussen kwamen de devotees in het huis van de Rosners samen voor de ochtendmeditatie en voor darshan.

Toen ik met mijn witte punjabikleding naar binnen liep, moet ik er erg exotisch uitgezien hebben. Het was een winkel voor rock-'n-roll muziekinstrumenten en iedere vierkante centimeter hing vol met spullen. Er hingen elektrische gitaren aan het plafond en ukeleles, saxofoons en enorme luidsprekers. Wat je ook maar kunt bedenken, het was in deze winkel. Posters van rocksterren en jazzmuzikanten, vele gesigneerd, bedekten de muren. De glazen vitrines stonden propvol microfoons, welke soort je ook maar wenste. Kabels, kratten om een en ander te vervoeren, microfoonstandaards, zwarte lampen, machines voor droog ijs, mengpanelen, versterkers groot en klein, alles kon je hier krijgen. Ik voelde me een beetje uit mijn element en wenste dat ik niet in mijn eentje was gekomen. Ik ging naar de toonbank om wat advies.

Ze hadden mij al opgemerkt. Een verkoper stond op mij te wachten. Ik glimlachte zwakjes en zei "hi". Mijn mond was droog maar ik moest dit voor elkaar krijgen.

"Ik heb een geluidsinstallatie nodig."

"Wat voor muziek?"

"Oost-Indiase devotionele liederen, harmonium, tabla's, krachtige stemmen. Ze zitten op de vloer, zijn op tournee."

De verkoper vond het prima, zo te zien had hij dat al eerder gehoord. "Hoe veel geld wil je besteden?"

"Niet teveel".

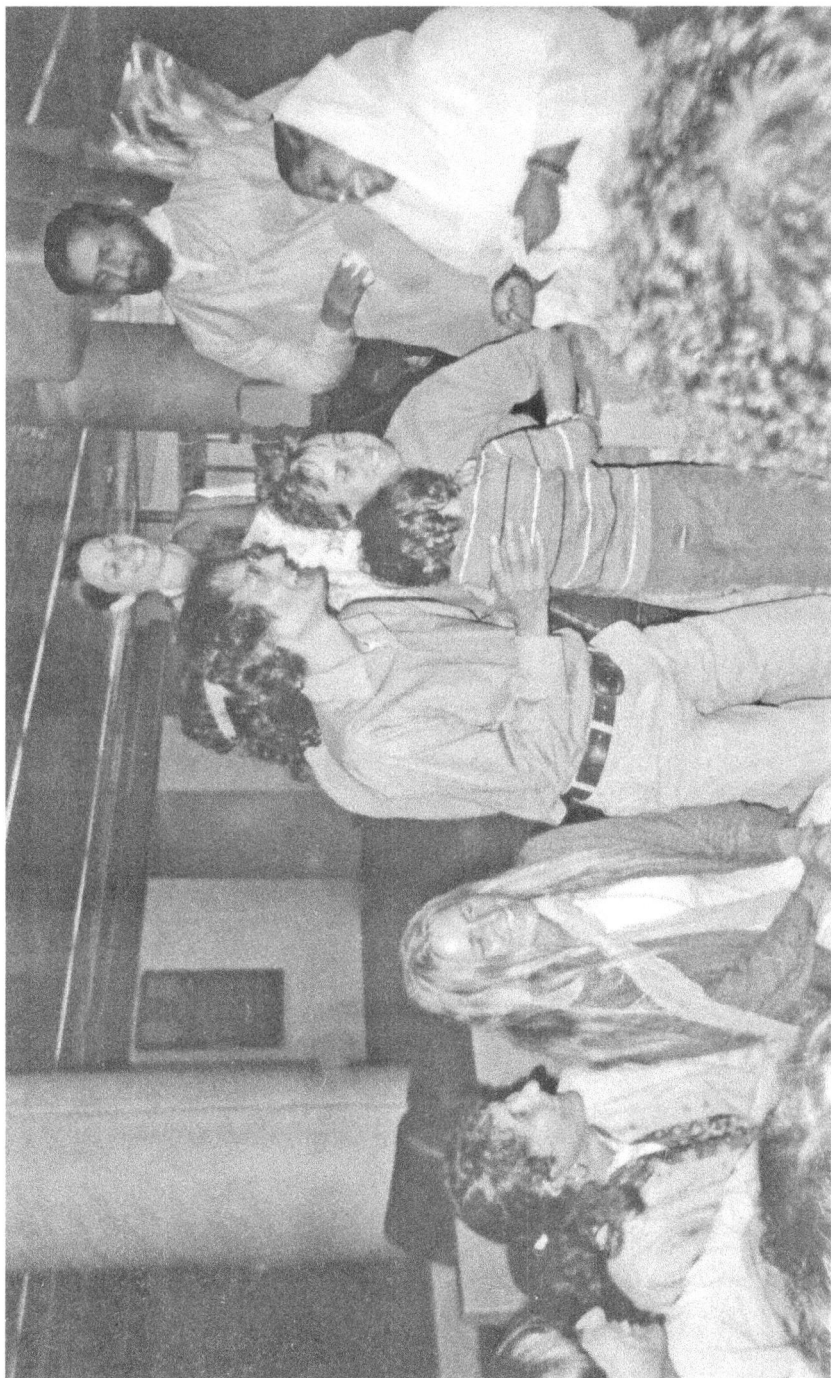

Darshan op het vliegveld in San Francisco

"Live optreden of studio-opnames? Wie is je geluidstechnicus?"

"Wat is een geluidstechnicus?"

Dit deed zijn wenkbrauw iets omhoog gaan. "Hoeveel musici? Ben je van plan muziek op te nemen?"

"Ja, dat zeker".

De verkoper haastte zich naar een achterkamer. Hij kwam al snel weer terug en maakte een plek op de toonbank vrij. Binnen twintig minuten zette hij een systeem voor beginners voor mij in elkaar. Hij ried mij een eenvoudig Peavey mengpaneel met ingebouwde versterker aan. Prima geluidskwaliteit voor een goede prijs. Deze was betrouwbaar en eenvoudig in het gebruik. Hij kon gemakkelijk mee op reis en had tien ingangen voor microfoons. Verkocht. Dan nog twee luidsprekers op standaards, een stel microfoons voor zangers met standaards, kabels en zware vervoerskisten op maat. Als kleur koos ik oranje. Ze zouden binnen een week klaar zijn. En ik was nog altijd binnen mijn budget. Deze man was goed. Het laatste item was een microfoon voor Amma. Daarvoor had ik wat extra geld opzij gelegd. "Onze leadzangeres heeft een krachtige stem. En ze wiegt heen en weer tijdens het zingen," hoorde ik mezelf zeggen.

Hij dacht een momentje na en koos toen een microfoon uit, nam hem uit de verpakking en gaf hem aan mij. "Dit is het model dat Aretha Franklin jarenlang heeft gebruikt," vertelde hij me. "Zij verkoos deze boven duurdere soorten omdat ze het geluid zo prettig vond, het paste bij haar stem."

Ik had al besloten toen hij "Aretha" zei. Ik kocht hem.

Hij vroeg nogmaals wie de geluidsman zou zijn. Toen ik zei dat ik dat was en dat ik totaal geen ervaring had, knikte hij. Oké, dan moet je weten hoe dit allemaal werkt. En hij gaf me een spoedcursus hoe ik het systeem moest opzetten, hoe de niveaus af te stellen en het mengen af te stemmen. Ook gaf hij nog een paar aanwijzingen over waar ik voor op moest passen. Tijdens de eerste avond zouden we het opnemen maar overslaan, want hij wist zeker dat het voor mij al moeilijk genoeg zou zijn. Toen ik terug kwam bij Amma's woning, was de darshan afgelopen en rustte de groep. Ik deed een archana en bad om een gunst.

Ik reed terug naar de zaal met de zojuist aangeschafte uitrusting en ontmoette daar de devotees die vroeger waren gekomen om te helpen met het versieren van de zaal. Zij waren allemaal nog vervuld van gelukzaligheid door hun darshan en konden niet behulpzamer zijn geweest. We brachten het geluidssysteem naar binnen en haalden het voorzichtig uit de dozen. Ik probeerde te kijken alsof ik wist wat ik deed. Terwijl zij het podium opruimden, met bloemen versierden en het altaar verzorgden, begon ik met angst en beven aan het opzetten. Zorgvuldig volgde ik de aanwijzingen die ik had gekregen op. Ik zette methodisch de microfoons op hun plaats en zorgde ervoor dat de kabels niet in de knoop raakten. Ik probeerde te onthouden welke microfoon met welk paneelnummer verbonden was. Ik hield Amma's microfoon apart, zodat deze niet voor haar zou staan als zij ging zitten. Ik voelde me tevreden. Ik had mijn best gedaan. De uitkomst ligt nu in Amma's handen. Onthecht zijn en onthouden dat 'ik niet de doener' ben, was het enige wat ik nog moest doen. Ik reed net op tijd terug om Amma en de groep op te pikken.

Bij de zaal aangekomen sprong ik uit de bus en vroeg een van de kerngroepleden de bus dichtbij te parkeren. Ik leidde Amma de zaal binnen, het podium op en stoof daarna weg om de microfoonstandaard voor haar te zetten. Amma boog zoals ze altijd doet als ze voor het programma gaat zitten. Toen keek zij langzaam naar alle mensen die voor het programma gekomen waren. Het was een aardige menigte en het was doodstil. Amma keek naar mij en gaf een subtiel teken dat ik de microfoon moest brengen. Alsof het precies was wat ik altijd deed, een microfoon neerzetten voor de Godin van het Universum. Terwijl ik mijn mantra herhaalde, plaatste ik de microfoon en keek hoe Amma reageerde. Zij trok dezelfde wenkbrauw op op dezelfde manier als de verkoper die morgen had gedaan. Ik moest stilletjes lachen, Amma wist ook werkelijk alles. Zij was bij ons, ons observerend en tegelijkertijd beschermend, of het nu bij iets groots of kleins was. Haar vermogen om haar constante aanwezigheid bij ons te bevestigen door middel van subtiele communicatie was feilloos. Maar als wij niet goed opletten, dan kunnen we zo'n boodschap gemakkelijk missen. Niet meer dan een halve seconde ging voorbij en alles wat ik weten moest was gecommuniceerd. Amma glimlachte zo lief naar mij, zij stak haar arm uit en gaf mij haar zegen door mijn kruin aan te raken. Dat was alles wat ik nodig had, mijn nervositeit smolt weg. Ik nam mijn plaats in achter de soundmixer en draaide langzaam het volume van iedere microfoon omhoog en slaakte een zucht van verlichting. Het ging allemaal zonder enig probleem. De microfoon van Amma was fantastisch.

Het baaigebied en noord Californië hadden geluk omdat ze dat eerste jaar bijna twee weken lang van Amma's programma's konden genieten. Het meest noordelijke punt was Mount Shasta en het meest zuidelijke was Carmel. Amma was volledig op haar gemak, waar zij ook kwam. Nu reeds was er een gevolg van toegewijden dat naar ieder programma toe kwam. Velen van hen hadden de allereerste videopresentatie in San Francisco bijgewoond. Dat was bijna tot op de dag af een jaar geleden.

DE EERSTE DEVI BHAVA

Amma's allereerste Devi Bhava buiten Amritapuri vond plaats in Amerika, en dat op een zeer onwaarschijnlijke plaats. Op een dag, vroeg in de morgen, kwam Amma naar beneden en bekeek iedere kamer van het huis van de Rosners. Wij begrepen eerst niet waar Amma naar zocht, maar dat zou al snel duidelijk worden.

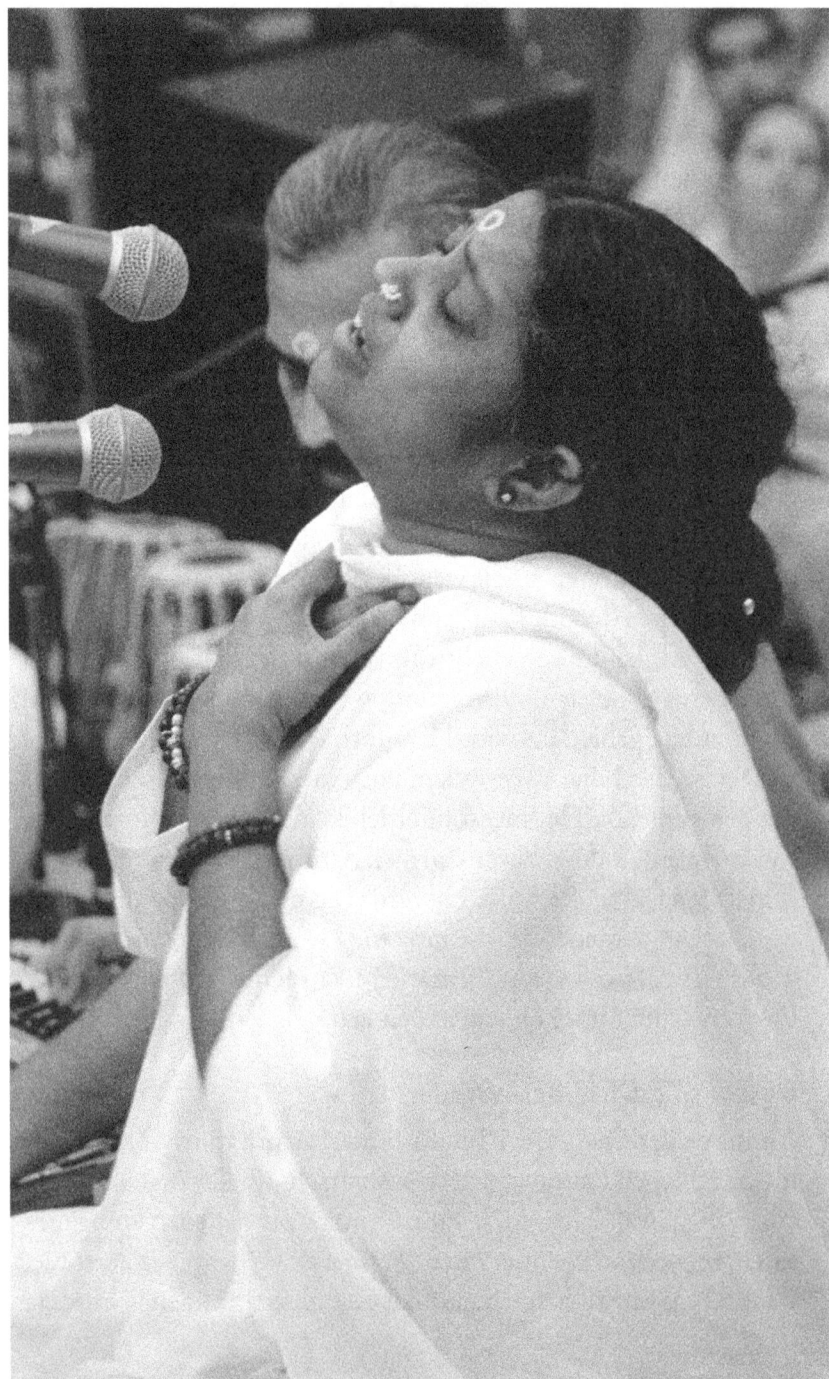

Niemand wist of Amma Devi Bhava zou houden buiten India, maar dat was nu precies waar Amma die morgen over na liep te denken. Een zijkamer van het huis was ongeveer even groot als de Kalari in Amritapuri. Deze kamer had openslaande deuren die uitkwamen op een grotere woonkamer. Dit was de kamer die Amma uitkoos.

De aankondiging werd tijdens de darshan van die morgen gedaan en nogmaals tijdens het avondprogramma. Amma zou de volgende avond vanaf halfnegen Devi Bhava darshan geven. De volgende dag versierden wij alles met zijden sari's en zochten naar de juiste stoel voor Amma en kozen een kleine zijtafel om het prasadblad op te zetten. Tegen de achtermuur maakten we een eenvoudig altaar met een foto van de Goddelijke Moeder en een koperen olielamp. Een prachtig boeket wilde bloemen en een fruitschaal maakten het geheel af. Een handgemaakte mandala in aardetinten, die ik in Kochi had gekocht, gebruikten we als achtergrond.

Ook al waren er in 1987 nog geen mobiele telefoons, het nieuws verspreidde zich van mond tot mond en vele mensen stroomden aan het eind van de middag toe. Al gauw was het huis helemaal vol en moest een deel van de mensen buiten op het gras in de voortuin blijven. De monniken waren voor de bhajans voor de 'tempeldeuren' gaan zitten. Die zouden opengaan om de westerse wereld voor de eerste keer het bewonderingwekkende beeld van Amma in Devi Bhava te laten zien.

Tegen halfnegen hadden wij meer dan een uur devotionele liederen gezongen en de stemming onder de devotees was vol verwachting. Drie van ons waren in de zelfgemaakte tempel terwijl Amma zich aankleedde. De *pujari* had een *aratilamp* met meerdere verdiepingen meegebracht, die volgeladen was met kamfer. Amma's helpster legde de laatste hand aan alles terwijl ik de zilveren kroon poetste. Amma had die avond een prachtige diepgroene sari uitgekozen. Ik had de kroon op de *pitham* gelegd zodat Amma hem kon zegenen. Ik was alert, terwijl ik mijn mantra herhaalde en op het signaal wachtte om de tempeldeuren te openen voor het openingslied van de Bhava Darshan *Ambike Devi*. Ook al had ik al veel Devi Bhava's met Amma in de Kalari in India meegemaakt, toch was het gevoel deze avond duidelijk anders. Alsof er een stroom van energie vanuit de diepten van de aarde de kamer in stroomde, in een geluidloos, tastbaar ritme. Eindelijk was Amma klaar en nam met gesloten ogen plaats op de pitham die wij haar hadden geschonken. Zij hield bloemblaadjes in beide handen, maar ik kon subtiel het zwaard en de drietand voelen. Helaas had de helpster Amma's enkelbelletjes niet meegebracht, het was voor het eerst dat dit gebeurde. Amma vibreerde met een enorme snelheid en de lucht werd erg heet, zinderend van elektriciteit. De aratilamp werd aangestoken en toen, heel onverwacht, slingerde de kamer ineens naar links. Ik weet nog dat ik dacht: "O nee, is er nu een aardbeving?" Ik keek naar de andere twee mensen in de tempel en ook zij keken heel ernstig, hetgeen niet erg bemoedigend was. Wat was er aan de hand?

Toen ik naar Amma keek, besefte ik dat zij de bron van de plotselinge energiestoot was. Het kwam allemaal recht uit haar vandaan. Ik dacht: "O jeetje, Amma tilt het huis van zijn fundering!" Op hetzelfde moment ging de gelukzalige gedachte door mij heen dat de aloude Goddelijke Moeder van het Universum zich op dit moment in Amerika manifesteerde. Zij bewoog zich met ongelofelijke, moeiteloze kracht door de dikke materiële sluier heen. Er ging een eeuwigheid voorbij voor de kamer zich leek te stabiliseren en Amma gebaarde dat wij de tempeldeuren konden openen. Grote wolken kamferrook vulden de lucht en Amma straalde een onbeschrijflijke hitte, licht en kracht uit, die ik nog nooit eerder had ervaren. Zij begon met het ontvangen van de eerste devotees. Het voelde alsof de heel aarde zich had

geopend en Amma die oerenergie uit de diepste, ondoordringbare uithoeken van het bestaan naar deze plaats trok, zodat die zich hier in Amerika kon manifesteren. Ik weet nog dat ik dacht: "Ik denk niet dat het hier ooit nog hetzelfde zal zijn." In 1987 zat Amma voor Devi Bhava op de meest onverwachte plaatsen. In Mount Shasta stond een yurt in een weiland op een hellend vlak van de berg. Daar gaf Amma nota bene Devi Bhava op een nacht met volle maan. In Madison zat Amma voor Devi Bhava in een rustieke melkveestal van het begin van de eeuw op het terrein van de familie Lawrence. Devi werd ook ontvangen in de huizen van de families Schmidt, Hoffman en Ross-Lipscomb om de toegewijden te zegenen. Er waren voor Amma geen beperkingen om de volle, duchtige kracht van de Goddelijke Moeder te manifesteren. Eindelijk konden haar kinderen haar vinden en zij zou hun tranen afvegen ongeacht tijd of plaats.

MOUNT SHASTA

Mount Shasta is het Tiruvanamalai van Californië. Een vulkanische berg, een plaats die door velen wordt gezien als een heilige berg die Heer Shiva personifieert. In 1986 was ik door Larry Kelley in contact gebracht met Susan Rajita Cappadocia, een uitbundige vrouw van 25 jaar, even oud als ik. Vanaf de eerste videopresentatie voelde zij zich met Amma verbonden en zij zette alles in het werk om Amma tijdens de eerste Amerikaanse tournee naar haar woonplaats Mount Shasta te brengen.

Zij woonde in de Morgenstergemeenschap die op een hellend vlak van de berg gevestigd was vanwaar er een adembenemend uitzicht was. Amma's eerste darshanprogramma's overdag werden daar gehouden. Het leek of de hele stad Mount Shasta een pelgrimstocht naar Amma maakte terwijl zij op hun geliefde berg zat. Amma genoot ook van het prachtige uitzicht en wees op verschillende aspecten in de natuur die haar aandacht trokken.

Na beëindiging van het programma maakte Amma een wandeling over het terrein en haar oog viel op een yurt, een ronde, nomadeachtige tent die in een prachtige, bloeiende weide stond. Nadat Amma enige minuten de omgeving had bekeken en een blik in die bizarre canvasstructuur had geworpen, verklaarde ze dat ze hier de volgende avond bij volle maan Devi Bhava zou geven. De stemming onder de devotees steeg tot grote hoogte toen zij de vertaling hoorden van wat Amma zojuist gezegd had. Toen Amma de volgende dag darshan gaf, was al onze aandacht gericht op het transformeren van de yurt in een tempel. We begonnen met het klaarmaken van de omgeving. Struikgewas werd zorgvuldig weggesnoeid om ruimte voor de devotees te maken en dekzeilen werden vooraan op de grond gelegd. Vooraan in de yurt werd een deel in gereedheid gebracht waar de monniken de bhajans konden leiden. We rolden ongeveer de helft van het tentdoek dat aan het houten frame bevestigd was op, zodat men naar binnen kon kijken in de yurttempel. We hingen kleurige zijden sari's op om de tempel te versieren en richtten een fijn afgewerkt altaar in vlak achter Amma's pitham. Er kwamen ongeveer 200 mensen voor de openingsceremonie. Jaren later schreef Rajita hierover: "Toen de gordijnen werden geopend en ik naar Amma keek, zag ik een goddelijke vlam. Haar lichaam vibreerde alsof er binnen in haar een machtige, snel stromende rivier was. Het was ongelofelijke krachtig."

Ik voelde een grote vreugde bij het zien van al deze mensen die zich met Amma in al haar glorie verbonden. Iedere kilometer, elke gemist maaltijd, de uitputting en zelfs het verlies van mijn visum, het was het allemaal waard om de hereniging van de Goddelijke Moeder met haar kinderen te zien. Mijn instinct was al die tijd juist geweest: er was een Goddelijke Moeder in deze wereld en haar kinderen vonden haar nu allemaal.

LIMONADE BIJ DE RIVIER

Op de route naar het noorden van Santa Fe naar Taos is een gevaarlijk stuk weg dat direct naast de Rio Grande ligt. Er zijn een aantal plaatsen waar niet eens ruimte is om naast de weg te stoppen om een band te verwisselen, zo dicht rijd je langs de rivier. Wij waren halverwege dat stuk van vijftien kilometer toen Amma zei dat ze erg veel dorst had. Ik dacht een moment na, maar ik wist dat er kilometers lang geen winkel of restaurant in de buurt was. Opnieuw zei Amma dat ze zo'n dorst had. Wat konden we doen? Toen realiseerde ik mij dat we bijna bij Meadows huis waren, dezelfde vriendin die mij zoveel jaren geleden over de Goddelijke Moeder in India had verteld. De brug die de afslag naar haar grond markeerde kwam in zicht en met Amma's toestemming ging ik de snelweg af.

De brug verdient vermelding want het was een bijzonder oude, krakkemikkige brug, die van houten planken gemaakt was. Het geheel hing aan dikke stalen kabels boven de stromende rivier. Ook al zag hij er niet erg stevig uit, ik wist dat hij door een werktuigkundige van de staat elk seizoen werd gekeurd om auto's en vrachtauto's erover te laten rijden. Toen de monniken echter de staat van de brug zagen, riepen zij: "Stop!" Dus dat deed ik, terwijl ik uitlegde dat hij veilig was. Toch verboden zij mij om over de brug te rijden, dus parkeerde ik de bus en liepen wij allemaal samen met Amma over de brug.

Kun je je de verbazing van Meadow, Ajna, en Riversong voorstellen, toen zij zagen wie er over hun oprijlaan aan kwam lopen? Meadow kwam de tuin uit rennen met de meisjes vlak achter zich aan. Amma omhelsde hen alle drie toen het verhaal van Meadow die mij over Amma had verteld ter sprake kwam, terwijl Amma de hele tijd alwetend glimlachte. Schijnbaar toevallig hadden zij net een grote pot kruiden-zonnethee gezet. Er werden glazen gepakt en we gingen gezamenlijk zitten en genoten van het geluid van de rivier. We hadden uitzicht op de kleurrijke La Baranca kliffen vlak achter ons en dronken de heerlijke dorstlessende zonnethee.

Toen ik toekeek hoe Meadow en haar dochters zich koesterden in de gelukzaligheid van Amma's aanwezigheid, wist ik dat haar herhaalde opmerkingen over dorst niets anders waren geweest dan haar manier om ons hierheen te brengen, zodat de gebeden van Meadow om op een dag de Goddelijke Moeder in levende lijve te ontmoeten werden vervuld. Door de jaren heen ben ik in gaan zien dat dit Amma's manier was: in plaats van boute uitspraken te doen, die haar alwetendheid zouden onthullen, gedroeg zij zich alsof ze iets kleins nodig had of zij vond een excuus om zaken zodanig te orkestreren dat de onschuldige gebeden van haar kinderen werden vervuld. Zo verhulde zij altijd haar ware kracht. Er zijn vele gelijksoortige verhalen in het leven van Sri Krishna. In feite getuigt het van Amma's bescheidenheid dat zij zo vaak haar best doet om haar alwetendheid te verbergen.

MOEILIJKE MOMENTEN

Alles in aanmerking genomen liep alles tijdens de eerste tournee op rolletjes, behalve wanneer het dat niet deed. Maar de moeilijke momenten waren mijlpalen, zware tests en achteraf bezien zijn het beslissende momenten op mijn spirituele reis met Amma. Deze joekels van vergissingen gaven mij een verhoogd bewustzijn op het spirituele pad en maakten dat ik mijzelf dienovereenkomstig moest corrigeren.

Eén zo'n moment vond plaats aan het begin van de tournee. Dennis en Bhakti Guest uit Orinda hadden ons genereus een Westfalia Volkswagenbusje geleend om naar Miranda en Mount Shasta te rijden. Vanuit het San Francisco baaigebied naar Miranda was een lange rit en omdat we een extra auto hadden, was er wat meer zitruimte voor Amma en de anderen. De rit van Miranda naar Mount Shasta was ongelooflijk schitterend, maar ook bochtig. Mijn eerste vergissing was dat ik de route niet zorgvuldig uitkoos. Inderdaad was de route op de kaart gezien de kortste tussen de twee punten, maar in werkelijkheid was de route een marteling voor iedereen. Een meer dan drie uur durende marteling. Iedereen behalve ik, de chauffeur, werd wagenziek. Ook al wilden wij allemaal de rit zo snel mogelijk achter de rug hebben, hard rijden was geen oplossing op de smalle bochtige, afgelegen weg.

Naarmate de kilometers voorbij kropen, groeide mijn mentale pijn evenredig aan het gekreun dat achter uit de bus kwam. Had ik nu maar zorgvuldiger gekeken naar een wat aangenamer alternatieve route. Ik bezwoer mezelf dat ik van nu af aan de plaatselijke devotees om advies zou vragen als ik weer een route moest kiezen. Op dit moment kon ik verder niets doen behalve mij op de weg concentreren en zo rustig mogelijk rijden op dit onbekende terrein. Maar het ergste moest nog komen.

Toen we eindelijk in de buurt van Mount Shasta kwamen, nam ik de verkeerde afslag. Ik had de precieze aanwijzingen die de devotee in wiens huis Amma zou logeren, niet opgeschreven. Oeps! Dat het mij aan bewustzijn ontbrak bij de organisatie van dit gedeelte van de reis, was de understatement van het jaar. Bedenk wel dat er in die tijd geen mobiele telefoon bestond waarmee je een noodoproep kon doen. Ik reed dus terug naar de I-5 en wist me op de een of andere manier te herinneren dat het de afslag Edgewood-Weed was en niet Mount Shasta. Nadat ik was afgeslagen, knipperde een tegemoetkomende auto met zijn lichten naar mij. Het was een devotee uit de streek die ons herkend had. Gelukkig was er nog iemand alert. Ik stopte aan de kant van de weg op een stuk gras en wachtte tot de devotee gekeerd was en zich bij ons gevoegd had.

Op dat moment begon Amma mij te berispen: Wist ik nu waar wij heen gingen of niet? Waarom was ik niet zorgvuldiger te werk gegaan bij het plannen? Daar kon ik niets op zeggen. Amma had gelijk. Ik was niet alert geweest, ik had niet op de details gelet. Wanneer Amma een van haar discipelen een uitbrander geeft, hebben haar woorden echte kracht, de kracht van het universum. Het kan je tot in je ziel raken. Het maakt een diepe indruk. Dat is de bedoeling ook, omdat zij een diepe indruk wil maken, een indruk die de persoon transformeert en hem in de toekomst alerter zal maken. *Shraddha,* alertheid, is essentieel voor een spiritueel zoeker. Zonder dat kun je nooit vooruitgang boeken. Want hoe kun je ooit je negatieve daden, woorden en gedachten veranderen als je niet alert genoeg bent om eerst hun aanwezigheid op te merken? Dit begreep ik allemaal, maar een deel van mij accepteerde het niet. Een deel van mij voelde: "Nou zeg! Dat is mijn schuld toch niet, deze dingen gebeuren." Misschien is het omdat ik Amma's les niet volledig wilde accepteren dat het volgende incident plaatsvond.

Tegen die tijd waren de devotees op de zijstrook gestopt en gebaarden mij dat ik hen moest volgen. Ik zette de versnelling in zijn achteruit en reed naar achteren en toen plotseling BENG, reden we ergens tegen aan. Iedereen slaakte luide kreten, en ik zette de auto uit, trok aan de handrem en sprong naar buiten om te kijken. Verborgen in het hoge gras stond een metalen paal van ongeveer een meter hoog. Er zat een grote deuk in de achterbumper. Wat deed die paal daar eigenlijk? Ik had geen idee, maar het beeld van het onbeschadigde staal kwam bij me binnen. Een stabiele geest, geeft stabiele voortgang. Ik kon tenminste van de stalen paal leren wat ik van mijn leraar niet geleerd had. Toen ik weer terug klom in de bus, zat Amma te glimlachen. Ze zei mij dat ik mij geen zorgen hoefde te maken; ik had iedereen van zijn wagenziekte genezen.

Het kan altijd gebeuren dat je onderweg verdwaalt, maar aandacht voor details zou het verdwalen in ieder geval hebben voorkomen. Een andere les voor mij was het met stabiele een geest aanvaarden van wat er op mijn pad komt, complimenten of beschuldigingen. Ik had vurig gebeden om het doel van het spirituele leven te bereiken, maar om dat te laten gebeuren moest ik mijn gevoel van ego en trots kwijtraken. Dit is ongetwijfeld een ruwe sport, maar het is noodzakelijk om het doel te bereiken. We leren er niets van als we een lolly toegestopt krijgen op het moment dat wij de boel verknallen.

Als Amma zag dat het een discipel aan bewustzijn ontbrak en hij zijn zelfingenomenheid behield nadat zij hem erop gewezen had, dan was het haar taak om streng te zijn op dit gebied. Amma neemt haar rol als leraar serieus; hoe meer wij ernaar verlangen het doel te bereiken, hoe strenger zij zal zijn om onze negatieve kanten uit te roeien. Maar ook wij moeten onze rol van discipel serieus spelen, met alle ernst en oprechtheid om ons karakter te veranderen. Wanneer Amma iets wat wij moeten corrigeren onder onze aandacht brengt, moeten wij bereid zijn te veranderen. Anders verspillen we elkaars tijd.

Het leek mij dat bij Amma licht wierp op zowel het beste als het slechtste in een mens. Amma's aanwezigheid kan worden vergeleken met het gieten van schoon water in een vuile fles. Aanvankelijk komt het vuil naar buiten. Pas later blijft het schone water ook echt schoon. Het kan lang duren voor dat proces is afgerond, afhankelijk van hoeveel vuil er in de fles zit. Het kan zelfs meerdere levens duren. Wij moeten de genade en het inzicht hebben om te begrijpen wat er aan de hand is. Wij moeten het vuil onder ogen zien en het dan voor altijd verwijderen.

Amma zal het doel waarvoor wij bij haar kwamen vervullen. Zij zal ons naar het doel leiden door aandacht te schenken aan de afdwalende geest van de leerling. Maar, zoals het geval is met slechte gewoonten en langzame leerlingen, was er nog een grote hobbel op de weg nodig om het echt tot mij door te laten dringen.

Dat gebeurde in Nieuw Mexico. Amma was in Taos aangekomen en het avondprogramma in het Harwood Auditorium werd goed bezocht. Wij zouden die nacht in de Taos Mesa verblijven, terwijl de persoon die ons haar huis te leen had gegeven op dat moment op reis was. Ik had de voorbereiding van het huis aan een plaatselijk stel gedelegeerd, terwijl ik bezig was met de details van het avondprogramma. Maar toen wij na een lange darshan laat in de nacht bij het huis aankwamen, werd snel duidelijk dat het huis niet gereed was. Die nacht was voorbestemd om voor mij de slechtste nacht van de hele tournee te worden.

Toen we aankwamen, was er niemand om ons te begroeten; het huis was donker en op slot. Ik vroeg mij af of we soms aan het verkeerde adres waren. Maar nee, daar kwam het stel aan wie ik de voorbereiding gedelegeerd had, de oprit oprijden. Echter, mijn opluchting was van korte duur. Nadat zij ons het huis binnen hadden geleid, keek ik in de keuken. Er stond vuile vaat in de gootsteen. Toen ik Amma naar de slaapkamer bracht, kromp ik ineen toen ik zag dat het bed niet eens was opgemaakt. Het huis was nog niet eens klaargemaakt om een gewone gast te ontvangen, laat staan de Goddelijke Moeder. Niet dat dit soort dingen Amma ook maar iets kunnen schelen, maar ik voelde mij vernederd omdat ik mijn taak om een laatste keer te controleren of de accommodatie in orde was, totaal verwaarloosd had. Dat was zeker geen klein detail, maar om drie uur 's nachts was er niets meer aan te doen. Amma verdroeg de ervaring zonder commentaar, zij ging zitten om haar post te lezen en haar avondeten te gebruiken.

Amma kon mijn innerlijk bewustzijn doorgronden en begreep dat ik geen standje nodig had. Ik had de les uit deze situatie al lang getrokken. Dat mijn gebrek aan waakzaamheid Amma praktisch op straat had gezet, was ondraaglijk voor mij. Maar de jonge vrouw die Amma naderhand verliet, was genadeloos.

Hoewel ik vol berouw was, moet ik eerlijk toegeven dat ik bij het horen van haar bijtende woorden toch nog een sprankje 'ik doe wat ik kan' houding in mij had. Het goede nieuws is dat het nooit meer is voorgekomen. Het slechte nieuws is dat een opeenstapeling van keuzes de volgende dag ervoor zorgde dat deze les des te krachtiger werd. We lieten dit vuile, slecht ingerichte huis achter en reden naar een prachtige locatie in de Lama Mountains, ongeveer vijfentwintig kilometer ten noorden van Taos. Gelukkig was de weg niet bochtig, maar hij was wel lang. Veel devotees kwamen helemaal vanuit Santa Fe en Colorado gereden om het programma op Lama Mountain bij te wonen. Deze plaats stond bekend om de stilte en was bovendien de plaats waar een Soefimeester tijd had doorgebracht om onderricht te geven en waar hij uiteindelijk was begraven.

Nog van streek door de ramp van de vorige avond, vroeg ik een vriendin, Rita Sutcliffe, of zij haar huis na het ochtendprogramma beschikbaar wilde stellen zodat Amma daar kon rusten. Ze stemde er hartelijk mee in en ging snel naar huis terug. Ze miste het prachtige darshanprogramma van die morgen om ervoor te zorgen dat het huis piekfijn in orde was voor Amma en de groep. Ik voelde mij tevreden dat het fiasco van de vorige avond zich niet zou herhalen. Ik zag niet in dat zaken in eigen handen nemen zonder met Amma te overleggen een blinde vlek was, die later een groter probleem zou veroorzaken. Op dat moment had ik Amma moeten laten weten dat er een ander huis in de stad in gereedheid gebracht werd, vlakbij de plaats van het avondprogramma. Maar dat deed ik niet omdat ik dacht dat ik de situatie in de hand had. Geen probleem.

Rond het middaguur waren er nog veel mensen die op darshan wachtten. Een man benaderde mij. Hij stelde zich voor als Richard Schiffman en zei dat Amma ermee had ingestemd om voor het avondprogramma naar zijn huis dat hoger op de berg gelegen was, te komen. Ook al wist ik dat Rita bezig was haar huis voor Amma's komst in gereedheid te brengen, ik vroeg hem toch naar zijn huis, meer uit beleefdheid. Hij zei me dat het een klein rustiek huisje was twintig minuten verder de berg op, langs een zandweg en zonder stromend water. Jakkes! Er was geen sprake van dat ik Amma en de groep daarheen zou brengen na wat er de vorige avond was gebeurd. Ik legde aan hem uit dat er al andere afspraken gemaakt waren en dat het niet mogelijk was om Amma naar zijn hut te brengen. Vergissing nummer twee: ik had aan Amma moeten vragen wat zij Richard had beloofd.

Het ochtendprogramma eindigde en wij gingen op weg naar beneden langs de Lama Mountain weg waarna we de snelweg naar het zuiden opreden. We hadden nog geen twee kilometer gereden of Amma vroeg waar we heen gingen. Toen ik uitlegde wat het nieuwe plan was, vroeg Amma mij waarom we niet naar Richards huis gingen. Had hij soms niet aan mij verteld van Amma's wens om daar te rusten? Ja, zei ik, maar omdat hij geen stromend water had en het twintig minuten een zandweg op was in de verkeerde richting, had ik besloten dat het huis in de stad een betere keuze was. De monnik die nu Swami Purnamritananda heet, had al die tijd vertaald, maar nu hield hij op. "Wat deed je, Kusuma?" vroeg hij zachtjes. Ik herhaalde wat ik gezegd had, denkend dat hij het niet goed gehoord had. Hij zweeg. Hij wilde zulk een gebrek aan onderscheidingsvermogen niet vertalen.

Amma had echter geen vertaling nodig om te weten wat er was gebeurd en de stilte van de avond ervoor zou een welkome balsem geweest zijn in ruil voor de uitbrander die ik kreeg. In de haast om de fout van de vorige avond te corrigeren, beging ik een nog grotere blunder: ik vergat wat werkelijk van belang was voor Amma namelijk spirituele groei, die van mij en die van ieder ander. Natuurlijk wist ik heel goed dat het doel van leven bij een Goeroe is om het ego en het besef dat men een beperkt individu is, te overstijgen. Dat doe je niet door beslissingen voor de Goeroe te nemen.

Erger nog, Amma had Richard haar woord gegeven dat ze zijn huis zou bezoeken, maar door mijn ondoordachte handeling had ik verhinderd dat Amma zijn wens kon vervullen. Amma had haar woord gegeven en ik had de uitvoering ervan belemmerd. Amma kon niet behoedzaam zijn om me te laten zien wat ik had gedaan. Als ik in deze gewoonte zou volharden, dan zou ik steeds meer problemen voor mijzelf en anderen blijven creëren. Amma ging deze neiging onmiddellijk in de kiem smoren.

Aan de ene kant was het maar goed dat ik aan het stuur zat, want als ik naast Amma had gezeten en haar aan had moeten kijken, zou ik het bestorven hebben. Deze les raakte mij als een sloopkogel. Amma verklaarde dat zij niet langer deze tournee zou voortzetten met mij aan het roer, iemand anders moest mijn taak overnemen. Iedereen hield zijn adem in. Toen wij bij het huis van de devotee aankwamen, kwam iedereen naar buiten rennen met onschuldige lachende gezichten en een prachtige bloemenkrans. Een van de monniken stapte uit en legde uit dat Amma er zo aankwam omdat we in een discussie verwikkeld waren.

Ik sleepte mij achter het stuur vandaan en stond voor Amma, haar om vergeving smekend. Ik waardeerde Amma omdat zij zo integer was in haar rol als Goeroe en hoopte dat ik een ontvankelijker leerling kon worden. Als we in zee verdrinken en de strandwacht komt ons redden, wat heeft het dan voor zin om boven op hem te klimmen en te schreeuwen "Help, red me!" Geef je aan hem over en laat hem je aan land brengen. Amma was mij aan het redden en het minste wat ik kon doen was mezelf laten redden. Ik beloofde plechtig dat ik alle aan de tournee gerelateerde details met Amma zou controleren, vooral als er iemand kwam die zei dat Amma hem een huisbezoek zou brengen.

De boosheid van een ware meester als Amma wordt wel vergeleken met een verbrand touw: het ziet er solide uit, maar als je het aanraakt dan verpulverd het tot as. Vaak heb ik Amma het ene moment boos gezien en het volgende stralend en lachend. Of zij gaf een discipel een ernstige berisping om hem met een blik vol bezorgdheid en liefde na te kijken, zodra hij zich omdraaide om weg te lopen. Zelfs in die dagen, na slechts een paar jaar bij Amma te zijn geweest, *wist* ik dat Amma nooit echt boos is en dat zij net doet alsof ze boos is voor het bestwil van haar discipelen. Als zij wil dat haar discipelen zich ervan bewust zijn dat ze een fout begaan hebben, zullen zij het voelen. Maar Amma houdt niet aan dingen vast. Als de les geleerd is of in elk geval zonder interne weerstand ontvangen is, dan is het over. Haar schijnbare boosheid verdwijnt dan, zoals een kaarsvlam door de wind wordt uitgeblazen. Amma's boosheid kan er woest uitzien, maar moet een moeder soms niet boos worden op haar kinderen? Dit maakt hen alert en bewust en voorkomt dat zij in de toekomst grotere fouten maken. Amma's uitbranders, die door haar moederliefde getemperd worden, hebben een groep van oudere discipelen gecreëerd die verbazingwekkend stevig met hun beide voeten op de grond staan. Zij zijn benaderbaar en realistisch over hun eigen tekortkomingen. Ze kunnen allemaal om zichzelf lachen, zelfs na al deze jaren.

HOGE TOPPEN IN DE ZUIDELIJKE ROCKY MOUNTAINS

Op de een of andere manier vond ik de kracht om door te gaan met de tournee. Wat voor keus had ik? Ik kon niet bij mijn vergissingen stil blijven staan. Het was juist de bedoeling om er niet meer aan ten prooi te vallen. Ik bad dat ik iemand zou worden die Amma dankbaar was dat zij mij toonde wat ik in mezelf kon verbeteren, niet iemand die weerstand bood tegen Amma's onderricht. Maar makkelijk was het niet. Het ego is een lastige klant om van zijn plaats te verdrijven als hij zich eenmaal op zijn gemak heeft geïnstalleerd.

Er was een jonge vrouw die later de ashram heeft verlaten en bekend stond om haar intense liefde voor Amma, haar toewijding en haar opoffering. Maar tegelijkertijd waren zij die haar goed kenden, zich pijnlijk bewust van haar emotionele onvolwassenheid. Vaak uitte zij met vlijmscherpe tong onjuiste kritiek op anderen, zelfs midden in hun gezicht. Zij had een koppig karakter maar kon geen kritiek op haar eigen tekortkomingen verdragen en leek niet haar best te doen de nodige stappen tot verbetering te nemen. Zij was een vreemde combinatie van onbuigzaamheid en devotie. Maar waarom verandering tegenhouden? Zo wilde ik niet zijn, het zou alleen maar mijn vooruitgang op het pad belemmeren. Bovendien was het pijnlijk en gênant om steeds opnieuw dezelfde fout te maken.

BEZOEK BIJ HANUMAN THUIS

Er was maar één ongeplande stop nodig om mij weer op gang te krijgen. Omdat we nog altijd in de omgeving van Taos waren, vertelde ik verhalen over speciale plekken, waarvan de Hanuman-tempel mijn favoriet was. Amma werd erg enthousiast en stond erop dat wij een omweg zouden maken om aan Hanuman onze eer te betuigen. Hij was immers de grootste devotee van de Heer. Dus reden wij naar de tempel en parkeerden zonder enige ophef. Amma ging de altaarkamer in en zat rustig in het midden van de kamer. De witmarmeren *murti* (beeld van een god) kwam uit Jaipur en stelde Hanuman voor die door de lucht vloog met een knots op zijn schouder en Heer Rama's ring in zijn hand. Het gezicht van Hanuman had een uitdrukking van devotie en vrede. Amma zat met duidelijk genoegen naar zijn gezicht te staren. Het meer dan levensgrote, twee ton wegende beeld was een meesterwerk. Het stond prachtig tentoongesteld op het brede altaar dat vol met bloemen gestrooid was. Ook stonden er koperen *puja*benodigdheden, brandende kaarsen en schalen met *prasad*. Op een bepaalde manier had het nieuws zich verspreid en devotees kwamen geheel onverwacht. De monniken brachten het harmonium en een *mridangam* (een trommel met twee kanten) en Amma begon te zingen: *Sri Rama Jaya Rama* gevolgd door *Sita Ram Bol*. Ze eindigde deze reeks met *Mano Buddhyahamkara*. Daarna gaf Amma darshan aan een stuk of dertig gelukkige zielen die aanwezig waren, waarna zij de tempel even stil als zij was gekomen weer verliet.

DE CHARME VAN SANTA FE

De familie Schmidt was buitengewoon vanaf het eerste moment dat ik hen ontmoette. Dit was in 1986 bij hen thuis, tijdens de eerste videopresentatie van *Een Dag met Moeder*. Steve was een vooraanstaand advocaat en Cathy (nu Amrita Priya) was muziekdocente. Zij behoren tot de meest praktische, hard werkende en vrolijke mensen die ik ooit heb ontmoet. Hun jonge kinderen, Sanjay en Devi, waren schattig en weetgierig. Hun bakstenen huis, genesteld in de uitlopers van de Santa Fe wildernis, had een meditatiekamer waar gemakkelijk twintig mensen in pasten. Ik merkte gelijk op dat de energie daar erg vredig was; zij hadden al veel gemediteerd. Dit was hetzelfde gezin dat mij vlak voor de tournee vooraf in Boston spontaan had opgebeld om een genereuze donatie te schenken.

Ik was in het geheel niet verbaasd Amma op een morgen in de kamers van hun huis te zien gluren. Het was een teken dat er iets kosmisch in de lucht hing. Ze riep ons allemaal bijeen in de grote, open woonkamer om te vragen of het goed was om hier een gordijn op te hangen om ruimte te maken voor een kleine tempel. De blik op de gezichten van Steve en Cathy was er een van pure verrukking.

We begonnen onmiddellijk: we ruimden de hele collectie Kachinapoppen van de schoorsteenmantel. We brachten meubilair naar buiten en kozen de perfecte stoel uit voor Amma om op te zitten. Het nieuws verspreidde zich en de volgende avond moest de menigte die het terrein opstroomde worden geleid bij het parkeren en het vinden van een zitplaats. Ik herinner mij dat ik die nacht een paar keer naar de reactie van Steve heb gekeken. Hij zag er steeds meer uit alsof hij door een wonder getroffen was. Hij straalde van geluk. Cathy was de zeer beminnelijke gastvrouw die voor de devotees bleef zorgen tot aan een ieders behoeften was voldaan. En tot op de dag van vandaag doet ze dit nog.

Hun huis en terrein waren voorbestemd om binnen een aantal jaar het Amma Centrum Nieuw Mexico te worden. Nog altijd is het een van Amma's ashrams overzee die bekend staat om de vele langetermijn-vrijwilligersprojecten, bijvoorbeeld het eten geven aan daklozen met 'Amma's Keuken' en het geven van meditatiecursussen in gevangenissen. Net als de ashram in San Ramon, heeft het Amma Centrum in Santa Fe ook een sterke binding met Moeder Natuur. Er zijn biologische groentetuinen en kassen voorzien van zonnepanelen. Daarnaast zijn er allerlei trainingen en workshops voor de gemeenschap zodat men het telen van groenten in een hoog in de bergen gelegen woestijne-cosysteem kan leren.

ZOMERZONNEWENDE 1987

Er was een speciaal programma voor 21 juni georganiseerd in een wei langs de Pot Creek River net ten oosten van Taos. Het land was eigendom van een plaatselijke kunstenares genaamd Jameson Wells. Zij had een vierzijdig beeld gemaakt van zwart graniet dat de Godin Kali voorstelde. Het werd aangekondigd als een 'Zonnewendeviering van de Heilige Moeder'. We hadden zeven vierkante platen wit geschilderd met een rode driehoek en een stip

166

in het midden die de zeven heilige chakra's (energiecentra in het lichaam) voorstelden. Deze legden we op een rij en aan het eind legden we het beeld. Het gezin had een geelwitte overkapping opgezet om schaduw te bieden, maar er kwamen zoveel mensen dat er aan de brandende middagzon geen ontkomen mogelijk was. Amma was niet tevreden met de lay-out van de zeven chakra's, zij vroeg iedereen zo dicht mogelijk op elkaar onder het afdak te zitten en om de Goddelijke Moeder in zichzelf te visualiseren. In die tijd wist ik dat nog niet, maar dit was het begin van de Devi Puja (aanbidding van de Goddelijke Moeder). Later zou dit de Atma Puja (aanbidding van het Zelf) worden, die tot op de dag van vandaag bij al Amma's programma's overzee aan de Devi Bhava Darshan vooraf gaat. Amma overlegde even met de monniken terwijl de devotees zich zo goed mogelijk onder het afdak herschikten. Amma legde uit dat wij de 108 namen van Devi zouden reciteren op de traditionele manier van voor- en nazeggen. Zij instrueerde ons de aanbidding mentaal uit te voeren. Amma vertelde dat *manasa puja* (mentale aanbidding) nog krachtiger dan externe aanbidding kon zijn als het gedaan werd met een houding van overgave en enthousiasme. De monnik zou de eerste naam reciteren en wij zouden *Om parashaktyai namah* antwoorden: Ik buig voor de Opperste Energie in de vorm van de Goddelijke Moeder. Daarbij moesten we een gebaar maken door onze rechterhand op ons hart te plaatsen en daar een bloem te plukken om aan Devi te offeren. Dit stelde het offeren van het hart aan God voor. Amma zei ook dat als iemand liever niet de Goddelijke Moeder in gedachten nam, hij zich een ander ideaal konden voorstellen, zoals wereldvrede of Moeder Natuur. "Geloof in je eigen Zelf en ga verder op het pad," zei Amma altijd.

Iedereen had goed opgelet tijdens de vertaling en we oefenden samen. Amma deed meerdere keren voor hoe je *Om parashaktyai namah* moest reciteren en coördineerde dat met het offeren van de lotus van het hart. Het was zo poëtisch, zo spontaan en zuiver, dat tegen het einde van de ceremonie de sfeer transcendent was. Niemand had ooit iets dergelijks ervaren, ook ik niet. Toen zong Amma een aantal bhajans *Kali Durge Namo Nama* en *Para Shakti, Param Jyoti* en gaf iedereen darshan. De hele middag ging op gelukzalige wijze voorbij en al snel was het tijd om afscheid te nemen van de fijne groep devotees. Velen zouden Amma een paar dagen later naar Madison volgen.

SCHITTEREND MADISON

De gedenkwaardige momenten van de tournee vooraf in Madison hadden de weg voorbereid voor Amma's opmerkelijke eerste programma daar. Het voelde alsof wij bij oude vrienden op bezoek gingen toen we op de 25 hectare grote boerderij van de familie Lawrence aankwamen. Deze lag tussen heuvelachtige bossen vlak buiten de stad Madison. En zij waren oude vrienden: Barbara Lawrence was Swami Paramatmananda's eerste hathayogalerares en had hem meer dan twintig jaar geleden zijn eerste exemplaar van de Bhagavad Gita gegeven. Haar dochter Rasya, die tegenwoordig bij Amma in India woont, wist nog dat haar moeder over haar jonge yogastudent had gezegd: "Hij zou een goede monnik kunnen worden."

Hun akkers waren beplant met alfalfa en Amma maakte een opmerking over de majestueuze schoonheid van de esdoorns. De melkveeschuur die uit het begin van de twintigste eeuw dateerde, zou een paar dagen later worden omgetoverd in een tempel voor Amma's Devi Bhava Darshan. Na een intense schoonmaaksessie zwaaiden de deuren open en tientallen devotees dromden naar binnen. De ongelooflijke schoonheid van Devi Bhava wedijverde met die van de zeer hoge esdoorns. Mary La Mar en Michel Price, ook uit Madison, stelden hun ruime huis overdag beschikbaar voor een prachtige darshan van Amma. Zij waren het andere gezin dat in Boston contact met mij opgenomen had om te doneren in mijn crisismoment tijdens de tournee vooraf. Michael en Mary die van nature warm en vriendelijk waren, zorgden voor alles wat iedereen die naar Amma kwam nodig had. Ze waren het toonbeeld van de gastvrijheid van het midwesten. Tot in de puntjes. De stroom van liefde tijdens deze stop in het centrum van het land bracht meerdere keren tranen in mijn ogen. De Soefigemeente was gastheer voor een van Amma's avondprogramma's in 'De Poorten van de Hemel'. Ik weet nog goed hoe de groep 'Jaya' met heel zijn hart zong. Een kind uit een gezin dat de eerste videopresentatie in 1986 had bijgewoond was in die tijd acht jaar oud. Vinay woont nu al vele jaren in Amma's ashram en besteedt al zijn tijd en creatieve energie aan *Embracing the World*, de overkoepelende organisatie van Amma's uitgebreide netwerk van charitatieve projecten in de hele wereld.

AFSLUITENDE MOMENTEN VAN DE EERSTE AMERIKAANSE TOURNEE

Er zijn nog veel meer verhalen te vertellen over de eerste Amerikaanse tournee, maar ik zal ze bewaren voor een volgend boek. De vreugde van Amma met haar kinderen was de melodie die constant aanwezig was. De diepe schoonheid die in het leven van zo veel mensen was gebracht, was transformerend. Nu was het bijna tijd voor Amma om naar Parijs te vliegen en het laatste deel van haar eerste wereldtournee te voltooien. Het eindpunt van dit deel was in Connecticut bij de familie Devan thuis. Dit was voor mij een marteling. Ik had de tournee met een zeer klein budget weten te organiseren. Aan alle behoeften was voldaan, maar iedere cent was uitgegeven. Ik had geen visum om naar India terug te keren. Amma moedigde mij aan om mee naar Europa te komen, maar ik wist dat het niet mogelijk was.

De volgende morgen legde ik aan een van de monniken uit dat ik ergens een baantje zou nemen om mijn schuld terug te kunnen betalen, zoals ik beloofd had. Ik vertelde dat ik mijn entreevisum op had moeten geven om naar Amerika terug te keren om de tournee te organiseren. Ik had nog niet de kans gehad om al deze details aan Amma te vertellen in alle drukte van de tournee. Bovendien bedierf het denken hieraan mijn stemming. De manier waarop alles gelopen was, was een bewuste keus die ik gemaakt had. Ik was bereid geweest dit op te offeren om er zeker van te zijn dat de tournee door zou gaan. Het gaf mij heel veel voldoening Amma met haar kinderen samen te zien. Waarom er nu over piekeren? Ik wist zeker dat ik over zes maanden weer naar Amma in India terug zou kunnen gaan en in de tussentijd was er een heleboel te organiseren voor de tournee van het volgend jaar, die Amma al aan de devotees bevestigd had.

Toen Amma echter van de monniken hoorde wat er was gebeurd, had zij daar een ander idee over en riep mij om rustig bij haar te zitten. Amma vroeg mij om mijn verhaal te vertellen aan het handjevol devotees dat deze laatste twee dagen nog waren achtergebleven om Amma uit te zwaaien. Zij zei dat het voor mij belangrijk was mijn verhaal te vertellen en dan te laten gebeuren wat er gebeurde. Dus deed ik dat. We zaten in een kleine kring en ik vertelde mijn verhaal. Hoe belangrijk het voor mij was geweest dat Amma haar kinderen zou ontmoeten. Hoe mijn eigen leven onmetelijk veranderd was sinds ik Amma had ontmoet en dat ik dit anderen ook gunde. Dat het brengen van Amma naar Amerika mijn eigen inzet voor mijn eigen spiritueel leven had doen groeien, doordat ik inzag hoeveel behoefte er was aan een Gerealiseerde Meester die ons naar de Waarheid kan leiden. Ik praatte niet meer dan tien à vijftien minuten en hield mijn ogen al die tijd naar beneden geslagen. Ik kon het niet verdragen de eventuele reactie van mensen te zien. Toen ik klaar was, boog ik voor de mensenkring en stond op om weg te gaan. Ik merkte op dat meerdere mensen tranen van hun wangen veegden. Zij nodigden mij direct uit om terug te komen naar het San Francisco Bay gebied om bij hen te logeren. Zij beloofden plechtig mij te helpen waar zij maar konden. Ze wilden deel uitmaken van de planning van volgend jaar en stonden klaar om hier ieder moment mee te beginnen.

Een devotee liep weg om voorbereidingen te treffen zodat ik zonder veel drukte met hun gezin mee terug kon reizen.

Toen ik naar Amma's kamer terugging om haar te vertellen wat er was voorgevallen, zat zij erop te wachten dat ik haar maaltijd zou serveren. Ik zag er verloren uit toen Amma ondeugend vroeg: "Waarom zo droevig?"

Ik antwoordde: "Omdat Amma weg gaat."

Amma antwoordde onmiddellijk: "Waarheen?"

Amma zegt altijd dat waar liefde is, geen afstand bestaat. Ik had die waarheid op diepe manieren zelf ervaren, maar op dat moment voelde ik wanhoop omdat Amma weg zou vliegen en ik niet wist wanneer ik haar weer terug zou zien.

HOOFDSTUK 8

Met de stroom meegaan

Ik kon veel sneller naar India terugkeren dan ik had verwacht. Nadat Amma naar Europa was vertrokken, vloog ik met een aantal devotees terug naar het baaigebied. Ik was van plan om zo snel mogelijk het geld te verdienen om de schuld af te betalen. Ook wilde ik zo veel mogelijk tijd bij de devotees doorbrengen om de vaart erin te houden, die Amma tijdens de tournee gecreëerd had. We begonnen de eerste M.A. Centrum Satsang Group die in Hari Sudha's (Tina's) huis in Berkeley bijeen zou komen. De avond zou beginnen met een videoclip van Amma's recente tournee. Daarna zouden we de 108 Namen van de Heilige Moeder reciteren. Deze waren geselecteerd uit de Lalita Sahasranama die wij de hele zomer met Amma gereciteerd hadden. Bijna een uur lang zongen we bhajans waarna we eindigden met een stille meditatie. Vervolgens was er tijd voor wat door iedereen meegebrachte lekkernijen. De mensen bleven altijd lang om verhalen over Amma te horen en vragen te stellen. Devotees kwamen uit het hele baaigebied om de wekelijkse satsang in Berkeley bij te wonen. Soms nodigden zij mij uit om satsang te houden bij hen thuis in Marin, Orinda, de Zuid Baai of San Francisco. Het was een tijd van spontaniteit en een uitbarsting van enthousiasme. Iedereen wilde een steentje bijdragen zodat Amma het volgend jaar terug zou komen. Het duurde niet lang of er waren wekelijkse satsanggroepen in al deze plaatsen opgezet.

Het baantje dat ik zou zoeken, ging nooit door, want mijn schuld werd vereffend door devotees die erop staan om anoniem te blijven. Er werd ook een vliegticket naar India voor mij gekocht en omdat dit allemaal gebeurde door Amma's genade, accepteerde ik het dankbaar. Half augustus was ik weer terug bij Amma. Mijn sadhana en gezellige hut naast de Kalari waren als oude vrienden die mij thuis verwelkomden.

DE VIERING VAN AMMA'S 34STE VERJAARDAG

In India is het de gewoonte om iemands verjaardag te vieren op de dag van de geboortester in de maand waarin hij geboren is. Zo kwam het dat wij op 10 oktober Amma's 34ste verjaardag vierden. Amma's geboortester, Kartika, stond aan de hemel en de hele gebedshal van de bijna voltooide Kalitempel zat vol met duizenden devotees, zoals Amma had voorspeld. Hoe had Amma geweten wanneer het precies het juiste moment was om met de bouw van de Kalitempel te beginnen in begin 1986? Dit detail heeft mij altijd verwonderd. Tijdens deze viering werd de *Mata Amritanandamayi Astottara Sata Namavali* oftewel de 108 Namen van Amma voor het eerst gereciteerd tijdens de *pada puja* (het wassen van de voeten van de Goeroe). Die was door een oudere bewoner gecomponeerd, Ottur Nambudiri, een levenslange *brahmachari* (monnik) en gelauwerd dichter. Die dag brak er een nieuw tijdperk aan voor Amma en haar kinderen. Een verschuiving van de eenzaamheid van de afgelopen jaren was voelbaar. Toch bleef Amma dezelfde zuivere ziel als altijd. Zij zorgde voor de devotees en schonk vrede en vreugde aan allen die tot haar kwamen. Nu was zij meer dan ooit de Moeder van de Wereld.

MET AMMA OP TOURNEE

Amma en de steeds groter wordende groep ashrambewoners begonnen uitgebreider door India te toeren. Zij deden alle delen van Kerala aan en gingen door tot in Tamil Nadu. We waren de minibus ontgroeid en er werd een grotere bus gedoneerd. In november reisden we naar Mumbai voor Amma's allereerste bezoek. Terwijl ik achter Amma zat, uur na uur, dag na dag, rustig toekijkend hoe haar goddelijke aanwezigheid schoonheid bracht op alle gezichten van hen die in haar liefdevolle armen hadden gelegen, was ik verbaasd over haar uithoudingsvermogen.

Zelfs aan het eind van het programma ging Amma regelrecht naar de kamer die voor haar klaar was gemaakt en las haar post, ontmoette de plaatselijke organisatoren of nam de tijd voor ashrambewoners die begeleiding nodig hadden. Amma's onvermoeibare vrolijkheid was grenzeloos. Ieder van ons droeg op zijn eigen manier een steentje bij, maar niemand kon Amma bijhouden. Urenlang wuifde ik Amma koelte toe met de handwaaier als het heet was. Ik probeerde dan Amma ertoe te bewegen wat water te drinken en hield een schone gezichtsdoek bij de hand. Aan het eind van de darshan, die dan de hele dag geduurd had, was ik aan wat rust toe. Amma daarentegen sprong in een wachtende auto om tot aan de dageraad nog tien huisbezoeken af te leggen. De hele tijd creëerde zij een stemming van lachen en blijdschap, maar zij lette op de gedachten van haar discipelen om misstappen te corrigeren. Amma was een oceaan van mededogen, zowel op het podium als erbuiten.

Alle programma's in India waren goed voorbereid en veel mensen konden Amma voor het eerst ontmoeten. Ik leerde een aantal belangrijke details door toe te kijken hoe Amma de plaatselijke organisatoren leidde: altijd de mensen laten helpen op de manier die zij graag wilden, nooit iemand afwijzen, altijd nieuwe mensen met een glimlach verwelkomen en er voor zorgen dat zij allemaal te eten kregen en een plaats om te slapen hadden. Nadat we naar Kerala teruggekeerd waren, begonnen nog veel meer devotees de pelgrimstocht naar de ashram te maken en alle kamers in de Kalitempel waren even snel vol als ze werden klaargemaakt.

INTROSPECTIE

Ik was naar India teruggekeerd op een toeristenvisum voor drie maanden en zou in november weer een aanvraag voor een verlenging van drie maanden moeten indienen. Dit was in die dagen toegestaan. Ik kon alleen maar hopen dat het Registratie Kantoor voor Buitenlanders mij had vergeven en dat ik weer bij hun in de gratie was. Ik kon gewoon de gedachte dat ik na 90 dagen weer moest vertrekken niet verdragen. Hierdoor leek iedere dag wel op een cadeau en ik nam niets als vanzelfsprekend aan. Elke avond keek ik bij mezelf naar binnen en probeerde goed mijn tekortkomingen te begrijpen. Was ik geduldig geweest? Was ik vriendelijk geweest? Had ik genoeg bewustzijn en had ik continu mantra japa beoefend, want dat waren voor mij op de tournee probleemgebieden geweest. Had ik mijn archana op de correcte manier geofferd? Zo niet, dan zou ik die voor het slapen nog een keer opnieuw reciteren. Had ik iemand kunnen helpen, zelfs op een kleine manier? Was ik Moeder Natuur niet vergeten en had ik wel iets voor haar gedaan? Was mijn hart vandaag dichter bij Amma gekomen? Amma had mij tijdens de tournee op deze manier geïnstrueerd en ik wist dat dit even belangrijk was als drinkwater.

De jonge vrouw die nu niet meer in de ashram is, leek jaloers op mij te zijn. Ik probeerde mij hierdoor niet te laten raken. Mijn diensten waren een liefdesoffer en ik wilde bewust vermijden dat mijn eigen trots die drang zou versterken. Ik wilde haar negatieve kant niet kiezen, want ik had gezien dat zij mensen die ze niet aardig vond, het leven moeilijk kon maken door hun de weg naar Amma te versperren. Het was onvermijdelijk dat boosheid, jalousie, trots en oordelen rond Amma zouden ontstaan. Dat waren precies de negatieve aspecten waarvan wij ons probeerden te zuiveren. Het beoefenen van introspectie hielp mij om mijn rol in allerlei situaties in te zien en de zaken weer recht te zetten.

Toen ik met Amma over deze broeiende situatie sprak, maakte zij mij duidelijk dat het werken aan mijn zelfverbetering mijn plicht was, maar dat piekeren over wat een ander deed, dat niet was. Amma maakte dat punt heel duidelijk.

Amma gebruikte vaak de metafoor van een polijstmolen om situaties te beschrijven waarin we ons bevinden als we het doel proberen te bereiken wanneer we in een spirituele gemeenschap wonen. We zijn allen als bonkige stenen met scherpe kanten. De ruwe kanten van de ene steen vijlen de scherpe kanten van de andere stenen eraf. Wanneer alle stenen alsmaar in de molen rond draaien, worden zij uiteindelijk perfect gepolijst.

EEN NIEUWE SEVA

Amma veranderde mijn seva van het koken in de keuken naar het uitgeven van de nieuwe Engelse boeken die uitgebracht zouden worden. *Mata Amritanandamayi: A Biography* was de eerste, gevolgd door *For My Children*, een verzameling van Amma's uitspraken die op thema waren gesorteerd. Ik hielp ook met de uitgave van *On the Road to Freedom*, geschreven door Swami Paramatmananda. Daarnaast zond ik elke maand nieuw materiaal voor de *Amritanandam* nieuwsbrief en de cover van de nieuwe uitgave met Amma's foto naar de M.A. Center devotees. Zij fotokopieerden het materiaal en verstuurden het per post naar ongeveer honderd leden. Om artikelen te kunnen schrijven vroeg ik Amma of ik met een bandrecorder bij haar kon zitten en haar vragen mocht stellen die zij ter plekke beantwoordde. Elke uitgave was vol wijsheid, zachtheid en humor. Amma was zuivere satsang waar het het uitdrukken van spirituele wijsheid betrof. Haar lezingen ontstonden spontaan, zonder enige moeite, in het moment. Er was geen tussenpersoon, alleen maar zuivere Amma, en zo is het vandaag de dag nog altijd.

DE AMRITANJALISERIE

Opnamen van alle bhajans werden gemaakt in een geïmproviseerde studio die gecreëerd was in het kleine huisje dat een Nederlandse devotee in de begindagen had gebouwd. Dit is de huidige locatie van de Vishuddhi Ayurvedic Clinic, net naast de noordingang van de ashram. Alles werd zoveel mogelijk geluiddicht gemaakt. Er werden bandrecorders opgesteld in de zijkamer. Als Amma in die dagen voor een opnamesessie speciaal ging zitten, duurde dat zelfs toen wel een of twee weken. Amma en de hele ashram raakten geabsorbeerd in het proces. Er ontstond een ongelofelijk geladen sfeer na urenlang zitten en bhajans zingen met Amma. In ongeveer drie jaar werden er tien delen bhajans opgenomen voor de eerste *Amritanjali* serie. Het is moeilijk voor te stellen, maar nu, in 2012, heeft Amma meer dan 1000 bhajans in 35 talen opgenomen.

De verkoop van de cassettes maakte het Amma mogelijk om charitatieve projecten voor armen en hulpbehoevenden te beginnen. Dit is de kern van Amma's levensfocus. De prachtige opnamen van de gezangen van Amma en de ashrambewoners gaven devotees niet alleen de mogelijkheid om naar Amma's krachtige bhajans te luisteren wanneer zij niet in de ashram waren, maar bovendien bevatten al haar liederen haar onderricht. Zij herinneren ons er continu aan op welke manier wij het doel kunnen bereiken. Wie de liederen ook geschreven had, alle opbrengsten van de verkoop gingen naar de eerste charitatieve projecten die nu nog steeds draaien. Het gaat hier om gratis medicijnen en een kliniek voor primaire medische hulp, beurzen voor arme studenten en de opvang van 500 kinderen die in een nabij gelegen stad in een weeshuis woonden, dat financieel in de problemen geraakt was.

MIJN EIGEN LIED ZINGEN

Er kwamen continu nieuwe liederen uit. Omdat de sfeer in de ashram zo bevorderlijk was voor het componeren van devotionele liederen, ontstond er een eindeloze stroom van muziek. Ik schreef af en toe ook een paar liederen, maar was te verlegen om ze te zingen. Op een avond stond Amma op na het zingen in de Kalari om rond te lopen. Toen zij wegliep, droeg zij iedereen op dat hij moest zingen. Toen het mijn beurt was, leunde ik naar voren naar de harmoniumspeler en fluisterde *Iswari Jagadiswari*. Het was mijn debuut sinds ik *Regen, Regen, ga toch weg* zoveel jaren geleden gezongen had. Toen de beginnoten gespeeld werden, zat ik rechtop en zong met alle devotie en concentratie die ik in mij had.

Ik had dit lied zo vaak gezongen tijdens mijn reizen om de wereldtournees te organiseren, dat de vijf coupletten in mijn geheugen gegrift waren. Iedereen zong het refrein, maar de coupletten mocht ik helemaal alleen zingen. Wat een gelukzalig gevoel om Amma's lied te mogen zingen. Jaren later kwam ik erachter dat Amma vlakbij had gezeten op de treden van haar familiehuis en gevraagd had: "Wie zingt daar?" De persoon die bij haar zat antwoordde: "Kusuma." Waarop Amma zei: "Maar jij zei tegen me dat zij niet kon zingen!"

> *iswari jagad-iswari paripalaki karunakari*
> *sasvata mukti dayaki mama*
> *khedamokke ozhikkanne*

O Godin, O Godin van het Universum,
O Beschermster, O Schenkster van genade
en eeuwige bevrijding,
Bevrijd mij alstublieft van al mijn verdriet.

HET PLANNEN VAN DE AMERIKAANSE TOURNEE IN 1988

Tegen februari was het tijd om terug te gaan naar Amerika en voorbereidingen te treffen voor Amma's tweede zomertournee. Amma had uitnodigingen geaccepteerd om twee nieuwe plaatsen te bezoeken: Boulder in Colorado waar de zus van Swami Paramatmananda woonde, en Temple in New Hampshire waar Jani en Ganganath McGill een medisch centrum hadden. Daarnaast waren er de twaalf andere steden en stadjes die al op het schema stonden. Amma had ook ingestemd met mijn voorstel meditatieretraites op een paar plaatsen te houden. Dus er viel nogal wat te regelen. Dit jaar was er geen tournee vooraf nodig, maar nu moest ik vooruit reizen om elke plaats van Amma's tournee te bezoeken om daar met devotees de tournee in 1988 te plannen. Wij gingen samen op weg om de zalen en mogelijke retraitecentra te zoeken. Wat had een jaar met Amma een verschil gemaakt voor iedereen. Er was zo'n eenheid van doel en een opwinding omdat we wisten wat het betekende dat Amma voor de tweede keer zou komen.

LATEN KOMEN WAT ZICH AANDIENT

In iedere grote en kleinere stad die ik bezocht, stond *Een Dag met Moeder* op het programma en kookte ik een benefietmaaltijd om met het verzamelde geld de tournee te bekostigen. Soms organiseerden plaatselijke muzikanten en toneelgroepen een benefietvoorstelling. Kunstenaars en professionals hielden soms ook een stille veiling en boden hun kunst of diensten aan. Mensen die de financiële mogelijkheden hadden om bij te dragen, deden dat spontaan. Er werd niet om bijdragen gevraagd. Als mensen vroegen of zij konden doneren, gaf ik alleen een eenvoudige uitleg over Amma's ashram in India en de charitatieve activiteiten die al bestonden. Ik weidde er niet verder over uit. Zelfs nu staan misschien twee kleine dozen voor donaties in zalen van duizend vierkante meter. Vaak vroegen mensen waar ze hun donatie konden geven, want het was nooit duidelijk.

Ik bracht het idee naar voren om enveloppen te bedrukken voor de Devi/Atma pujaceremonie die in elke stad op de laatste avond van het programma gehouden werd. Het was het antwoord op de vraag van zoveel mensen naar een manier om discreet een donatie te geven aan het eind van Amma's bezoek. Er waren geen kosten aan Amma's programma's verbonden. De retraites werden tegen kostprijs gegeven voor drie dagen accommodatie en maaltijden voor alle aanwezigen. Zelfs in het huidige tijdperk waarin spirituele seminars veel te veel kosten, zijn Amma's retraites nog altijd betaalbaar. Ik organiseerde alles met een minimaal budget en op de een of andere manier waren de kosten altijd gelijk aan de bijdragen, die voldoende waren om de kosten te dekken van zaalhuur, voedsel, bescheiden publiciteit en reiskosten. Amma's woorden "Vraag nergens om en alles komt naar je toe," kwamen altijd uit.

PADAPUJA EN ARATI

Ik voegde nog twee traditionele gebruiken aan elk programma toe: het wassen van Amma's voeten als ze de zaal binnenkwam en het uitvoeren van de *arati* (het branden van kamfer voor een godheid) aan het eind van het avondprogramma. Amma was hier niet echt enthousiast over, maar toen ik aangaf dat de devotees erg blij zouden zijn als zij de gelegenheid kregen om hun liefde en toewijding te uiten, stemde Amma uiteindelijk toe. We gebruikten een eenvoudige koperen schaal voor de arati en de spullen die we voor het wassen van Amma's voeten gebruikten waren ook gemaakt van eenvoudig koper of staal. Ik legde de verschillende stappen die onderdeel van deze twee devotionele rituelen waren uit tijdens mijn bezoek aan de verschillende steden. Ik dacht dat ieder kind van Amma de kans moest krijgen om hier aan deel

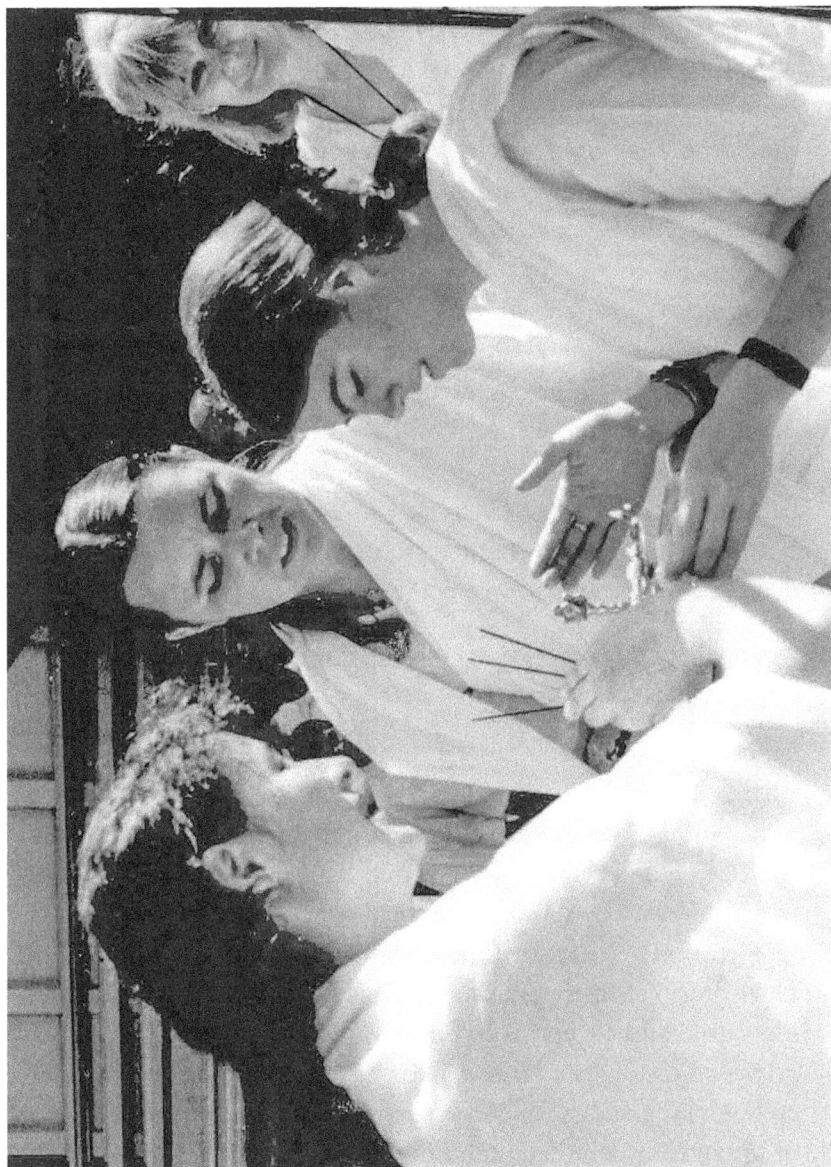

Met Hari Sudha en Suneeti

te nemen, omdat het hen onvermijdelijk dichter bij Amma zou brengen. Het zou een levenslange herinnering voor hen creëren. Wij hielden het heel eenvoudig, maar de diepere betekenis erachter werd uitgelegd en iedereen kwam aan de beurt. Deze ceremonies maken nog steeds deel uit van Amma's wereldtournees en hebben de devotees veel vreugde geschonken. Op het pad van liefde maakt de nooit aflatende gedachte aan de Geliefde door liefdevolle aanbidding uiteindelijk onze Eenheid wakker. Het is niet zo dat de Goeroe deze aanbidding van ons nodig heeft. Amma zegt vaak dat de zon geen kaarslicht nodig heeft om te schijnen. Op dezelfde manier hebben God en de Goeroe het niet nodig dat wij hen aanbidden. We aanbidden hen in ons eigen belang, want dit proces zuivert onze geest en brengt ons steeds dichter bij onze eigen ware natuur. Handelingen van liefde en eerbied voor de Goeroe en de Waarheid waarin de Goeroe zich bevindt, zijn zuiverend en scheppen een diepe band. Dit is de essentie van het pad van liefde.

VRIJWILLIGERS OP DE TOURNEE IN 1988

Hoewel wij geen formeel personeel hadden dat de tournee begeleidde, was er een groepje van vurige devotees dat een kern vormde en zich in zoveel mogelijk steden beschikbaar stelde om te helpen met de voorbereidingen en gedurende de hele zomertournee. Tina en Nancy, die inmiddels Hari Sudha en Suneeti waren geworden, reisden helemaal mee naar de oostkust. Zij hielpen onder meer mee met het inrichten van de zalen en de Devi Bhava tempelversieringen. Ron Gottsegen uit Carmel was niet van plan ook maar één plaats van deze tournee te missen en hij begon met helpen bij de geluidsinstallatie en deed de opnamen en het mengpaneel. Ron was bereid alles te doen wat nodig was, of hij nu naar de winkel moest rennen om wat groenten voor de lunch te halen, of Amma en de monniken naar de zaal heen en weer moest rijden, of moest helpen met de coördinatie van de logistiek op vliegvelden. Hij was zo vrolijk en gemakkelijk om mee te werken. Zijn rustige humor en manier van doen lieten Amma onderweg vele malen in lachen uitbarsten. Ook hadden we twee vrijwilligers als chauffeur: Scott Stevens, en Ramana Erickson, die door het land reden in een rode open bestelbus bus met het Om-Zia symbool op de deuren geschilderd. Zij vervoerden alle apparatuur en voorraden. Sheila Guzman had ons deze bus gul geschonken voor de Amerikaanse tournee van 1988.

Het is interessant het Om-Zia symbool te noemen omdat dit het symbool was van Amma's eerste tournees en nu weer populair wordt op gebedsvlaggen en t-shirts. Het Om-Zia symbool kwam voort uit een idee dat ik kreeg toen we voor de tournee vooraf duizenden kilometers reden. Ik wilde een *Oost ontmoet West* logo voor publiciteitsdoeleinden om in het westen Amma's komst aan te kondigen. Het Zia teken is een symbool dat heilig is voor de Zuni Pueblo stam van Nieuw Mexico. Het stelt de zon voor, gever van het leven, en elk van de vier richtingen heeft vier stralen die zich uitstrekken. Zij verbeelden de vier seizoenen, de vier dagdelen, de vier windrichtingen en de vier stadia van het leven: geboorte, jeugd, ouderdom en dood. Larry Kelley stelde voor dat we in die zonnecirkel het Sanskriet symbool voor 'Om' zouden plaatsen, de oorspronkelijke oerklank van de schepping.

EEN HUIS VINDEN VOOR HET M.A. CENTRUM

De grootste ontwikkeling die uit de Amerikaanse tournee van 1988 voortkwam was dat Amma haar zegen aan de devotees van het baaigebied gaf om een locatie te zoeken voor de oprichting van een meditatiecentrum waar ook mensen konden wonen. Amma stemde ermee in ter wille van haar kinderen die ver van de Indiase ashram woonden en werkten en voor de vrede en spirituele ontwikkeling van zoekers die voor leiding naar Amma waren gekomen. Zij vroeg mij achter te blijven nadat de tournee half juli afgelopen was, om te helpen met het vinden van een geschikte locatie. Amma's belangrijkste instructie was dat de natuur een belangrijk onderdeel van de plaats die wij zouden kiezen uit moest maken.

Er werd een zoekcommissie gevormd met Ron Gottsegen, Steve Fleischer, Bhakti Guest en mij. Wij begonnen aan de zoektocht door samen met een makelaar het baaigebied rond te rijden. We zagen wel een stuk of twaalf landgoederen, maar eentje die er onmiddellijk uitsprong was een veeboerderij die nog in bedrijf was in de Crow Canyon van San Ramon. In veel gevallen zijn eerste indrukken blijvend. Het beeld van een tiental robuuste eucalyptusbomen die statig naast elkaar stonden op de weg naar het landgoed, deed mij sterk aan de rijen devotees in India denken met aratischalen in hun handen om Amma's pad met gunstige energie te verlichten als zij op een programma aankomt. Ik voelde met absolute zekerheid dat dit de perfecte locatie voor het Mata Amritanandamayi Centrum (M.A. Center) in Amerika was. De andere drie devotees in de zoekcommissie vonden precies hetzelfde. Wij besloten Amma op te bellen.

Het duurde even om het landgoed te beschrijven en alle details aan de monnik die vertaalde door te geven. Hij zou ons terug bellen. Er ging wat tijd voorbij en toen ging de telefoon. Amma's korte antwoord had niet meer to the point kunnen zijn. Als wij er zeker van waren, dan gaf Amma haar zegen. Punt uit. Zij herinnerde ons er nogmaals aan dat het oprichten van een centrum in het belang van de wereld was, niet in Amma's belang.

Bleef niets anders over dan het kleine detail om een vergunning te verkrijgen om een meditatiecentrum op te richten midden in een landbouwvallei. De hele Crow Canyon was beschermd door de Williamson Act, die toeliet dat er maar heel weinig activiteiten op landbouwgrond mochten worden uitgevoerd. De buurt uitkammend merkte ik op dat er veel veefokkerijen, paardenstallen en kwekerijen waren. Verder was er een opvangcentrum voor jongens in de buurt, maar dat was het enige voorbeeld van iets wat niet met veeteelt of akkerbouw te maken had. Op een avond tijdens een meditatie kwam er een idee in mij op. Mijn universitaire achtergrond in milieuwetenschappen bracht mij op het volgende: "Waarom zouden we deze veehouderij niet veranderen in een biologische boerderij die duurzaam leven in een stedelijk gebied voorstaat?" Het zou een opleidingscentrum worden met de beoefening van meditatie als kern. Het Green Gulch Zen Centrer in de Marin Headlands had een zelfde soort meditatiecentrum. Ik belde de volgende morgen gelijk Lynn Lanier op, nu bekend als Brahmacharini Rema Devi, een devotee met een graad in landschapsarchitectuur aan de Universiteit van Californië in Berkeley. Wij stelden samen een algemeen plan op voor het Crow Canyon landgoed. Dit zouden wij dan voorleggen aan de Alameda County Board of Supervisors tijdens een publieke hoorzitting om zo de noodzakelijke vergunning te krijgen.

Na weken van zeer nauwgezet plannen waren wij klaar. Ik trok een boerenoverall aan met oude cowboylaarzen en een hoed. Met een klein groepje togen we naar de hoorzitting. Het formele voorstel dat wij hadden geschreven nam twintig pagina's in beslag. Het beschreef het planten van een boomgaard; een uitgebreide groentetuin die een inkomen kon verschaffen door verkoop aan de plaatselijke restaurants; een kas om planten te kweken; een kruiden- en bloementuin om geïntegreerde plantenziektebestrijding te bevorderen en het verschaffen van ruw materiaal voor handgemaakte decoratieve kransen die tegen kersttijd verkocht konden worden. Het houden van bijen, het ontwikkelen van producten als vruchtengelei en jam, kruidenzalf en crèmes, landelijke meditatieretraites, gratis cursussen in biologisch tuinieren en dienstverlening aan de gemeenschap waren allemaal een deel van het voorstel. Aan het eind van mijn 30 minuten durende presentatie was het stil. Een van de County Supervisoren merkte toen op: "Goed, ik geloof dat alle vragen die wij eventueel gehad zouden kunnen hebben, al beantwoord zijn." De enige buur die de hoorzitting bijgewoond had, misschien om protest aan te tekenen, vroeg alleen maar of het bijenhouden kon worden opgeschort omdat zijn ruiterbedrijf misschien last zou hebben van bijen als ze de paarden of de ruiters aan zouden vallen. Die concessie deden we onmiddellijk en de Commissie van Supervisoren gaf ogenblikkelijk unaniem toestemming voor de vergunning om het M.A. Centrum in Crow Canyon te beginnen. In totaal duurde het overleg minder dan tien minuten. En zo vond het M.A. Centrum zijn thuisbasis door de gulle schenking van een nederige devotee die anoniem wenst te blijven. Het eerste wat wij deden was India bellen om Amma het goede nieuws te vertellen.

PELGRIMSOORD – DE ASHRAM IN SAN RAMON

De darshanprogramma's 's morgens werden ter plaatse gehouden, maar de bhajanprogramma's 's avonds werden nog steeds overal in het baaigebied gehouden. Binnen een jaar waren wij begonnen met de bouw van een echte zaal en zou Amma alle programma's daar kunnen houden. Inmiddels komen al 25 jaar lang duizenden mensen naar de San Ramon ashram om in deze vreedzame omgeving Amma's zegen en troost te ontvangen. Er zijn ontelbare uren onbaatzuchtig gewerkt om de programma's op rolletjes te laten verlopen. Ook werd er materiële steun aan de humanitaire projecten in het baaigebied en Amma's projecten in India gegeven. Zelfs zoveel dat Amma San Ramon tot een pelgrimsoord heeft verklaard, een heilige plaats en een toevluchtsoord, door de enorme hoeveelheid opoffering en gebed die daar heeft plaatsgevonden.

De aanvankelijke aanplant van een bescheiden boomgaard met ongeveer dertig fruitbomen is uitgegroeid tot meer dan acht hectare groentetuinarchitectuur en het breidt zich nog steeds uit. Bloementuinen, groentetuinen, een groentekas en zonnepanelen zijn er allemaal in aangebracht. Er werden workshops voor permacultuur gehouden om de gemeenschap aan te moedigen met de natuur samen te werken om zo het natuurlijke evenwicht op aarde te herstellen. Er zijn tientallen serviceprojecten vanuit het M.A. Centrum op touw gezet. Ontelbare devotees hadden baat bij de spirituele leringen van Amma door deel te nemen aan deze serviceprojecten. En dan heb ik nog niet over degenen die direct deze diensten ontvingen.

DE AMERIKAANSE TOURNEE VAN 1988

Dat jaar liep alles gesmeerd en uiteindelijk waren er meer dan twintig plaatsen gepland in 1988. Sinds Amma's eerste bezoek aan Amerika vorig jaar ging het als een lopend vuurtje rond dat men Amma niet mocht missen als ze terugkwam. Dus kwamen er steeds meer mensen om Amma te ontmoeten en haar zegen te ontvangen. Ieder individu heeft een bijzonder verhaal te vertellen over hoe hij Amma heeft ontmoet. Het zijn stuk voor stuk verhalen over levensveranderende momenten. Voor mij kwam een andere droom uit toen ik de stroom van liefde zag die overal aanwezig was.

Wij leerden allemaal het pad van liefde kennen door de Goddelijke Liefde in persoon. Amma bevindt zich in die staat van Opperste Eenheid en onze eigen liefde ontbrandt spontaan in haar aanwezigheid. Wij hadden hard gewerkt om Amma terug in ons midden te brengen en dachten dag en nacht aan haar. Zij ontstak op haar beurt de lamp der liefde in ons hart. De liefde die wij voor Amma voelen werd duizendvoudig naar ons weerkaatst. Ja, in het verleden kenden wij allemaal de wereldse liefde, de liefde die egoïstisch en vaak hartbrekend is. Maar *prema,* of hoogste Liefde, die latent aanwezig is, wordt in ons gewekt als wij een

Grote Ziel als Amma ontmoeten. Die ervaring is opwekkend. Daarom is de ervaring van een ontmoeting met een Verlichte Ziel zo transformerend. Als wij ons verder laten inspireren en het spirituele pad opgaan, boeken wij een enorme vooruitgang door in hun aanwezigheid te vertoeven. Natuurlijk kunnen we ook in ons eentje spirituele oefeningen doen, maar dan zullen ze niet zo snel vruchten afwerpen. Vaak raken wij zonder de leiding van een meester begoocheld en denken wij dat we onszelf naar verlichting kunnen leiden of zelfs dat we al verlicht zijn. Dat Amma zo ver reisde om haar kinderen te ontmoeten, hen bij de hand te nemen om hen langs het pad van de liefde te begeleiden, had een enorm invloed op hun leven. Het was voor mij pure gelukzaligheid om die individuele transformaties te zien.

Tijdens de tournee van 1988 kookte ik heel veel, vooral tijdens de twee retraites. Amma kwam zelf groente snijden voor het avondmaal en op de tweede avond van de eerste retraite serveerde Amma in de sequoiabossen van Miranda zelf de maaltijden, tot ieders vreugde. Dit is een geliefde traditie die tot op de dag van vandaag plaatsvindt tijdens al Amma's retraites. Inmiddels reisden er nog veel meer devotees het land door om Amma's programma's bij te wonen, dus nu waren er nog veel meer helpende handen voor het inrichten van de zaal en het opruimen naderhand. Maar wij hadden nog altijd geen formele staf om voor consistentie te zorgen gedurende de hele tournee.

Omdat ik degene was die de contracten voor de huur van de zalen ondertekende, was ik de sleutelbewaarder en opende de zaal voor elk programma. Bij mij lag ook de verantwoordelijkheid om de zaal weer goed af te sluiten aan het eind van de avond. Op sommige avonden, als het darshanprogramma laat afgelopen was en er een sluitingstijd voor de zaal was, leidde Amma zelf de devotees bij het opruimen van de zaal en het inpakken van de boekenstal en het geluidssysteem.

Aan het eind van de Amerikaanse tournee van 1988 accepteerde Amma uitnodigingen om programma's in twee nieuwe steden te leiden: Los Angeles en Maui. Deze werden toegevoegd aan de vijftien steden die al gepland waren voor de tournee van 1989. Na de uitgebreide Amerikaanse tournee zou Amma direct doorvliegen naar Europa voor de tournee daar. Deze was inmiddels uitgegroeid tot Londen, Parijs, Zürich en Duitsland.

EEN GROTE VERANDERING

Een heel jaar was in een oogwenk voorbij gegaan en het was 1989. Ik bracht steeds minder tijd in India bij Amma door, omdat er steeds meer planning vooraf nodig was om Amma's tournees te coördineren. Maar gelukkig was ik bij Amma voor haar eerste bezoek aan New Delhi en Calcutta. Ik bewaar aan de inwijding van de Brahmasthanamtempel in New Delhi een gekoesterde herinnering. Van de ene kant werd ik uit India weggetrokken, maar tegelijkertijd gaf het veel voldoening om te zien hoe vele westerlingen nu tijd in India bij Amma kwamen doorbrengen. Hun gezichten begonnen te stralen van de vrede die alleen spirituele beoefening kan geven. Zoekers uit de hele wereld kwamen in de ashram wonen om *renunciate* te worden en een leven van onbaatzuchtige dienstverlening te leiden met Amma als hun Goeroe. Het was duidelijk dat de Goddelijk Moeder zich met haar kinderen aan het verbinden was.

Amma's energieniveau leek altijd te passen bij wat op dat moment nodig was of dat zelfs te overtreffen. Als we met Amma reisden, namen wij na elk programma door hoe alles verliep. En steeds weer verwonderde ik mij over de absolute stabiliteit van geest die Amma had. Niets kon haar energieniveau omlaag brengen, niets bracht haar van haar stuk. Zij stroomde over van energie en bewustzijn. Het afmattende tourneeprogramma ging altijd door, zowel in India als in het buitenland, maar Amma

Helpen bij de voorbereiding van Amma's eerste
bezoek aan de ashram in San Ramon in 1988

behield altijd haar volledige kracht. Wij, haar kinderen, waren het die moeite hadden om haar bij te houden. Als ik terugkijk naar de tournees, dan zie ik aaneensluitende programma's zonder enige rustdagen van half mei tot half juli. En daarna gelijk door naar Europa. Als ik een vrije dag probeerde in te voegen, zodat Amma kon rusten, merkte Amma dat altijd op en plande iets anders op die dag. De wereldtournees zouden vanaf nu elk jaar plaatsvinden. Daarom was het zaak dat wij alles snel uitbreidden zodat we iedereen konden ontvangen. Nu moest ik de recepten voor de retraites verdubbelen en de zalen werden groter. We kochten twee extra luidsprekers voor de geluidsinstallatie. Er werd een splinternieuwe zware 4X4 Chevy gedoneerd om de tourneespullen door het land te vervoeren en terug. Amma wilde echt dat ik met haar mee zou reizen op de Europese tournee, dus kreeg ik eindelijk ook de kans om Amma's programma's in Schweibenalp en Zürich bij te wonen. Dat waren twee plaatsen waar ik in 1986 *Een Dag met Moeder* had laten zien.

ÉÉN AANRAKING

Er gebeurde iets interessants tijdens de Amerikaanse tournee van 1989 toen ik Amma en de groep van New York naar Boston reed. Het was vlak na Devi Bhava in de St. John the Divine Cathedral in hart van New York City. Er was een enorme opkomst geweest en dus het was bijna zonsopgang toen ik het busje startte en wegreed van het trottoir. Het was zachtjes gaan motregenen toen ik door het doolhof van snelle bochten en opgebroken wegdelen manoeuvreerde om ons uit de stad te krijgen, de juiste brug over, in de richting van Boston. Het vergde heel wat concentratie en er was niemand om ons te leiden. Ik had de kaart van de binnenstad in mijn geheugen geprent zodat ik niet zou verdwalen. Het klonk alsof er een interessant gesprek gaande was achter in de bus tussen Amma en de monniken. Dus vroeg ik mijn bijrijder, Swami Purnamritananda, om te vertalen. Het leek erop dat een monnik Amma vroeg of het echt nodig was om zo door te gaan met rondreizen naar steeds dezelfde plaatsen, jaar in jaar uit. Amma was nu al bijna klaar met haar derde wereldtournee. Was het niet voldoende om nu in India te blijven? Amma kon haar programma's toch in de ashram in India houden. En nu zoveel van haar spirituele kinderen haar eindelijk ontmoet hadden, zouden die zeker naar India komen. Was het echt nodig dat Amma zulk een uitputtend schema volhield, jaar na jaar?

Amma's antwoord kwam onmiddellijk. "Zoon, als jij terug wilt gaan om in de ashram te mediteren, is dat prima. Maar Amma's leven is alleen hiervoor bestemd. Als Amma iemand zelfs maar één keer aanraakt, dan verandert dat de richting van zijn leven voor altijd. Ook al komen zij maar één keer naar Amma, dat is genoeg. Het is Amma's *sankalpa* om zoveel mogelijk mensen in deze wereld te omhelzen. Amma zal hier nooit mee ophouden tot haar laatste ademtocht."

Er ontstond een diepe stilte in de bus. Het enige wat wij hoorden was het geluid van de ruitenwissers die een ritme tikten. En met deze ontroerende boodschap van Amma gleden de kilometers voorbij, terwijl wij oostwaarts naar Boston reden.

AMMACENTRUM IN NEW HAMPSHIRE

In juli 1989 eindigde Amma's tournee aan de oostkust in het centrum voor genezing van Jani en Ganganath McGill in Temple, New Hampshire. Dit zou weldra het 'Amma Centrum – New Hampshire' worden.

Jani had zo'n leuke band met Amma vanaf het eerste moment dat zij Amma in 1987 ontmoette. Sindsdien heeft zij altijd meegeholpen met de Amerikaanse tournee, tot op de dag van vandaag. Het gezin deed alles wat er gedaan moest worden, of dat nu betekende onderdak verlenen aan de eerste retraite aan de oostkust in hun centrum of hun rustieke schuur wekenlang leegruimen voordat Amma aankwam, zodat de Devi Bhava darshan daar kon worden gehouden.

Volgens mij is de familie McGill ook enorm gezegend, omdat zij de enige devotees in de wereld zijn waar Guru Purnima thuis gevierd is in aanwezigheid van Amma. Dit vond plaats in hun ruime meditatiekamer. Omdat die gunstige dag van volle maan precies na het eind van de Amerikaanse tournee viel, maar voor Amma's vertrek naar Europa, hadden zij de eer om een handvol devotees te ontvangen, die waren gekomen om de meest heilige dag voor een discipel te vieren.

Het kwam zo uit dat er nog een bijzonder moment in hun woning plaats zou vinden. De Amerikaanse tournee was afgelopen en iedereen was bezig zich voor te bereiden op de vlucht naar Europa de volgende dag. Amma gaf mij instructies in verband met de aankomende tournee van het volgend jaar, omdat ik achter zou blijven om te beginnen met de organisatie voor 1990 alvorens ik naar de ashram in India terug zou keren. Tijdens dit overleg keurde Amma eventuele nieuwe steden goed die wij aan de tournee wilden toevoegen. Ook gaf zij mij dan altijd nieuwe ideeën.

NIEUWE IDEEËN

Dit jaar was het niet anders, maar niemand had kunnen vermoeden wat onze geliefde Amma in gedachten had. Zij gaf mij de opdracht om naar nieuwe plaatsen te reizen, maar dit keer waren dat geen steden, maar landen. Ik moest naar Canada, Japan en Australië om de allereerste programma's daar te organiseren. Amma vertelde dat haar kinderen op die plaatsen ook naar haar verlangden en dat het tijd voor Amma was om hen daar te ontmoeten. Ik dacht bij mijzelf: "Ok, maar wij kennen helemaal niemand in die landen." Maar zonder te aarzelen knikte ik toestemmend. Zo was Amma's eerste wereldtour ook ontstaan en mijn ervaring was dat met Amma's zegen alles mogelijk is. Het was niet nodig daar veel woorden aan vuil te maken. Amma zou de weg wel laten zien.

De planning van de Amerikaanse tournee van 1990 verliep gladjes, met maar één nieuwe stad, Dallas. De grote verandering was de organisatie van vijf retraites verspreid over de tournee van volgend jaar, in Maui, Los Angeles, San Ramon, Seattle en Temple, New Hampshire. Zonder vaste staf, zonder mobiele telefoons, zonder laptop computers was de hulp van veel vurig toegewijde mensen in iedere stad cruciaal om alles voor de zomertournee voor elkaar te krijgen. Ik bracht de meeste tijd door met het coördineren van de negen regio's. Ik reisde erheen om te helpen om goede faciliteiten te vinden, een benefietmaaltijd te koken en de gezinnen te ontmoeten die Amma en de monniken thuis zouden ontvangen. Voor de retraites van dit jaar zou veel gekookt moeten worden en omdat ik de hoofdkok was, moesten mijn lijsten nu zeer accuraat worden ingevuld, want tegen de tijd dat de tournee begon, had ik het te druk met andere details. Half september was ik klaar met de meeste reizen en was ik tevreden over de stand van zaken voor het Amerikaanse gedeelte van de tournee.

Canada begon ook al goed vorm aan te nemen, nadat ik een gezin in Vancouver had ontmoet dat Amma in mei in Seattle had ontmoet. Zij waren verrukt over het nieuws dat Amma het volgend jaar ook Vancouver zou aandoen en dat zij Amma met de groep bij hen thuis mochten ontvangen. Zij begonnen onmiddellijk te plannen voor Amma's programma en kenden allerlei vrienden die mee wilden helpen. Alle zaken voor een fantastisch programma in Vancouver begonnen vorm aan te nemen en nu kon ik mijn aandacht richten op waar het echt nodig was.

RUBIKS KUBUSSEN

Die herfst in San Ramon was ik met mijn gedachten voornamelijk in Japan en Australië. Ik wilde dat Amma deze programma's op weg naar Amerika zou doen om geld op de vliegtickets uit te sparen. Het 'de wereld rond' vliegticket was nog steeds te koop voor een goede prijs met slechts een kleine toeslag om helemaal naar het zuiden van Australië te vliegen. Dat zou het mogelijk maken om Amma daar te brengen. Dit zou inhouden dat deze landen ingepland moesten worden aan het begin van de tournee in mei. Dat liet niet veel tijd over, omdat ik hoopte een aantal maanden met Amma in India door te brengen. Dit gaf mij ongeveer drie maanden voor de organisatie van deze twee nieuwe landen.

Amma had mij twee nieuwe Rubiks kubussen gegeven en hun namen waren Australië en Japan. In Australië had ik maar één adres, van een vrouw genaamd Patricia Witts uit Sydney. Zij had Amma het afgelopen jaar in Kerala ontmoet. In Japan hadden we niet één contact. Het schrijven van een introductiebrief naar Patricia Witts was niet ingewikkeld, zelfs gemakkelijk. Ik introduceerde mijzelf en vertelde haar dat Amma in mei van het volgend jaar naar Australië zou komen. Ik vertelde dat ik naar Sydney zou komen, vlak na nieuwjaar om Amma's bezoek te organiseren. Zou het mogelijk zijn om haar dan te ontmoeten en een aantal videopresentaties in Sydney te organiseren? Zou zij daarbij willen helpen? "O ja, dat zou fantastisch zijn," schreef Patricia terug. Voor mij was dat voldoende houvast om mij voorlopig over Australië niet druk te maken. Als ik daar eenmaal zou zijn, zou Amma's zegen mij vergezellen, als altijd.

Japan was een heel ander verhaal. Ik begon met het aanschrijven van een aantal meditatiecentra en filosofiegroepen. Hun namen zocht ik op achterin allerlei boeken die ik in de Shambala Boekwinkel op Telegraph Avenue in Berkeley vond. Ik schreef zelfs naar de oprichter van *One Straw Revolution*. Dat was een biologisch tuinder met spirituele ideeën over Moeder Natuur. Ik hoopte op een glimp van een antwoord. Er kwam er geen. Het was een gok, maar ik reed naar San Francisco waar ik het Japantown district doorzocht. Ik liep door de straten en ging kleine winkeltjes en cafeetjes binnen. Ik las de posters op de informatieborden en ging mee met de stroom van Japantown. Eindelijk ontmoette ik in een obscure boekwinkel iemand die in meditatie geïnteresseerd was. We praatten over Amma en ik vertelde hem over haar aanstaand programma dat voor Japan gepland stond. Kende hij iemand die daarin geïnteresseerd was? Was hij zelf geïnteresseerd? Ja, ja antwoordde hij. Wij reden terug naar de ashram in San Ramon zodat hij de film van Amma kon zien en meer te weten kon komen over Amma's voorgestelde bezoek aan Japan. Hij werd zeer geraakt en maakte ogenblikkelijk een paar telefoontjes naar Japan om te proberen voor mij een contact te vinden. Hij deed erg zijn best, maar het hielp niet. Hij kon niet veel doen, het was al zo lang geleden dat hij daar gewoond had. Maar hij gaf me een paar adressen in Tokio van mensen die hij kende. Hij zei dat ik hen aan kon schrijven en het op die manier kon proberen. Het was niet veel, maar meer had ik niet.

Dus dat deed ik. Ik schreef in totaal vijf brieven. Het was begin december 1989. Elke dag keek ik in de post van het M.A. Centrum of er antwoord uit Japan was gekomen. Niets. Ik wist dat de tijd begon te dringen. Mijn ticket naar Tokio was voor 9 januari geboekt. Vandaar zou ik naar Australië vliegen om Patricia op 18 januari te ontmoeten. Op de 27ste zou ik naar Maleisië vertrekken om daar een ruimte voor het programma te zoeken. Daarna zou ik naar huis gaan naar Amma in India op 8 februari zodat ik mee kon op Amma's Noord-Indiase tournee. Ik hoopte echt dat ik genoeg tijd gereserveerd had.

Het nieuwe jaar werd ingeluid. Nog altijd niets. Ik zou midden in de winter met lege handen naar Tokio moeten vertrekken.

Vijf jaar geleden was ik naar Amerika gekomen om Amma's eerste bezoek te organiseren, maar daar had ik familie en vrienden gehad om op terug te vallen. Er kwam een gevoel van intense onthechting over me heen. Ik had geen ideeën meer. Er bleef mij niets anders over dan mijn kleine reistas in te pakken en te bidden. Ik huilde tranen om Japan.

SAN RAMON ASHRAM

7 januari 1990

Wat een prachtige, prachtige dag! Er was een brief uit Japan aangekomen. Hij kwam van een jonge Japanse vrouw die Masako Watanabe heette en in Tokio woonde. Het was een eenvoudig briefje met een grappige plastic credit card erbij. Zij schreef:

> *Lieve Kusuma,*
> *Ik heb je brief ontvangen en wat je doet klinkt interessant.*
> *Ik sluit een pre-paid telefoonkaart bij zodat je mij van de*
> *Narita Luchthaven kunt bellen als je bent aangekomen.*
> *Vriendelijke groet,*
> *Masako Watanabe*

Dit was voor mij genoeg om door te gaan. Vreemd genoeg voelde ik dat dit de bevestiging was dat Amma's programma in Japan door zou gaan, simpelweg de ontvangst van dit eenvoudige briefje. We hadden niet meer dan één persoon nodig in een stad of een land om Amma's zuivere genade te laten stromen; Patricia in Australië en Masako in Japan. Ik had nog nooit eerder een telefoonkaart gezien. Ik kon er alleen maar in verbazing naar staren. En ik dankte Amma voor de ongelofelijke manier waarop zij te werk ging. Mijn hart was vol vertrouwen dat alles op schema lag.

TOKIO

En dat klopte. Ik belde Masako twee dagen later toen ik aankwam. Zij kwam uit de voorstad Shinjuko en bracht mij naar haar piepkleine, 15 Japanse stromatten grote appartementje (23 m²). Daar kon ik logeren. Het was midden in bruisend Tokio waar ik Amma's eerste bezoek aan Japan organiseerde. Masako's Engels was perfect en het klikte onmiddellijk tussen ons. Zij was in Amerika geweest voor een uitwisselingsprogramma toen zij op de middelbare school zat. En ironisch genoeg had zij mij daarom de brief gestuurd. Zij wilde meer Amerikaans Engels oefenen met iemand die haar zo'n ongewone brief had gestuurd. Zij had er geen besef van dat zij voorbestemd was Amma's eerste vertaler in Tokio te worden en dat zij nauw samen zou werken met Koizumi-san van Tokio's Vrouwen College om samen Amma's eerste Japanse programma te leiden van 18 tot 20 mei in 1990.

Het jaar daarop werd Brandon Smith, tegenwoordig Brahmachari Shantamrita, door Amma gezonden om haar tweede bezoek aan Japan te organiseren. Sindsdien heeft hij Amma in haar centrum in Japan en op andere plaatsen in de wereld gediend.

SYDNEY EN MELBOURNE

Het was een opluchting om in Sydney aan te komen. Ik had het gevoel dat alles mogelijk was nadat ik zoveel obstakels in Japan uit de weg had weten te ruimen. Patricia Witts was een heel aardige moeder van middelbare leeftijd. Zij had drie opgroeiende kinderen op de middelbare school en in de handel. Wij hadden een fantastische videopresentatie in haar huis in Chatsworth en nog eentje niet ver daarvandaan. Met rustig, praktisch enthousiasme liep zij er warm voor om de rol van Amma's eerste gastvrouw in Sydney op zich te nemen, toen ze had gehoord wat er nodig was. Tenslotte, vond zij, had zij Amma thuis in Kerala bezocht, dus waarom zou zij Amma niet dezelfde gastvrijheid bieden? Er was geen tijd te verliezen, dus reden we rond om zalen in de buurt van Chatsworth te vinden, niet ver van het huis van de Witts vandaan, waar Amma zou logeren.

Patricia had ook contact opgenomen met een aantal mensen in Melbourne. En dus boekten wij voor mij een busrit naar het zuiden om daar de video te laten zien. Ik werd in Melbourne opgewacht door een leuke, ontwikkelde groep van spirituele zoekers die al jaren mediteerde, satsangs bijwoonde en pelgrims-tochten maakte met diverse leraren uit India. Zij organiseerden een videopresentatie. James Conquest, Eugenie Maheswari Knox en Campbell McKellar waren die avond allemaal aanwezig en zij zijn nog altijd degenen die hun diensten aanbieden om Amma in het M.A. Centrum in Melbourne te ontvangen. Na tien dagen vol actie doorgebracht te hebben met het zoeken naar zalen, het geven van videopresentaties, vergaderen en het delen van lijsten uit de Amerikaanse tournee, was iedereen die ik in Australië had ontmoet, bereid om te doen wat maar nodig was om Amma's programma in mei te laten plaatsvinden. Dus toen het voor mij tijd werd om naar India terug te vliegen, voelde het alsof alles op schema lag voor de uitvoer van een krachtig programma van Amma in Australië in mei.

HOOFDSTUK 9

De herfst van 1990

Tarangayita apime sangat samudrayanti

Ook al ontstaan zij (de negatieve neigingen) in het begin slechts als kleine golfjes, zij worden als een oceaan.

Narada Bhakti Sutras, vers 45

Vijf jaar lang had ik onafgebroken gereisd om Amma's programma's in de hele wereld te organiseren. Mijn dienstverlening was mijn enige sadhana geworden en het prachtige evenwicht van mijn beginjaren bij Amma was uitgehold door mijn gebrek aan shraddha. Meditatie, satsang en zelfstudie waren afgevallen als evenveel droge blaadjes aan een verdorde tak. Bovendien had ik mijn yogabeoefening en studie van het Sanskriet losgelaten zodat deze geen deel van mijn leven meer uitmaakten. Ik deed alleen maar seva. "Leef en adem de hele tijd in Amma, dan hoef je je geen zorgen te maken," dacht ik egocentrisch en liet zorgeloos de essentie van mijn beoefening los.

Op dat moment begonnen onwillekeurige negatieve gedachten mij te storen. In het begin zweefden ze alleen maar door mijn geest als het penetrante, zoemende geluid van een mug. Omdat ik hun cumulatieve kracht onderschatte, negeerde ik ze gewoon. Ik veegde ze weg naar de donkere hoeken van mijn geest. Maar ze kwamen steeds weer terug. Plotseling zag ik in iedereen om mij heen fouten. De een vond ik irritant, de ander lui of ik schoot in de stress als een vrijwilliger te laat kwam. De jonge vrouw die uiteindelijk de organisatie verliet, dezelfde waar ik voorzichtig mee moest zijn vanwege haar jaloezie, leek nu heel hypocriet in mijn ogen. Ik vond dat zij mensen toestond om bij haar een wit voetje te halen om dichter bij Amma te komen, waarna ze hen achter hun rug afkraakte. Ook al was zij nog zo geliefd en geëerd, toch manipuleerde zij situaties en was vreselijk bazig. Al deze zaken stapelden zich op en maakten mij kwaad.

Deze ogenschijnlijk onbeduidende gedachten en situaties begonnen zich langzaam op te stapelen en vergiftigden mijn perspectief. Zo gaat dat met negatieve gedachten: als wij er geen acht op slaan, wiegen zij ons langzamerhand in een staat van zelfgenoegzaamheid, zij worden een negatieve gemoedstoestand. En weldra wordt onze totale waarneming gefilterd door die negatieve houding. Voor wij er erg in hebben, raken we gevangen in onze eigen draaikolk van negativiteit en worden meegezogen in zijn maalstroom. Dan denderen we van de ene slechte keuze naar de andere. Onvermijdelijk verdrinken we uiteindelijk in de onafwendbare gevolgen van onze keuzes.

Net zoals de onmiskenbare waarschuwing van Sri Krishna aan Arjuna in verzen 62-63 van het tweede hoofdtuk van de Bhagavad Gita:

Dhyayato visayanpumsah sangastesupajayate
Sangatsanjayate kamah kamat krodho'bhijayate

Wanneer men zich richt op objecten van de zintuigen, ontstaat gehechtheid.
Uit gehechtheid wordt verlangen geboren,
vanuit verlangen komt boosheid op.

Krodhad bhavati sammohah sammohat smrti vibhramah
Smrti bhrams'ad buddhinas'o buddhin asat pranas'yati

Uit boosheid ontstaan waanideeën; door waanideeën gaat het geheugen verloren, door geheugenverlies wordt het

201

onderscheidingsvermogen vernietigd; door de vernietiging van het onderscheidingsvermogen, gaat men ten onder.

Het jaar 1990 dompelde mij in een diep moeras dat ik zelf gecreeerd had. Emotioneel uitgeput door mijn negatieve gedachten, teneergeslagen doordat ik deze gedachten niet kon uitbannen, fysiek vermoeid door het voortdurende reizen, spiritueel uitgedroogd door gebrek aan spirituele oefening, merkte ik het gevaar waarin ik mij bevond niet op. Ik nam niet de moeite om raad te vragen aan een van mijn spirituele meerderen van wie ik altijd zo had gehouden en die er altijd door dik en dun voor mij waren geweest. Het allerergste was nog dat ik niet eens Amma in vertrouwen nam. In plaats daarvan leidde een dwaas gevoel van trots, dat niet toeliet dat anderen zouden weten dat er zo'n chaos in mijn hoofd was, mij naar een gevaarlijk kruispunt zonder dat ik het zelf doorhad. Kortom, mijn ego, dat ik zo graag had willen transcenderen, was mijn naaste vertrouweling geworden.

Hoe meer mijn hart zich afsloot, hoe meer ik mij van Amma isoleerde. Mijn piekeren had een eigen leven aangenomen en al snel was er een jaar van zelfgecreëerde ellende en innerlijke conflicten voorbijgegaan. Anderen vermaakten zich kostelijk; programma's verspreidden zich over de hele wereld: Amerika, Canada, Europa, Australië, Singapore en Japan hadden hun hart en armen voor Amma geopend. Maar arme ik was alleen, opgekruld tot een klein balletje vol zelfmedelijden.

Terugkijkend weet ik dat anderen zagen dat dit jaar pijnlijk voor mij was. Sommigen vertelden me later dat ik onbenaderbaar was en dat niemand door de muur die ik had opgericht heen kon breken. Ik luisterde nergens naar, liet niemand binnen, zelfs Amma niet. Uiteindelijk stak verlangen in deze verzwakte staat zijn lelijke kop op en verzwolg mij totaal. Het vrat mij op en spuugde me uit, en ik landde heel ver aan de andere kant, ver weg van Amma.

Verontrustende dromen doken op, fantasieën over de perfecte relatie, het perfecte leven, wat dan ook om te ontsnappen aan de ironie waarin ik gevangen zat: ik had alles waar ik ooit voor had gebeden, ik diende Amma totaal, maar ik had mijn verlangen om het doel te bereiken verloren. Alles voelde mat aan, tegenstrijdig. Ik had mijn nederigheid verloren, mijn evenwicht en mijn doel. Mijn koppige natuur deed mij een serie funeste beslissingen nemen die nog altijd in mijn leven weergalmen, ook al kan ik nu de diepe harmonie opmerken die eronder verscholen ligt. Dat kwam echter pas later. Veel later.

Eerst ging ik de fase van het beschuldigen in. Het kwam erop neer dat ik subtiel anderen de schuld begon te geven van wat ik ervoer. Als wij ons innerlijk proces naar buiten projecteren door anderen als de bron van onze ellende te zien, dan hebben wij het toppunt van begoocheling bereikt. Dit is het 'zielige ik' syndroom bij uitstek, dat ons sneller naar de afgrond brengt dan een orkaan de kust van New Orleans kan aandoen. Het is een grove, meedogenloze geestestoestand die niemand spaart, uiteindelijk ook jezelf niet. De vernietiging die ontstaat door het vergeten van de waarheid *tat tvam asi* (jij bent Dat) is verwoestend. Alle verband en maatstaf van ons spiritueel leven wordt in de war gestuurd. We omhelzen wat wij zouden moeten afwijzen, en we wijzen af wat wij het meeste nodig hebben.

Neem boosheid, wrok, een ongebreideld ego en denken dat je alles weet. Meng daar een beetje zelfmedelijden en een grote klont koppigheid door... en daar heb je een recept voor rampen. Wat begon als onbeduidende kleine dingetjes, zoals mij op mijn teentjes getrapt voelen, mij onbegrepen en niet gewaardeerd voelen, kortaf zijn en geïrriteerd naar mensen toe of hen veroordelen als kortzichtig en oneerlijk, stapelde zich steeds meer op. En zoals Gullivers Lilliputters hem uiteindelijk overmeesterden, brachten deze dingen mij ook volledig ten val.

Pas jaren later zag ik in hoe scheefgetrokken mijn waarneming was geworden. In plaats van in mijzelf naar fouten te zoeken was ik veel te druk bezig fouten bij anderen te ontdekken. Ik begreep niet waarom Amma dit soort gedrag om zich heen tolereert. Later zag ik in dat dit niet is omdat zij ermee instemt, maar omdat het als een polijstmolen werkt. De scherpe kanten van iedereen worden afgesleten door de wrijving tegen de ruwe kanten van anderen. Zo gaat het vaak wanneer je in een gemeenschap leeft. Ik moest de les leren om anderen niet te bekritiseren, toen ik zelf worstelde om mijn eigen slechte eigenschappen uit te roeien. Ik had mijn oog effectiever op de Goeroe kunnen richten. Ik had niet moeten toestaan dat de negatieve eigenschappen van iemand die dicht bij Amma leek te zijn, mijn kijk bedierven. Anderen de schuld geven van problemen die ontstonden door mijn eigen koppigheid, arrogantie en boosheid was gemakkelijker dan introspectie. Deze patronen van beschuldigingen en projectie, gecombineerd met de vijandigheid die een jaar lang in mij broeide, creëerde de perfecte storm.

Soms ontbreekt het ons aan volwassenheid om onze spirituele lessen op een elegante, zachtaardige wijze te leren. Dit was zeker met mij het geval. Nadat ik in september 1990 alle voorbereidingen voor de Amerikaanse tournee van 1991 had getroffen, liet ik de routebeschrijving en organisatieplannen op mijn bureau in de San Ramon ashram liggen. Ik rangschikte ook zorgvuldig alle regionale contacten over de hele wereld in een ringband. Ook deed ik daar mijn uitgebreide aantekeningen van vijf jaar planning van tournees, retraites, recepten en dergelijke bij. Ik legde het op mijn bureau naast het algemene plan van de Amerikaanse tournee in 1991. Ik had niet de intentie om Amma's tournees in duigen te laten vallen, alleen maar omdat ik zelf ten onder ging. Op weg naar buiten zei ik tegen een bewoner die in de buurt werkte: "Er ligt iets op mijn bureau dat je nodig zult hebben." Nadat ik netjes afscheid had genomen van de monnik die de leiding had, zei ik dat ik een pauze nodig had, stopte ik mijn schaarse eigendommen in de auto van mijn zus en reed weg. Daarmee verliet ik Amma, en zei niets tegen degene die de belangrijkste persoon in mijn leven was geweest, die mij alles had gegeven wat ik nodig had. Het was een gedurfde, ongunstige afsluiting van een fantastische periode in mijn leven.

LIEF DAGBOEK...

Het eerste belangrijke ding dat ik deed nadat ik de San Ramon ashram had verlaten, was in mijn dagboek schrijven. Ik schreef op wat er volgens mij fout was gegaan. Ik was naar de Mendocino kust in noord Californië gereden. Ik weet nog dat ik het getij langzaam zag opkomen de riviermond in bij Point Mendocino. Dit vormde een troostende achtergrond waarbij ik op adem kon komen. Het zoute water mengde met zoet water en bracht op deze plaats een overvloed aan diversiteit tot leven. Ik bracht mijn dertigste verjaardag bij de rivier door en reed toen naar het oosten, terug naar Nieuw Mexico, waar alles ooit begonnen was. Ik vond een baantje in een restaurant en een plek om te wonen. Mijn dagboek stopte ik ergens weg en vergat ik al snel.

Ik kreeg een vriend. De relatie eindigde in een ramp. Ik begroef mijn meest bijzondere herinneringen diep. Ik deed geen moeite contact met Amma te zoeken en haar om raad te vragen. Ik ging niet naar de satsanggroep die bijeenkwam in het nabijgelegen Santa Fe. In zekere zin hield ik op met mijn eigen hart te communiceren. Ik bouwde een fort in mijn hoofd om al mijn zelfbeschuldigende gedachten op afstand te houden, zodat ik kon doen wat ik wilde doen. Maar wat wilde ik eigenlijk? Je zou het een toeschouwer niet kwalijk nemen als hij dacht dat ik regelrecht op weg was een zootje van mijn leven te maken. Ik leefde deze maanden alsof niets er meer toe deed. De moderne tijd van cynisme was het perfecte platform voor mijn in zichzelf gekeerde, slechtgehumeurde zelf. Niemand kon mij wat vertellen, want ik wilde het toch niet horen.

Ook al was het een zelfgekozen onderbreking, ik herhaalde vreemd genoeg nog steeds mijn mantra, alsof een deel van mij kon zien dat mijn spirituele leven aan het rafelen was en weigerde om het volledig los te laten. Misschien was het een onbewuste angst dat ik mijn mantra zou vergeten en mijn weg naar Amma nooit meer terug zou vinden. Ook al was ik bezig mijn leven te verwoesten, ik voelde diep van binnen, als een zwakke hartenklop, nog steeds liefde voor Amma en hoopte dat zij mij zou vergeven en zou redden. Op de een of andere manier glipte er een jaar voorbij.

Tijdens de voorjaarsschoonmaak van het volgend jaar, 1992, kwam ik mijn dagboek van de dag waarop ik was vertrokken weer tegen. Ik ging zitten om het te lezen en was geschokt: de essentie van bijna elke klacht kwam erop neer dat ik iemand anders de schuld gaf. Veel van de situaties waarin ik geleden had, waren tot stand gekomen door mijn eigen handelingen en misinterpretaties. Op dat moment kon ik de waarheid erg duidelijk zien. Opeens ging mijn ademhaling moeizaam en tranen begonnen over mijn wangen te stromen. Walgend van mijzelf zat ik daar, voor lange tijd overweldigd.

Toen nam ik een besluit. De impuls was zo sterk en krachtig. Ik liep naar buiten naar de Taos Mesa en verzamelde armenvol gedroogde salie. Ik groef zorgvuldig een kuil en stak een vuur aan. Het vloog onmiddellijk in brand, zoals salie altijd doet, en ik verbrandde ter plekke mijn dagboek. Ik nam een krachtig besluit, in feite was het een gelofte, om eerlijk naar mijzelf te zijn. Ik zou een lijst opstellen, een andere lijst. Deze zou niet over andere mensen gaan, maar over mijzelf. Die nacht realiseerde ik mij dat geluk een keuze is, niet een cadeau dat een ander je schenkt. En ik realiseerde mij dat werkelijke heling alleen plaats vindt als wij ophouden met beschuldigen en beginnen met het vergeven van anderen en onszelf.

Terugkijkend lijkt het alsof er toen nog maar een paar stappen nodig waren van die dag van ontdekking terug naar Amma's armen. Maar Pandora's doos heeft de vreemdsoortige neiging dat hij niet gesloten wil worden als hij eenmaal is geopend. Als spirituele zoekers, als menselijke wezens, zijn wij een vreemd mengsel van vrije wil en lot. Het eerste is niet gemakkelijk uit te oefenen, het laatste niet gemakkelijk te beïnvloeden. Als wij er koppig voor kiezen ons eigen pad uit te hakken, kunnen wij er zeker van zijn dat het universum ervoor zorgt dat er meer dan een paar karmische jaren in het verschiet liggen voordat wij weer op de goede weg zitten. Dus op dit punt begon ik pas echt te huilen. Vanuit de diepten van mijn ziel huilde ik en smeekte Amma mij te redden, mij uit deze modderpoel te vissen, waarin ik mijzelf had geworpen. Om mij de sterke overtuiging te geven om terug te keren. Om niet te vergeten dat het nooit te laat is om terug te keren naar een spiritueel leven. Ik had genoeg geleden om te weten dat de spirituele waarheden die Amma onderwees, authentiek waren. Niemand zou ooit met zo'n zuivere liefde van mij kunnen houden als Amma. Haar genade was het onderwerp van legenden. Hoe kon ik aan vergeetachtigheid ten prooi zijn gevallen, terwijl ik Amma Dattan, de lepraleider, had zien genezen? Hoe kon ik zo gefascineerd zijn door *maya,* de illusie van de werkelijkheid, de sprankelende kortstondigheden van de wereld?

Ik raapte mijn moed bij elkaar en besliste dat het tijd was om de gevolgen onder ogen te zien. Ik beloofde mijzelf om deze zomer tijdens de Amerikaanse tournee 's avonds een bhajanprogramma bij te wonen. Eerlijk gezegd was ik nerveus en bang om Amma te ontmoeten. Hoe zou zij reageren? Wat zouden alle anderen wel zeggen? Wat als het afschuwelijk was? Hoewel ik door al dit soort gedachten geplaagd werd, was ik eerlijk gezegd nog banger om niet te gaan.

Het kwam zo uit dat ik in Berkeley was voor een reünie van een schoolklas toen het verlangen om Amma te zien onweerstaanbaar werd. Ik had een aantal oude vrienden uit mijn studententijd over mijn tijd bij Amma verteld. Omdat niemand van hen haar had ontmoet, was het een veilig publiek voor mij om mijn herinneringen aan te vertellen. Tot een vriendin zei: "Hé, Amma is in de stad. Laten we naar haar programma gaan!" Mijn maag draaide zich een paar keer om en er vlogen ook wat vlinders in rond. Was ik er klaar voor? Was het zo eenvoudig? Gewoon naar een programma toe gaan? Amma gaan zien? Wij gingen, zoals honderden mensen diezelfde avond gingen.

BERKELEY 1992

Kannunir kondu nin padam kashurkam
Katyayani ni kaivitalle …

Met mijn tranen zal ik Uw voeten wassen, O Katyayani
Maar alstublieft, laat mij niet in de steek.

Amritanjali, deel 1

Het bleek dat het programma plaatsvond vlak bij de campus van de Universiteit van California in Berkeley, mijn oude bekende plek. Een plaats waar ik ontelbare programma's voor Amma had geregeld. In theorie had ik best ontspannen kunnen zijn, maar dat was ik niet. Toen ik door de deur de zaal in stapte, was ik bloednerveus. En de eerste twee personen die ik in de verte mijn kant uit zag komen lopen waren mijn favorieten: Swamiji en Brahmacharini Nirmalamrita, mijn oude vriendin van de eerste videopresentatie in 1986. Het is moeilijk te geloven, maar ik draaide me om en rende de zaal uit met mijn staart tussen mijn benen. Ik was er klaar voor om Amma te zien, maar niet mijn geliefde broeders en zusters. Ik was zo bang voor hun reactie. Kun je je de verbazing op het gezicht van mijn vriendin van de universiteit voorstellen toen zij zich omdraaide en zag dat ze alleen was? Toen zij mij had ingehaald, vroeg ze: "Wat heb jij? Ik dacht dat je Amma wilde zien. Waarom rende je naar buiten?" Ik verzon een zwak excuus en we gingen, ook al was zij een beetje geërgerd omdat we door druk verkeer hadden gereden om op tijd voor het programma te zijn. En dat om gelijk weer te vertrekken. Die nacht nam ik de inventaris van mijn innerlijke staat op. Misschien was ik er niet zo klaar voor om Amma weer te zien als ik had gedacht. Waarom zulk een grote emotionele reactie op mijn vroegere spirituele vrienden? Ik concludeerde dat er meer voorbereiding en meer zelfreflectie nodig was voordat ik naar Amma toe kon gaan. Maar ik kwam er niet zo gemakkelijk vanaf.

De volgende dag, laat in de middag, kwam mijn vriendin langs en zei me simpelweg dat we naar een programma van Amma gingen of ik het nu leuk vond of niet. Zij wilde er niets meer over horen dus ik kon net zo goed de auto in stappen. Onderweg tijdens de autorit, herhaalde ik als een bezetene mijn mantra. De zaken namen een onverwachte wending, ik had niet langer de controle in handen. Er restte mij niets dan mij eraan over te geven. Deze keer was het gemakkelijker om de zaal in te lopen. Ik visualiseerde een onzichtbaarheidsmantel om mij heen en liet mijn vriendin me de zaal in leiden. Ik liet haar kiezen waar we zouden gaan zitten. Ik hield mijn ogen afgewend zodat ik mijn kalmte niet zou verliezen.

De bhajans waren ongelofelijk. Ze troostten mij zoals ik nooit eerder was getroost. Het duurde niet lang voor ik een gevoel van gelukzalige, welkome ontspanning ervoer en weer diep kon ademhalen. Toen de laatste klanken van de arati wegebden en de afsluitende gebeden gereciteerd werden, voelde ik een zachte hand op mijn schouder. Het was een andere favoriete vriendin, brahmacharini Rema Devi uit San Ramon. Zij zag eruit als een engel met een enorme glimlach op haar gezicht. Zij nam mijn hand en leidde mij door al die mensen direct naar Amma toe. Ik zal dat moment nooit vergeten. Het voelde alsof iedereen in de zaal tegelijkertijd ophield met ademen. Amma keek op, onze ogen vonden elkaar en wij barstten beiden in tranen uit. Amma trok me neer in haar schoot en hield mij vervolgens een hele poos vast in de meest liefdevolle omhelzing. Zij liet mij los en wij staarden weer in elkaars ogen. Toen lachten we hardop en huilden weer een beetje. Swamiji en Swami Paramatmananda, Ron, Steve Fleischer en Bhakti waren allemaal dicht bij Amma's stoel gekomen. Iedereen straalde zoveel liefde naar mij uit dat ik niet eens kon nadenken. Het was als het zwemmen in een kom die in elke richting met goddelijke liefde overstroomde.

Mijn vriendin was overdonderd door de heftige emotie van dat alles. Later die nacht, toen wij de zaal verlieten, zei ze: "Ik heb in mijn leven nog nooit zoveel liefde gezien. Die mensen houden zoveel van jou. Je weet niet hoe gelukkig je bent, voor hen ben jij heel speciaal." Woorden ontbraken me. Ik was helemaal nederig geworden door deze ervaring dat laag na laag het fort van mijn ego afbrokkelde.

Ook al is de afstand gemeten in kilometers en jaren groot voor ik uiteindelijk terug zou keren om in Amritapuri te wonen en ook al heb ik nog vele fouten gemaakt op mijn zich ontvouwende pad met Amma, ik kan eerlijk zeggen dat ik van dat moment af in mijn hart nooit meer gescheiden van Amma ben geweest. Sinds de hereniging op die avond in Berkeley, ben ik diep gelukkig en volledig gevoed door mijn verbinding met de aloude Goddelijke Moeder die Mata Amritanandamayi is, ook al heb ik daarna nog moeten vechten op totaal andere fronten. En voor het feit dat het licht van haar zuivere genade mij opnieuw heeft beschenen, ben ik eeuwig dankbaar.

HOOFDSTUK 10

Het meten van de oceaan

Hoe meten we de oceaan? Kunnen wij haar mysterie verklaren? Haar weidsheid, haar diepte? De ontelbare levensvormen die bescherming vinden in haar uitgestrektheid? Met de instrumenten die wij hebben, is het onmogelijk om zo'n gigantische taak te verrichten. Het is genoeg om de oceaan zo goed als wij kunnen te omschrijven: haar zoute smaak, haar mysterieuze door de maan aangedreven getijden en al het andere. Wij kunnen het water met onze grote teen onderzoeken, wij kunnen doorgaan al haar aspecten te beschrijven en erover te debatteren, maar uiteindelijk moet ieder van ons zelf beslissen. Wil ik zelf ervaren hoe het is om in de zee te duiken? Wil ik nat worden? Wil ik leren zwemmen?

Voor de oceaan maakt het niet uit of er nog iemand in springt om haar wonderen te ontdekken of dat iemand gefrustreerd en ontmoedigd eruit komt. Miljoenen kunnen er in zwemmen, zeilen of vissen op een gegeven dag. Dat maakt de oceaan niets uit. Zij verandert er niet door dat sommigen zwemmen en sommigen niet. Zij is daar voor iedereen, in de mate dat wij van haar gebruik maken. De oceaan gaat voort zoals zij gedaan heeft vanaf het begin der tijden.

Ditzelfde kunnen wij over de Goeroe zeggen. Wie kan de volheid van de realisatie van de Goeroe peilen? Wie kan deze beschrijven? Behalve onze eigen begrensde mogelijkheden tot observeren en onderscheiden is er geen beslissende lakmoesproef om de verlichting van de Goeroe te bewijzen. Maar net als in het geval van de oceaan gaat het er uiteindelijk niet om de gerealiseerde staat van de Goeroe te meten. Het is aan ons om te beslissen welke richting wij met ons snel voorbijgaande leven op willen gaan.

Wat maakt dat sommigen zich tot een spiritueel leven aangetrokken voelen en anderen niet? Waarom besluiten sommige mensen een spirituele gids te zoeken en worden anderen alleen al door de suggestie afgestoten? Er zijn vele aspecten die deze vraag redelijk kunnen beantwoorden: vele duidelijke redenen, andere meer verborgen. Maar de meeste mensen, zowel rijk als arm, kunnen het ermee eens zijn dat er door ons leven een leegte, een diepe pijn, een draad van verdriet loopt dat maakt dat we meer willen en een diepere betekenis in dit alles vinden. Sommigen lezen misschien spirituele boeken of gaan naar lezingen of leraren om te proberen antwoorden en wat vrede, wat geluk te krijgen. Anderen verliezen zichzelf in drugs, alcohol of slechte relaties om de pijn te verdoven. Velen verzinken in een depressie over de staat van hun leven en die van de wereld en zijn niet bij machte om met deze holle onbegrepen pijn te leven. Ontelbare mensen over de hele wereld modderen maar wat aan, min of meer tevreden met de status quo, en ondergaan de gebeurtenissen in hun leven. Zij schommelen als een slinger heen en weer tussen geluk en verdriet. Elk van ons ontwikkelt een unieke aanpak om het leven te leiden of wij ons hiervan bewust zijn of niet.

Stel dat wij tot de eerste groep behoren, en dat wij geïnspireerd raken door wat we lezen, horen of zien in een Goeroe. Dan kunnen we een stapje verder gaan. We kunnen overwegen wat tijd te besteden aan leren mediteren, wat hatha yoga te proberen of een spirituele retraite bij te wonen. We vinden troost en begrip wanneer wij ons tot spiritualiteit wenden. Als wij geluk hebben, ontmoeten wij een Ware Meester zoals Amma. Op dat moment weet onze ziel dat zij in de aanwezigheid van een grote ziel, een *Mahatma,* is gekomen. Vanaf dat moment begint het gevecht tussen de ziel en het ego. De worsteling tussen ons spirituele lot en onze vrije wil wordt in beweging gezet en het leven wordt een dynamische spanning tussen zelfontdekking en zelfbegoocheling. Het ontmoeten van een Gerealiseerde Meester is de katalysator om het ontwaken te versnellen. Ik geloof nu dat wanneer wij een Mahatma ontmoeten, er geen weg terug meer is. Er rest nog slechts de vraag hoe snel wij willen gaan. Voor sommigen is het een lange weg vol strijd, misstappen en afleidingen, terwijl anderen van een snelle gemakkelijke rit genieten. Wij zelf zijn de bepalende factor. De Grote Ziel verblijft geduldig in haar ontwaakte staat. Of wij ervoor kiezen om te komen of te gaan is van geen belang voor de Meester. Wij zijn degenen die er ons voordeel mee kunnen doen, niet andersom.

Er is een oude traditie die tot op de dag van vandaag nog bestaat: het pad naar Zelfrealisatie, als een zoeker een verbinding met een Goeroe legt die hem uit de cyclus van geboorte en dood naar bevrijding kan leiden. Er bestaat een groot aantal spirituele geschriften, zowel eeuwenoud als eigentijds, de Upanishaden, de Purana's, de Bhagavad Gita en de commentaren hierop, die elk aspect en detail van de Goeroe-leerling relatie en wat het spirituele pad inhoudt, verhelderen. Deze geschreven verslagen zijn niet de verbeelding of gissingen van iemand. Zij zijn geschreven vanuit de directe ervaring van hen die ons voorgingen en die het top-punt van menselijk bewustzijn hebben bereikt: de bevrijde staat van zuivere Eenheid.

De toewijding van de Goeroe aan de leerling is absoluut en onuitputtelijk. De Goeroe onderwijst op zo'n manier dat het ego en de egoïstische verlangens worden getransformeerd. Dat is het enige doel van de leraar: het wakker maken van de leerling. Ontelbare zielen hebben dit pad reeds bewandeld. Zij zochten een spirituele Meester en deden wat nodig was om hun egocentrische bewustzijn op te laten gaan in de grote Eenheid, uiteindelijk triomferend. Maar dit is geen pad voor bangerikken. Er is een sterke geest nodig om dit pad te begaan en almaar dieper door te dringen in het mysterie van het bestaan. Er zijn er veel meer die gefaald hebben dan die succes hadden, vooral in de cynische tijd waarin wij vandaag de dag wegzakken. Wij moeten een Goeroe nauwkeurig onderzoeken voordat wij ons aan hem overgeven. Wij moeten volledig tevreden zijn met zijn vermogen ons te leiden, maar als wij eenmaal besloten hebben een Meester te accepteren en het pad naar het doel te volgen, moeten we ophouden verder te onderzoeken, anders kan de Goeroe ons niet naar Zelfrealisatie leiden.

WITTEBROODSWEKEN

Ik voegde mij weer bij Amma voor de Amerikaanse tournee van 1993. Zij verwelkomde mij met open armen terug. De programma's waren inmiddels in omvang toegenomen en nu was er een busje voor de medewerkers. Ik werd vriendelijk ontvangen en kreeg een plaats. Hoewel het moeilijk was om alles wat ik achtergelaten had onder ogen te zien, werd ik, toen de tournee het land doortrok, door oude vrienden begroet. We huilden en lachten samen over de zelfgemaakte dwaasheden in onze levens.

Aan het einde van de Amerikaanse tournee van 1993 ging ik terug naar Nieuw Mexico en maakte vervolgens voorbereidingen om naar Amma in India terug te gaan. Ik verlangde weer naar mijn spirituele leven, ik wilde mijn kans niet missen. Amma was zo vergevingsgezind en moedigde mij op alle manieren aan. Een van de eerste dingen die zij tegen mij zei net nadat ik was aangekomen en toen wij in haar kamer zaten, was dat het verleden een geannuleerde cheque was. Zo moest ik daarnaar kijken. Niet bij het verleden stil blijven staan. Anders zou ik geen vooruitgang boeken. Amma beschuldigde mij nergens van. Zij hield mij dicht bij haar, ook al waren er nu zoveel meer mensen die om haar aandacht wedijverden.

216

Iedereen was blij mij weer te zien. Amma's vader, Sugunanandan Acchan, huilde toen hij mij weer zag. Zijn brede glimlach zei genoeg en hij schudde zijn hoofd op de meest liefdevolle manier. Hij zei: "Kusumam, Kusumam" op een toon vol tederheid. Alle ouderen van de gemeenschap, van wie velen nu de gele gewaden van officiële initiatie droegen, lieten mij op hun eigen stille en beminnelijke wijze weten dat zij blij waren mij terug te zien. Er waren ook veel nieuwe bewoners die mij niet eens kenden. Het voelde goed om samen met hen seva te doen, anoniem om het maar zo te noemen.

Toch was het moeilijk om mijn oude ritme terug te vinden, mijn evenwicht, mijn beoefening. Ik realiseerde mij hoe gemakkelijk het is om iets af te breken, maar dat het opnieuw opbouwen een veel grotere taak is. Ik huiverde toen ik zag hoeveel schade was aangericht aan mijn voormalige enthousiasme voor het doel. Dus besloot ik terug naar de basis te gaan en te proberen om mijn verloren onschuld terug te krijgen. Amma moedigde ons immers altijd aan om de innerlijke houding van de beginneling te hebben. Was dat echt mogelijk?

Om het pad van liefde te volgen moet je eerst van het pad zelf houden. Het grootste obstakel voor mij was dat het onmogelijk voor mij was mezelf te vergeven en opnieuw in mezelf te geloven. Daarom besloot ik daarmee te beginnen. De devotionele oefeningen die ik zo onzorgvuldig aan de kant geschoven had, pakte ik nu weer op om mijn gedachten, handelingen en woorden in vrede en rust te veranderen. Ik had het herhalen van mijn mantra altijd prettig gevonden en ook het mediteren over het gezicht van de Goddelijke Moeder, mijn geliefde Amma. Ik had altijd zoveel voldoening ervaren als ik mijn energie, talenten en intellect inzette voor onzelfzuchtige dienstverlening aan anderen. Mijn hart smolt bij het horen van de devotionele liederen van Amma die mij naar

hogere sferen riepen. Mijn gebeden ontstonden weer in mijn hart
– *Alsjeblieft Amma, red mij, leid me terug naar de genade!*
Langzaam maar zeker kwam mijn herinnering aan de Waarheid terug. Mijn spirituele geheugenverlies verdween. Ik hervond
mijn onderscheidingsvermogen om in goed gezelschap te verkeren.
Ik kon inzien wat sommige van mijn gehechtheden waren en met
dat bewustzijn gaan zitten. Dan probeerde ik getuige te zijn van
het spel van emoties in mij, in plaats van er in verstrikt te raken.
Slechts één maal gedurende deze periode zei iemand iets
negatiefs tegen mij dat mij werkelijk raakte. Zij wachtte op een
gelegenheid om mij te benaderen toen ik alleen was en zei toen:
"Waarom heb jij de moeite genomen om terug te komen? Waarom
genoot je niet gewoon van je leven en liet dit alles voor eens en
altijd achter je?" Ik was te geschokt om te antwoorden. Zij stond
bekend om haar diepe devotie voor Amma, maar tegelijkertijd
kon zij achter de schermen echt onaardig zijn. Ironisch genoeg
was dit dezelfde de vrouw die later de ashram verliet. Ik nam
mij voor om haar op een afstandje te houden, hoewel dat vaak
onmogelijk bleek.

Zij gaf mij de leiding over het verdelen van het vrijwilli-
gerswerk bij de *seva desk* (kantoortje waar seva verdeeld wordt).
Onmiddellijk zat ik weer in de problemen. Uiterlijk lukte het
mij prima; sevacoördinatie was gemakkelijk vergeleken bij het
organiseren van een tournee, maar intern worstelde ik. Het weer
samenbrengen van de delen van een spiritueel leven kost tijd
en vastberadenheid. Nu zag ik in dat de eerste plonsen en het
pootjebaden na het duiken in het spirituele leven prachtig zijn,
vrolijke momenten, maar als we doorgaan op het pad, zijn er vele
zware lessen te leren en pijnlijke ervaringen waar we doorheen
moeten. Misschien zouden wij hier minder verbaasd over moeten
zijn. Hoeveel inspanning en opoffering zijn er niet nodig als je
dokter wilt worden of een doctoraat wilt behalen? Spiritualiteit is

ten slotte net zo'n veeleisend pad als een academisch onderwerp. Maar er doemde een grotere vraag op: kon ik dit wel aan? Ik zag al snel in dat het aan mij was om de moed erin te houden, mijn lessen goed te leren en te veranderen. Als ik het enthousiasme dat nodig is om het doel te bereiken niet kon behouden, dan zou de zuivere genade die om Amma stroomt als de nimmer aflatende stortvloed van de Niagara-watervallen, voor mij geen nut ebben. Alle genade ligt voor ons voor het oprapen evenredig met de inspanning die we leveren. Er is geen gebrek van de kant van een Ware Meester zoals Amma; veel vaker is dat van de kant van de wankele stappen van de leerling.

HET METEN VAN MIJN TOEWIJDING

Een van mijn beste vriendinnen, Nancy Crawford, toen bekend als Suneeti en later als Brahmacharini Nirmalamrita, was naar India verhuisd om in de ashram een renunciate te worden. Wij hadden tijdens alle tournees vanaf 1986 samengewerkt, vooral bij het plannen van de retraites. Suneeti was onderzoekswetenschapper aan de Universiteit van Californië in Berkeley geweest, aan hetzelfde College of Natural Resources als ik was afgestudeerd. Wij hadden veel gemeen. Altijd als we een vrij moment hadden, voerden wij samen goede gesprekken over spiritualiteit, het leven en de dood. Hoewel zij vele vrienden had, was ik een oudere zus voor haar geweest tijdens haar eerste jaren bij Amma. Ik was iemand die zij in vertrouwen kon nemen. Nu waren de rollen omgedraaid en werd ik geïnspireerd door haar stabiliteit en sterke vastberadenheid.

Toen ik haar tijdens de Amerikaanse tournees leerde kennen, wist ik dat zij aan kanker had geleden, niet één keer maar twee. Daar had zij een boeiend idee over. Beide keren had zij de traditionele allopathische weg gevolgd met volledige chemotherapie, volledige radiotherapie, volledig lijden en volledig herstel. Maar zij zei dat het veranderen van haar manier van denken en haar levensstijl het werkelijke verschil had gemaakt. De tweede keer dat zij kanker kreeg leidde haar tot spiritualiteit. Suneeti had een helder idee over de dood. Ze wist hoe kanker in haar lichaam voelde en was daar totaal niet naïef over. De mogelijkheid om het een derde keer te krijgen was heel reëel. Zij ging nog altijd voor een jaarlijkse controle om vast te stellen dat haar gezondheid nog goed was en zij kankervrij was. Zij dacht niet dat ze het nog een derde keer zou kunnen overleven. Wat dat zou betekenen was niet iets waar ze lang bij stilstond. Zij accepteerde het met een onverstoorde geest.

Vlak na mijn terugkeer voerden we een krachtig gesprek over dit onderwerp. Zij vertelde me dat het haar liefste wens was om Amma tot haar laatste ademtocht te dienen en het leven van verzaking volledig te beleven. Ze zei dat als zij ooit weer kanker zou krijgen, zij liever bij Amma wilde blijven en Amma tot het laatste moment van haar leven wilde dienen. Ze had dit al helemaal doordacht. Het voelde alsof zij een afspraak maakte, die onuitgesproken bleef en erop neerkwam dat als ze voelde dat er weer kanker in haar lichaam groeide, zij dit zijn gang zou laten gaan. Ze zou geen geld verspillen aan dure, nutteloze behandelingen. Als zij haar spirituele leven zou onderbreken voor een derde ronde chemo en bestraling, zou dit haar zeker zodanig verzwakken dat zij niet op haar gekozen pad met Amma door zou kunnen gaan. Zij wist dat ze zelfs met een behandeling een derde terugval waarschijnlijk niet zou overleven. Ik haalde veel inspiratie uit haar houding, net zoals zij in het verleden door mij geïnspireerd was. Haar toewijding aan het spirituele pad met Amma was onwankelbaar.

Op een middag, toen ik in Suneeti's kamer op het balkon van de Kalitempel zat, vroeg ik het haar ronduit. Als het een derde keer gebeurde en zij moest kiezen tussen een lange, verzwakkende behandeling met een onzekere uitkomst of haar leven op haar eigen manier leiden, zolang als mogelijk was, terwijl ze wist dat er iets met haar lichaam aan de hand was, wat zou zij dan kiezen? Zonder ook maar een seconde te aarzelen zei ze dat ze de tweede optie zou kiezen. Ze ging met een nadenkende glimlach verder en legde mij uit dat het nieuwe leven dat zij in bruikleen had gekregen toen zij Amma ontmoette en naar India verhuisde, alles voor haar betekende. Zij hield zoveel van God en wilde haar Goeroe en anderen dienen met alle tijd die haar nog restte. Zij dacht niet dat ze kanker nog een derde keer zou overleven. Ze wilde geen moment van de tijd die zij nog met Amma door kon brengen verspillen, want de langdurige behandelingen zouden haar zeer onbekwaam maken. Zij wilde niet in die staat verkeren wanneer zij afscheid van Amma nam. Toen ons gesprek was afgelopen, moest ik mijzelf afvragen: had ik een dergelijke toewijding en helderheid?

HET LEVEN IN DE ASHRAM IN DE JAREN NEGENTIG

De eerste westerse gezinnen waren in de ashram komen wonen en het was heerlijk om de kinderen te zien rennen en met Amma te zien spelen wanneer zij maar konden. Zo waren daar Priya en Krishna Unni uit Los Angeles; Sarada en Manju uit Canada; Gopi, Sudha en Gemma uit Seattle; Aparna en Manohari uit Nieuw Mexico; Santosh uit Oostenrijk en Sridevi en Anandi uit Duitsland. Deze gezinnen waren pioniers op alle gebied. Zij waren in staat hun kinderen op te voeden, onbaatzuchtig te dienen en hun leven aan spiritualiteit te wijden, dit alles binnen de omgeving van het klooster. Deze kinderen waren op een ongelofelijke manier gezegend doordat zij opgroeiden in Amma's goddelijke aanwezigheid.

Er werd officieel een westers kantoor opgericht om de gestage stroom van bezoekers te verwelkomen en van accommodatie te voorzien. Mij werd verzocht hierbij te helpen en de oriëntatie-bijeenkomsten te leiden. Er was ook een kantine met westers eten opgezet en vanuit de hele wereld kwamen devotees om deze te vullen. Ook werd Ram's Bazaar, een vlooienmarkt en tweede-hands winkel, geopend om het weeshuis te ondersteunen. Mensen vanuit alle hoeken van de wereld kozen er op dat moment voor om bewoners voor het leven te worden en er was een inbreng van gretigheid om over het spirituele leven te leren bij de nieuwe westerse bewoners. Amma is de meest benaderbare en toegankelijke Goeroe in de wereld. Zij geeft iedereen een specifieke instructie hoe verder te gaan in zijn spirituele leven. Deze praktijk geldt tot op de dag van vandaag. Amma brengt ontelbare uren in de darshanzaal door, waar zij iedereen voor een omhelzing ontmoet en raad geeft. Of zij zit aan de Arabische Zee voor meditatie en satsang. Amma heeft zich nooit terzijde gehouden van de spirituele gemeenschap die zich om haar heeft gevormd. Zij maakt er deel van uit. Altijd in het midden van de bijenkorf leidt zij de activiteiten van de ashram. Ook zit zij belangrijke vergaderingen voor en voert belangrijke discussies in alle openheid, door iedereen te horen en te zien. Iedereen kan dicht bij Amma komen voor een omhelzing en bij haar in de buurt blijven zolang als hij nodig heeft om zijn ziel te kalmeren. Iedereen kan Amma direct een vraag stellen of zijn problemen aan haar voorleggen. Er is geen persoonlijke secreta-resse die tussen Amma en de devotees in staat. Wat aanmoedigend dat er ergens in de wereld nog zuiverheid en onvoorwaardelijke liefde te vinden zijn!

WEER VERTREKKEN

Amma nam mij mee op alle Indiase tournees en naar het bui-tenland. Zij vroeg mij zelfs om de geluidsinstallatie te bedienen tijdens de tournee naar Mauritius en Réunion in de lente van

1994. Het probleem was dat ik mijn voormalige motivatie om het doel te bereiken niet terug kon vinden. Ik moest mijn wereld met Amma opnieuw creëren. En dit lukte mij niet goed door mijn gehechtheden aan het verleden. De onbewuste verwachtingen die ik had toen ik mijn leven bij Amma in India weer opnam, werden niet vervuld. Maar hoe had dit gekund? De toegang tot Amma die ik in de begindagen had gehad, was geblokkeerd. De sevacoördinatie was mijn excuus om er geen strikte dagindeling voor de sadhana op na te houden. Ik begon mijzelf met anderen te vergelijken en vond dat ik oprecht was en zij hypocriet waren. Mijn introspectie was oppervlakkig geworden, niet scherpzinnig. Het was een heel gevaarlijke stroom waarin ik begon te zwemmen.

Het is de natuur van verwachtingen, zelfrechtvaardiging en oordelen om de voorbode van onvrede te zijn. Het duurde jaren van inspanning voordat ik dit mijzelf kon toegeven, maar uiteindelijk moest ik het onder ogen zien: ik hield niet meer van de sadhana, alles voelde vlak en somber. Ik was diep teleurgesteld in mijzelf dat mijn inspiratie om het pad te volgen was opgedroogd.

Overal om mij heen waren voorbeelden van toewijding en onbaatzuchtigheid, maar mijn leven voelde als een leeg omhulsel van wat er ooit was geweest. Alle beloften en intensiteit van mijn vroege jaren met Amma waren vervlogen. Ontmoediging en rusteloosheid werden steeds groter. De mensen begonnen weer op mijn zenuwen te werken. Ik hield mij ver van degenen tot wie ik mij gemakkelijk voor satsang had kunnen wenden. Van binnen was ik weer op drift, maar ik hield me bezig met *seva*. Ik negeerde de waarschuwingssignalen en hield me steeds meer op een afstand van Amma. Gevaar, gevaar en gevaar cirkelden om mij heen.

Een van de grootste valkuilen op het spirituele pad is anderen in gedachten de schuld geven. Wanneer wij ons niet meer op het doel richten maar ons op iets negatiefs richten wat een ander doet, zijn wij verloren. Deze slechte gewoonte is de tegenhanger van het spirituele leven. Het is hetzelfde als iedere dag een kleine dosis gif eten, tot we er zoveel van hebben ingenomen dat we ten onder gaan.

Waarom zouden wij de leraar de schuld geven van het gebrek aan toewijding van de leerling? Waarom kozen wij de Goeroe in eerste instantie uit? Omdat wij vertrouwen hadden in zijn vermogen ons te leiden en omdat wij geleid wilden worden. Omdat ik de leerling was, was het mijn verantwoordelijkheid om Amma met mijn twijfels te benaderen, maar opnieuw was ik een lafaard. In 1996 pakte ik mijn tas in en vertrok. Deze keer voorgoed ☙.

HOOFDSTUK 11

Nooit te laat

BETEKENIS GEVEN AAN HET VERTREK

De geest is een grappig ding. Uiteindelijk is er geen logische redenering die goed kan uitleggen waarom hij ons naar een andere plaats leidt dan waar wij dachten heen te gaan. Er is geen passende, heldere verklaring waarom ik Amma verliet. Het was de opeenstapeling van veel dingen die misgingen. Als wij ons gerichtheid en stilte van de geest kwijtraken, is alles mogelijk. Terwijl ik nog worstelde om te begrijpen waarom ik Amma eigenlijk de eerste keer had verlaten, snapte ik al helemaal niet waarom ik Amma voor de tweede keer verliet.

Noem het karma, egoïsme, de krachtige zinsbegoocheling van maya of het met bloed bevlekte slagveld van Kurukshetra waarop Heer Krishna de Bhagavad Gita tot Arjuna zong. Het is heel moeilijk om jezelf uit het drijfzand van negativiteit te trekken. Nu ik hier na al die jaren aan terugdenk, komt het beeld van een atoom bij me op. In het centrum van een atoom ligt de kern. De elektronen draaien in verschillende concentrische schillen of banen om de kern. Stel dat Amma de kern is, dan was ik van 1983 tot 1990 een elektron dat ronddraaide in een nauwe baan van een schil die het dichtst bij de kern lag. Er wordt een ongelooflijke bindende energie uitgeoefend op het elektron om in die schaal te blijven draaien. Stel je nu eens voor dat zo'n elektron begint te wiebelen of een kleine afwijking in zijn baan krijgt. Dan zou het slechts een kwestie van tijd zijn voor het 'eruit wordt gesmeten', omdat het zijn stabiele koers rond de kern niet meer kan handhaven. Hij zou dan naar buiten schieten naar een ver afgelegen schil, nog altijd om de kern draaiend, maar met minder bindende energie en in een langzamer tempo. Stel dat het elektron over een aantal van die banen zou willen springen, terug naar de baan die het dichtst bij de kern ligt. Er zou dan een enorme dosis energie nodig zijn om hier weer in te springen.

Op dezelfde manier kost het minder energie om splitsing (het delen van een atoom) te veroorzaken, dan om fusie te veroorzaken, dat wil zeggen het samenbrengen in eenheid. Het kost veel minder energie om te splitsen dan om de energie op te brengen om door situaties heen te werken en samen te blijven.

En zo was het ook met mij. Ik was in een nauwe baan bij Amma geweest, maar mijn negatieve neigingen hadden een dissonantie op mijn pad veroorzaakt. Ik zwiepte mezelf naar het achterland van de buitenste banen in de periode van 1990-1996, waar de kern minder effect op het dolende elektron uitoefent. Hoewel ik geprobeerd had om terug te komen in mijn positie vlak bij de kern toen ik in de jaren 1993-96 weer in de ashram was, was mijn inspanning uiteindelijk misplaatst. Ik stelde te hoge eisen aan het spirituele leven. Ik zag niet in dat het aan mij was me over te geven aan datgene wat het spirituele leven mij wilde tonen. Niet andersom.

Hoewel het mij een aantal keren lukte in een baan iets dichter bij de kern terecht te komen, was er niet veel voor nodig om mij, toen de disharmonische vibratie opnieuw begon, een tweede keer naar een buitenbaan te schieten, dit keer nog verder van de kern dan de eerste keer. Op die afstand kunnen elektronen verwijderd worden van het originele atoom waarvan zij deel uitmaakten. Ze worden aangetrokken door een andere kern die wellicht in de buurt aantrekkingskracht uitoefent om elektronen in zijn eigen baan te trekken. Dan is het voor het elektron bijna onmogelijk om de kans te krijgen zijn plaats in de oorspronkelijke atoomstructuur

weer in te nemen. De energie die dan nodig is om weer terug te springen naar de eerste kern is onmetelijk. Laten we die buitensporige hoeveelheid energie genade noemen.

Toen ik na mijn eerste vertrek terugkeerde naar Amma in de negentiger jaren, stelde ik mijn eigen serie voorwaarden aan het spirituele pad. Het zou zus en zo moeten gaan, net als het was in mijn begintijd. Ik zou bij Amma moeten zijn wanneer ik maar wilde, gebaseerd op mijn vroegere nabijheid. Maar zo werkt het niet in het leven. Toen deze verlangens niet vervuld werden en er aan mijn voorwaarden niet werd voldaan, stortte ik in. Ik deed wel moeite om het spirituele leven weer op te pakken, maar het was niet de 'juiste moeite', om een uitdrukking uit het boeddhisme te gebruiken. Ik had geprobeerd om het pad aan te passen aan mijn beperkte opvatting over hoe het zijn moest, in plaats van mijn ideeën los te laten en het spirituele pad mij te laten herscheppen.

Het is een beetje als wanneer je te dik bent en naar een jurkenwinkel gaat en weet hoe je er uit wilt zien, maar niets past omdat je nog steeds overgewicht hebt. Dan verlaat je nijdig de kledingzaak omdat de kleding je niet past. Ik rechtvaardigde voor mezelf dat ik mijn best had gedaan, maar ik gaf niet toe dat het niet op de juiste manier was geweest.

Mijn eerste vertrek was grotendeels te wijten aan mijn gebrek aan evenwicht op het pad, door de negatieve houding die in mij was ontstaan. De reden dat ik Amma de tweede keer verliet, was omdat het spirituele pad niet aan mijn verwachtingen beantwoordde. Nu vond ik het pad zelf hopeloos en het voelde alsof dit werkelijk voorgoed was. Ik had een bewuste keuze gemaakt om met minder genoegen te nemen.

Ik zag mijzelf niet langer als zoeker. De liefde voor het doel was verdroogd en het spirituele leven was mechanisch geworden. Nu ik dit vandaag schrijf, lijken dit kleine dingen die gemakkelijk opgelost hadden kunnen worden, maar ik had ze laten etteren. Het is ons ego dat zo'n enorme tegenslag op ons spirituele pad veroorzaakt. Eerst het verbreken van de Goeroe-leerling relatie en dan het verbreken van het band tussen de zoeker en zijn pad. Het ego wordt zich bewust van de mogelijkheid van zijn eigen sublimatie en springt er tussen om zijn eigen huid te redden. Wat begon met wat kleine dingetjes, veranderde in grote obstakels omdat ik ze onderschatte en niet oplettend genoeg was er onmiddellijk iets aan te doen. Als je het spirituele pad bewandelt, moet een kleine afwijking onmiddellijk worden gecorrigeerd. Amma geeft vaak het voorbeeld van de zakenman die elke avond zijn berekeningen maakt om zijn winst of verlies bij te houden. Spirituele zoekers moeten hetzelfde doen en de dag niet afsluiten totdat zij dit gedaan hebben. Anders zal het heel moeilijk zijn om het pad in gezelschap van deGoeroe voort te zetten. Het zal dan heel moeilijk blijken om in de juiste baan te blijven. Onze liefde voor het doel moet tot elke prijs worden gestimuleerd en wij moeten ons bewust zijn van onze dagelijkse vooruitgang op het pad.

Sommigen vragen zich misschien af: als Amma alwetend en almachtig is, waarom heeft zij jou dan niet gered? Maar de schoonheid van Amma's manier van onderwijzen is juist dat zij niets forceert. Amma heeft herhaaldelijk gezegd: "Als de bloem klaar is om open te gaan, zal hij opengaan." Je kunt een rozenknop niet openbreken om van een mooie, geurige bloem te genieten. Geduld is een van de eerste eigenschappen die een zoeker nodig heeft. Wij leren alleen geduld door een geduldige leraar, zoals een zorgzame moeder haar geliefde kind grootbrengt. Op deze manier heeft Amma het geduld van de oceaan en staat iedere zoeker toe in zijn eigen tempo vooruit te gaan. Dit is een van de belangrijkste voorbeelden van Amma's manier van onderwijzen.

Dus daar was ik dan, helemaal alleen. Vanaf 1983, toen ik voor het eerst bij Amma kwam, tot mijn tweede vertrek in 1996 was mijn 'carrière' die van spiritueel zoeker. Eerst had ik alles op de ene kaart van spiritualiteit gezet, nu zette ik alles op de andere kaart van de wereld. Zelfs toen wist ik al dat niets ooit zou kunnen evenaren wat ik in deze veertien jaar bij Amma had meegemaakt. Maar misschien was mijn probleem dat ik moest leren om met minder genoegen te nemen. Als ik de meetlat van verwachtingen lager zou leggen, zou ik misschien een beetje vluchtig geluk uit de wereld bijeen kunnen scharrelen, in plaats van de lat zo hoog te leggen dat ik altijd tekortschoot.

Nadat ik het spiritueel leven nog vier jaar extra van inspanning had gegeven, was ik volledig verslagen. Ik had gepoogd en gefaald. Misschien dat ik er op een dag iets van zou begrijpen, maar voorlopig probeerde ik maar niet te streng voor mezelf te zijn. Het had geen zin om een dood paard te slaan. Ik zou proberen om nog wat overblijfselen van een leven in het westen terug te winnen zonder mijzelf dit keer te gronde te richten. Ik keerde naar Nieuw Mexico terug.

Ik besloot terug te gaan naar school en koos voor medicijnen. Al mijn wetenschappelijke lessen van de Universiteit van Berkeley waren lang verouderd, dus begon ik met een voorbereidende cursus nodig voor de medicijnenstudie, aan de plaatselijke universiteit, om te zien of ik dit nog aankon. Daarnaast gaf ik mij ook op voor een cursus verpleegkunde, omdat ik zou moeten werken om mijn studie te betalen. Dit leek mij wel een goede tussenstap als ik medicijnen ging studeren. Alle lessen gingen mij goed af en ik kreeg een diploma als Medische Assistent Eerste Hulp (EMT). Ook werd ik onderwijsassistent aan het departement van levenswetenschappen aan de Universiteit van Nieuw-Mexico. Op deze manier gingen twee jaren voorbij.

HET HUIS VAN MIJN GROOTMOEDER

Mijn oma in Pennsylvania was ziek geworden. Ik reed tijdens de zomervakantie terug om voor haar te zorgen. Zij was net 92 geworden en het was heerlijk om bij haar te zijn. Onlangs had zij de diagnose Alzheimer gekregen, maar zij had nog niet veel last van de ziekte. We praatten over vroeger en dat bracht een stortvloed aan herinneringen over mijn moeilijke jeugd bij mij boven. Maar nu was dat in orde. Ik was van dat trauma genezen. Door Amma. Amma. De lieflijkheid van die naam. Waarom was het spirituele leven zo verwarrend? Ja, diep van binnen miste ik haar. Ik hield nog steeds van haar, zoveel dat ik die nacht om haar huilde, voor het eerst in lange tijd. Ik had Amma buitengesloten, de brug verbrand, ik was geen spiritueel zoeker meer. Over, klaar, uit. Nu was ik simpelweg een gemiddeld mens die maar wat aanmodderde. En verlangend naar een omhelzing.

Het weekend van 4 juli naderde en ik realiseerde mij dat Amma ergens in de buurt zou zijn, misschien wel in Chicago of misschien zelfs in Washington DC. Dat was maar vier uur rijden hiervandaan. De volgende morgen kraakte ik mijn hersens: hoe zou ik aan de data van Amma's tournee kunnen komen? Natuurlijk door naar de winkel te gaan en het *Yoga Journal* in het tijdschriftenrek te zoeken. Vanaf 1987 kochten we altijd een advertentie in het *Yoga Journal*. En ja hoor, daar was het. Het schema van de Amerikaanse tournee van 1998. En Amma's programma in Washington DC zou plaats hebben in het weekend van de vierde juli. Wat een toeval.

WASHINGTON DC

Zonder mijn geest enige mogelijkheid tot weerstand te bieden, regelde ik een oppas voor mijn oma, pakte een tas in en sprong in mijn vrachtwagentje om naar het zuiden te rijden. Het was zoiets spontaan, maar mijn ziel stond te stampvoeten om Amma te gaan zien. Mijn ego verloor deze ronde. Deze keer was het makkelijker om de zaal binnen te gaan. Ik had dit immers al eerder gedaan.

Maar ik moest een hoop schaamte en wroeging opzijschuiven; een kleine prijs om te betalen gezien de manier waarop ik mij gedragen had.

Niemand scheen mij deze keer op te merken, niet zoals toen ik Amma in Berkeley op was gaan zoeken en het een uitbundige thuiskomst was geweest. Nee, deze keer was het erg stil. Ik ging in de darshanrij staan en wachtte op mijn beurt, net als iedereen. Toen ik dichterbij kwam, deed het nieuws de ronde "Kusuma is hier en gaat naar Amma's darshan." Ik kon de bekende gezichten in de menigte zien. Ik hield mijn ogen op Amma gericht tot zij naar mij keek. Amma glimlachte liefdevol, haar gezicht straalde van liefde en zij nam mij in haar armen. "Kusumam, Kusumam, ponnamol, lieve dochter, lieve dochter…" Er waren weer tranen, aan beide kanten, en Amma hield mij vast, wiegde me heen en weer, zonder mij los te laten. Een lied kwam in me op en zachtjes zong ik het refrein in Amma's oor:

Kannunir kondu nin padam kazhukam,
Katyayani ni kaivitalle…

Met mijn tranen zal ik Uw voeten wassen,
O Godin Katyayani, laat mij alstublieft niet in de steek.

Amma liet mij een tijdje naast zich zitten en wij praatten samen. Zij wilde weten hoe het met mij ging en wat ik nu deed. Ja, medicijnen studeren, heel goed. Voor oma zorgen, heel goed. Er was geen spoortje van veroordeling in Amma te ontdekken, maar de stemming was anders deze keer. Ook al voelde Amma's energie hetzelfde aan, ik was te ver gegaan met mijn tweede vertrek. Ik zat een tijdje stilletjes in meditatie; toen vroeg Amma mij een maaltijd te nemen en richtte haar aandacht weer op de darshanrij.

De andere persoon die ik ontmoette was Suneeti. Blijkbaar had zij de officiële initiatie gekregen want zij was gekleed in het geel. Mijn hart voelde zoveel vreugde toen ik haar vanaf de overkant van de zaal naar mij toe zag komen lopen met wat vriendinnen bij zich. Ze straalde en was vredig. Zij was Brahmacharini Nirmalamrita. We liepen samen naar de eetzaal en ik merkte op dat zij veel gewicht was kwijtgeraakt. Een herinnering uit de voorbije jaren drong zich in mij op. Iets daarvan gaf me een ongemakkelijk gevoel. Toen we onze maaltijden gehaald hadden en een rustig hoekje hadden opgezocht, praatten we wat. Ik feliciteerde haar hartelijk met haar officiële initiatie en voegde toe dat het mij erg gelukkig maakte te zien hoeveel zij van haar leven hield en spiritueel groeide. Haar ogen waren helder en nu wij zaten kon ik echt voelen hoe de vredigheid van haar aanwezigheid was gegroeid.

Zij vond dat medicijnenstudie een goede keuze voor mij was. Nieuw Mexico was ook een goede plek voor mij. Ze wist dat dit nu mijn thuis was, maar zei dat niet. Er was geen spoortje veroordeling in haar op te merken, ze was oprecht blij me te zien. Ik voelde de opening en vroeg hoe het met haar gezondheid ging. Ja, het was goed. Ze zei dat ze moe was, het leiden van de aanmeldingen voor de retraites was veel werk. Meegaan met de tournee was vermoeiend, dat was waar. Maar ze keek weg toen ik haar vroeg of ze nog jaarlijks voor controle ging. "Niet echt" zei ze. Ik liet het daarbij.

Ik wist dat zij nog veel werk zou moeten verzetten die nacht, dus nam ik afscheid. We hadden elkaar nog zoveel te vertellen, maar niet op dit moment. Meer oude vrienden hadden mij opgemerkt en kwamen naar mij toe om gedag te zeggen. We omhelsden elkaar kort, gaven elkaar een betekenisvolle blik en namen afscheid. Toen stokte de adem mij in de keel en was zij weg. Ik had iets gezien, wat was dat geweest? Misschien was het niets, alleen mijn fantasie?

Alle swami's namen de tijd om mij te komen begroeten en vroegen naar mijn gezondheid, mijn plannen en mijn familie.

Hun manier van praten was integer en warm. Hun vriendelijkheid raakte mijn hart. Wat moet het hun pijn hebben gedaan toen ik Amma voor de tweede keer verliet. Na alle moeilijkheden en beproevingen die wij samen hadden doorstaan, denk ik dat zij werkelijk blij waren mij te zien en te weten dat ik het goed maakte. Zij waren nog altijd mijn spirituele broeders en zouden mij nooit de rug toekeren of hard veroordelen. Dat was duidelijk.

Ik nam afscheid van Amma en reed terug naar Pennsylvania. Om de een of andere reden kon ik het niet opbrengen naar Devi Bhava te gaan. Het was genoeg om te verwerken dat ik Amma gezien had en mijn voormalige leven in heel andere omstandigheden weer tegengekomen was.

TEST, TEST, EEN-TWEE, EEN-TWEE

Ik begon serieus voor mijn Medical College Admission Test (MCAT) te studeren. Het zou ongeveer een jaar kosten om volledig voorbereid te zijn. "Een jaar," dacht ik bij mezelf. Er waren zoveel dingen die ik in een jaar bereikt had. Maar het zou mijn concentratie geen goed doen als ik mijn gedachten naar het verleden liet afdwalen. Dus deed ik dat niet. Latijn, fysiologie, anatomie, scheikunde, biologie; het duizelde mij.

DE MAAND MEI

Dat was een belangrijke maand. Eerst had ik afsluitende examens voor het laatste deel van mijn voorbereidende medicijnenstudie. En daarna het MCAT aan het eind van de maand. Als ik zou slagen, kon ik mij aan het eind van de zomer aanmelden aan de medische faculteit. Ik was weer begonnen met het herhalen van mijn mantra. Sinds Washington DC, maar vooral de laatste tijd. Dit gaf mij zoveel vrede en concentratie. Niet dat ik vond dat ik dat verdiende, maar dat was een ander onderwerp dat ik nog aan moest pakken.

Toen ging de telefoon. Het was Hari Sudha die opbelde vanuit Berkeley. Suneeti, Nirmalamrita. was terug uit India. Maar het was geen goed nieuws. Zij was ziek, heel ziek en ze wilde mij zien. Daarom belde Hari. Kon ik onmiddellijk komen? Ik probeerde de urgentie op dat moment te begrijpen. Ik bedoel, ik zat in Nieuw Mexico en mijn examens zouden over een week beginnen. En toen, toen... besefte ik het. Ik wist waarom zij belde.

Ja, Hari, natuurlijk kom ik eraan. Vertel alsjeblieft aan Suneeti dat ik nu ophang om voorbereidingen te treffen voor een vlucht. Ik hing op en kwam in actie. Dit was het. Zij had de deal gemaakt waar wij jaren geleden over gesproken hadden en zou nu overlijden. Dat was wat ik vorig jaar gezien had, maar ik er toen de vinger niet op leggen. Ik gooide kleding in mijn rugzak en reed naar de campus om mijn scheikundeprofessor te vinden. Ik kende Suneeti en wist dat ik niet veel tijd had.

Scheikunde was mijn eerste examen. De professor was in zijn kantoor. Toen hij mij zag, snapte hij dat er iets ernstig aan de hand was en stopte zijn bezigheden. "Ja, ja, kom binnen. Wat is er aan de hand, Gretchen? Wat is er?"

Ik vertelde hem dat ik het examen niet zou kunnen maken omdat mijn beste vriendin in een ziekenhuis in Californië was opgenomen.

"O dat klinkt heel ernstig. Ja, ja, natuurlijk moet je daarheen. Wacht even, laat me even kijken, dit zijn je cijfers. Hmm, nou, jij bent de beste van de klas. Luister, dit klinkt alsof je dit echt moet doen. Je bent vrijgesteld van het examen. Maak je geen zorgen, de cijfers die je tot nu toe hebt gehaald zijn genoeg. Ik hoop dat het goed komt met je vriendin."

Mijn knieën voelden zwak toen ik naar de parkeerplaats liep. Het was twee uur rijden naar de luchthaven van Albuquerque. Mijn vlucht landde vroeg in de avond in Oakland. Hari Sudha pikte mij op en vertelde me wat er aan de hand was, gevorderde kanker. Ze was juist uit India naar het baaigebied teruggekomen voor behandeling. De dokter die haar leven al tweemaal had gered, was ermee bezig. Maar ik wist dat Nirmalamrita haar jaarlijkse controles al jaren had laten zitten. Zij had me dat vorig jaar in DC verteld. Ik wist in mijn hart dat zij geweten had dat de kanker terug was en de tweede keuze had gemaakt.

Toen ik de volgende morgen de intensive care binnenkwam, kon ik duidelijk zien dat Nirmalamrita ziek was, erg ziek, maar zij straalde een rust uit die ik nog in niemand anders dan in Amma had gezien. De kanker was overal uitgezaaid. Het was onmogelijk dat een schrander iemand als Nirmalamrita, die kanker twee keer had overleefd, niet had geweten dat de ziekte zich al lange tijd aan het verspreiden was. We keken in elkaars ogen terwijl ik haar hand vast hield. Ze glimlachte zo lief naar mij, we hadden elkaar al meer dan een jaar niet gezien. Ze was kalm en helder. Haar ogen priemden in de mijne met witte puntjes van licht. Opnieuw, Amma's ogen. Met gedempte stem vroeg ik haar of zij het geweten had. Ze knikte van ja. Was zij de afspraak nagekomen waarover wij zoveel jaren geleden hadden gesproken? "Ja," antwoordde ze zwakjes en kneep in mijn hand. "Geen zin om geld te verspillen, ik wil hier bij Amma zijn als zij komt. Dat was mijn plan." Ik onderbrak haar en vroeg haar om haar energie te sparen zodat zij Amma over een paar weken kon zien. "De dingen die je me nu vertelt weet ik al."

Toen kwam zij ter zake. Ze vroeg mij waarom ik Amma had verlaten. Was het mijn gezondheid? Nee, vertelde ik haar, ik had de moed verloren. Ik geloofde niet langer in mijzelf. Ik had mijn negativiteit toegestaan de overhand te krijgen. Zou ik ooit teruggaan? Voorgoed, niet alleen maar een bezoek? Ik schoot zo vol dat ik niet kon praten. Ze vertelde mij dat dit een van haar wensen op haar sterfbed zou zijn.

Het bezoekuur was afgelopen, het was tijd om te gaan.

De volgende morgen ging ik terug naar het ziekenhuis. Niemand had toestemming om de intensive care binnen te gaan om Niramalamrita te bezoeken behalve directe familie. Omdat ik als familie geëtiketteerd was, mocht ik naar binnen. Juist toen ik mij klaarmaakte om de steriele grens over te gaan de zaal in, zag ik een van Nirmalamrita's liefste vriendinnen, Sabari, ook iemand die kanker had overleefd. Zij probeerde mijn aandacht te trekken. Ik liep naar haar toe en kon haar verdriet zien. Zij werd niet toegelaten, maar ze wilde Nirmalamrita gedag zeggen. Dat was heel belangrijk voor haar. Kon ik haar op een of andere manier helpen? Ik dacht even na en zei toen dat ik haar mijn tijd zou geven. Ik gebaarde naar de verpleegster. Zo konden Sabari en Suneeti elkaar voor de laatste keer zien.

Die nacht kreeg Nirmalamrita een hartaanval en raakte in coma. Zij ontwaakte net op tijd uit haar coma om een telefoontje van Amma aan te nemen en verliet deze wereld minder dan een week later. Toen Amma gevraagd werd naar Nirmalamrita's verscheiden, zei Amma dat zij in Amma's hart was opgegaan en Godsrealisatie had bereikt.

Brahmacharini Nirmalamrita heeft haar tijd bij Amma doorgebracht, niet afgetakeld door chemotherapie, maar als coördinator voor al Amma's spirituele retraites buiten India, tot een paar weken voor haar overlijden. Zij leefde tien jaar bij Amma in India als renunciate en deed seva. Niet slecht voor iemand die drie keer kanker heeft gekregen. Zij wist al jaren dat kanker haar uiteindelijk van deze wereld weg zou nemen, maar op haar eigen voorwaarden en zij had het niet op een andere manier gewild.

Nirmalamrita's favoriete uitspraak van Amma was: een spiritueel aspirant moet dezelfde intensiteit voor een spiritueel leven hebben als iemand die in een brandend huis zit opgesloten, voelt om te ontsnappen. In de kantlijn van haar Sanskriet schriften tekende zij tijdens de les altijd vlammen. Ik tekende lotusbloemen en dansende godinnen. Zij was een van de zeldzame mensen die Amma's leringen volledig heeft nageleefd. Iedereen die haar heeft gekend, is een beter mens geworden doordat hij in haar gezelschap is geweest.

JUNIKRIEBELS

Nou, dat veranderde danig mijn stemming. Ik ging terug naar Nieuw Mexico en deed mijn andere examens, maar ik voelde mij somber over de MCAT. Ik zou dit de maand daarna kunnen doen zonder mijn schema al te veel in de war te brengen. In elk geval zou ik weer naar de studiemodus terug moeten schakelen, en dat zou niet onmiddellijk gebeuren. Ik besteedde veel tijd aan introspectie. Amma zou in juni naar Santa Fe komen en ik zag ernaaruit haar weer te zien.

Amma's programma werd in de wildernis van Santa Fe gehouden in een tempel die door Steve en Amrita Priya Schmidt op hun eigen grond voor Amma gebouwd was. Er was geen mooiere plaats om Amma weer te ontmoeten met de geurende dennenbomen die tegen de tempel aan groeiden. Zoveel herinneringen kwamen boven. De sterrenhemel van Nieuw Mexico.

Ik kwam voor het bhajanprogramma in de avond. Het was fantastisch om Amma weer te horen zingen. Na de arati ging ik naar buiten om naar de sterren te kijken. Ik voelde de inspiratie in mij groeien. Ik liep om naar de achterzijde van de tempel en glipte het podium op. Amma zat ervoor, zij gaf alweer darshan. Een lieve vriendin, Swarna Iyer, bespeelde het harmonium. Ik trok haar aandacht. Ik leunde naar voren en vroeg haar toestemming om een lied aan te bieden. Ik denk dat zij om twee redenen verbaasd was: ik was de laatste persoon die zij daar verwachtte te zien en ik zong nooit. Maar ze stemde toe en vroeg me welk lied. *Iswari Jagad-Iswari.*

En zo zong ik voor Amma, voor de allereerste keer sinds ik
zo veel jaar geleden datzelfde lied had gezongen toen zij de Kalari
verlaten had om rond te lopen tijdens een andere sterrennacht.
Toen ik de eerste zin zong, draaide Amma zich in haar stoel om
en keek naar mij, maar niet met verbazing. Zij wist al wie er aan
het zingen was.

Iswari jagad-iswari paripalaki karunakari
Sasvata mukti dayaki mama khedamokke ozhikkanne...

O Godin, Godin van het Universum,
O Beschermster, Geefster van genade en eeuwige bevrijding,
Bevrijd mij alsjeblieft van al mijn verdriet...

Ik ontving Amma's darshan. Het gevoel tussen ons was nu zeer
kalm. Een krachtige rust kwam over mij. Iets had zich aangepast.
Ik weet niet wat het was, maar dat gaf niet. Ik zat lange tijd naast
Amma en genoot van de toegewijde stemming. Toen was het
tijd om te gaan en ik ging terug, in de donkere nacht vol sterren.

NEERSLACHTIGHEID

De zomerperiode voor de MCAT examens kwam en ging. Ik was
neerslachtig en vroeg mij af waar ik mee bezig was. De schoonheid
van Nirmalamrita's relatie met Amma verbijsterde mij. Hoeveel
mensen waren ooit bij Amma gekomen en hadden hun tijd zo
waardevol besteed? Hoe had ik alles helemaal los kunnen laten
terwijl mijn leven bij Amma altijd zo veelbelovend was geweest?
Amma was een Godgerealiseerde Meester, daarover had ik geen
twijfel. Het was twijfel aan mijzelf die mij had opgeslokt. Het was
niet zo dat ik niet in het spirituele pad of in Amma geloofde. Het
ontbrak mij aan overtuiging toen ik probeerde te oefenen op het
moment dat ik bij Amma woonde. Ik had het gewoon opgegeven.

Hoe zou ik in de wereld ooit vrede kunnen vinden, nu ik
deze keuze had gemaakt? Deze vraag bleef maar door mijn hoofd

spelen. Nu ik meer dan twee jaar met het voorbereidende stadium voor de medicijnenstudie bezig was geweest, vroeg ik mij af of dit nu wel de juiste keuze was. Want als dat niet zo was, dan was het beter om dit eerder dan later te beslissen. Op een middag zat ik in de Gele Gids te bladeren. Mijn oog viel op een advertentie. "Haal je Master's degree aan het St. John's College in Santa Fe." In oosterse Klassieken. Hmm, dat was interessant. Dus belde ik om er meer over te weten te komen. Het betrof een intensief programma van één jaar. Het taalgedeelte was Chinees of Sanskriet en het grootste deel van de cursus was de studie van de originele geschriften van het hindoeïsme, het boeddhisme en het taoïsme. Ik reed erheen voor een gesprek en werd geaccepteerd. De cursus zou over een week beginnen. Het voelde als een eerlijke keuze. Ik zou tijd nemen om mij over de grote Oosterse geschriften te buigen en een jaar lang over alles na te denken. Dat zou zeker nuttig zijn op dit kruispunt in mijn leven.

Het een leidt tot het ander. Ik moest mijn knagende twijfel tevreden stellen over wat ik met mijn leven zou doen, nu ik Amma had verlaten. Ik was een richting ingeslagen, de medicijnenstudie, maar vervolgens deinsde ik daarvoor terug en sloeg een mij bekendere richting in: spiritualiteit. Wat was er toch met mij aan de hand? Waarom kon ik toch niet tevreden zijn met wat het leven mij te bieden had en het daarbij laten? Waarom had ik toch zo'n rusteloze geest?

Het een leidt tot het ander. Toen ik bezig was mijn Master's graad te behalen, ontmoette ik mijn echtgenoot. Wij dachten allebei dat we kinderen wilden hebben. Ik raakte zwanger in mijn huwelijksnacht. Toen ons babymeisje werd geboren, draaide ik *Ananta Srishti Vahini* op de cd-speler op de achtergrond. Toen wij voor de eerste keer met de verpleegster van het ziekenhuis haar gezichtje wasten, zong ik vedische mantra's. Zonder het aan elkaar te vertellen kozen mijn echtgenoot en ik beiden een naam voor de baby uit. We kozen allebei Mirabai. Mijn man had geen interesse in mijn spirituele grilligheid, maar stemde ermee in. "Misschien verandert dat nog wel," dacht ik bij mijzelf. Ik bracht Mirabai naar Amma voor haar zegen. Wat kon Amma zeggen? Zij houdt altijd van ons, wat wij ook doen. Maar het was moeilijk om de deur binnen te komen nadat ik zo'n overduidelijke andere keuze had gemaakt. Ik was vertrokken en had gedaan wat ik wilde. Dat was meer een bevestiging van wie ik was dan van iets wat Amma had gedaan. Nu was ik een devotee, een nobele relatie. Eentje die misschien beter bij mij paste, van Amma houden op afstand. Maar waarom was mijn ziel niet tevreden, waarom kon ik niet gewoon ontspannen en meegaan met wat het leven mij te bieden had?

2007 – NOOIT TE LAAT

Dat jaar ging alles zo snel. Mijn moeder had het jaar daarvoor de diagnose kanker gekregen en worstelde zich door haar behandeling heen. Mijn vader had in april de diagnose kanker gekregen en overleed plotseling in Boston, slechts een paar weken later, nog voor ik hem kon zien en gedag kon zeggen.

Mijn 19 jaar lange Saturnusperiode was afgelopen. Mijn huwelijk liep op de klippen. En ik kwam terug naar Amritapuri. Met mijn dochter. Zogenaamd om Amma mijn vaders as te laten zegenen, maar om de waarheid te zeggen, had ik genoeg meegemaakt.

Eindelijk zag ik het licht. Het was echt zo eenvoudig, maar ik had er jarenlang gewoon niets van begrepen. Amma was hier in ons midden en mijn rusteloze ziel verlangde naar de spirituele reis die zij ons bood. Liefde om de liefde, devotie omdat dit de hoogste emotie was, de emotie die al mijn zelfopgelegde obstakels doorbrak. Eindelijk was ik volwassen genoeg om in te zien dat ik degene was die mijzelf aan de kant had geschoven en dat ik degene was die mijzelf kon bevrijden. En dat het nooit te laat was om terug te komen en het opnieuw te proberen.

Deze keer kwam ik terug uit pure vreugde. Ik kwam terug voor de zoetheid van liefde, de goddelijke liefde, die ik nooit ergens in de wereld had gevonden, tijdens al mijn ronddwalen. Al die jaren had ik me van Amma afzijdig gehouden in een wereld die slechts een loze belofte inhield, alleen maar onvermijdelijke dood en zinsbegoocheling, materieel gewin en verlies, egoïsme en verlangen. Ik kwam terug voor de diepere, waarachtige betekenis die het spiritueel leven ons biedt. Ik kwam terug om de wens van een stervende zus te vervullen. Ik kwam terug om mijzelf te bewijzen dat ik de moed had om dat aan te gaan waarvan ik wist dat het nodig was om de zaken weer recht te zetten. Om voor Amma en de gemeenschap te staan en hun te vertellen over mijn reis in het donker en van het vinden van de weg terug. En om mijn dochter in Amma's verheven aanwezigheid te laten opgroeien, wetend dat dit het grootste geschenk is dat een moeder haar kind kon geven. Al mijn kleine meningsverschillen waren niet belangrijk. Het was tijd voor mij om van Amma's aanwezigheid te genieten en haar zo goed mogelijk te dienen. Zonder angst, zonder de verwachting om wat dan ook te bereiken. Alleen om de pure vreugde om in Gods aanwezigheid te zijn en daarvan te getuigen. Om hier te zijn in deze prachtige, inspirerende gemeenschap en met mijn hele hart dienstbaar te zijn. Amma bracht de glimlach terug op mijn gezicht. Het is nooit te laat.

EPILOOG

De reis voortzetten

Op het moment dat ik dit schrijf, leef ik alweer vijf jaar in Amma's Amritapuri ashram met mijn dochter Mirabai. Vijf heerlijke jaren die concurreren met de onbeschrijflijke zoetheid van mijn eerste jaren met Amma en deze zelfs overtreffen. Omdat ik door een uiterst moeilijk proces moest gaan, is de overwinning van de terugkeer door die geleverde inspanning nog zoeter. Soms moeten wij op het spirituele pad vreselijke moeilijkheden doorstaan en in mijn geval gaf juist die aaneenschakeling mij de diepe vreugde die ik vandaag ervaar. Hoe kan ik spijt hebben van deze reis? Zou ik sommige dingen anders doen als ik er de kans voor kreeg? Natuurlijk. Maar het zou pas echt triest zijn geweest als ik nooit bij Amma was teruggekomen. Het is niet het struikelen dat opmerkelijk is, het is het weer opstaan en doorgaan dat van belang is.

Ik heb geleerd om alle situaties als Amma's prasad (gezegende offergave) te zien en om niet te reageren op moeilijke tijden of deze af te wijzen. Want wanneer wij die op de juiste manier verwerken, dienen ze alleen maar om ons spiritueel verder te brengen. Amma herinnert ons er altijd aan dat er in ons leven geen mislukkingen bestaan. Het zijn allemaal springplanken naar de uiteindelijke overwinning.

Ik ben nu meer volwassen en geaard in mijn spirituele leven, nu ik uit deze donkere tunnel ben gekomen. Nu kan ik inzien hoe mijn beginjaren bij Amma een solide basis hebben gelegd waarop ik uiteindelijk een spiritueel leven kon bouwen dat mij naar het doel zal brengen. Het was essentieel om in mijzelf te leren geloven. Dat was wat er ontbrak bij mijn eerste inspanningen op de spirituele weg. Zonder enige twijfel weet ik nu dat ik in mijn leven God in anderen wil dienen. Dat mijn dochter hier aan mijn zijde is, hoort daar helemaal bij. Degene die ik als renunciate was toen ik twintig was, is niet gescheiden van degene die ik nu als moeder ben. Amma zegt tenslotte dat niet de uiterlijke *sannyasa* (verzaking) van belang is, maar de innerlijke sannyasa, dat wil zeggen het overstijgen van onze voorkeur en afkeer, anderen voor onszelf stellen en leven met het begrip dat alles wat wij als ons bezit beschouwen een tijdelijk geschenk van God is dat wij op een dag weer moeten loslaten.

Mijn leven nu is de voortzetting van de reis die begon in een boekwinkel in Kopenhagen, meer dan drie decennia geleden. Nog altijd zoek ik de Goddelijke Moeder in het koninkrijk van mijn hart. Nog steeds dien ik haar in de levende vorm die wij Amma noemen. Ik dien haar om van deze wereld een betere plaats te maken. Dat is ware dienstbaarheid aan de Goeroe. Wij weten nooit wat het leven ons zal brengen, goed of slecht, we krijgen geen keus. Tijdens mijn eerste jaren met Amma kon ik nooit bevroeden dat al deze obstakels op mijn pad zouden komen. Maar Amma leert ons dat de manier waarop wij op onze moeilijkheden besluiten te reageren, het grote verschil maakt.

Ik reisde over de wereld vanuit hoop en gebed en deed wat ik maar kon om Amma naar haar kinderen te brengen. Zo was ik in staat om veel moeilijkheden en problemen te overwinnen. Maar in aanwezigheid van mijn innerlijke vijand, mijn negativiteit, kon ik niet zo gemakkelijk winnen. Beide situaties vormden een uitdaging, de ene in de buitenwereld de ander in de binnenwereld. Ik moest de juiste benadering vinden om hen beide te boven te komen om te leren wat nodig was in dit leven met Amma. In de geschriften wordt gezegd dat er drie soorten discipelen (leerlingen) zijn: zij die kunnen leren door het aan hen te vertellen, zij die leren door het observeren van andermans ervaringen en zij die leren door persoonlijke ervaring. Het is duidelijk dat ik tot de derde groep behoor. Ik heb de waarheid ervaren dat Amma altijd bij mij is, wat er ook gebeurt. En dat zij haar kinderen nooit in de steek laat. Ik heb op ieder niveau geleerd dat het werkelijk nooit te laat is. Ik leef weer een spiritueel leven in Amma's goddelijke aanwezigheid, gelukkiger dan ik ooit geweest ben, samen met mijn dochter. Amma begeleidt ons beiden en laat mij zien dat er geen obstakel groot genoeg is om de altijd zegevierende Goddelijke Moeder tegen te houden.

Ik wil graag nog een laatste verhaal delen: toen Mirabai voor de eerste keer naar Amritapuri kwam, was zij vijf jaar. Zij ontdekte dat mensen mantra's kregen en wilde weten wat dat was. Dus legde ik haar uit wat het herhalen van een mantra inhield en hoe het vrede en wijsheid kan brengen als wij de mantra zorgvuldig herhalen. Zij wilde meer weten over het *ishta devata* (de geliefde godheid) aspect bij het krijgen van een mantra. Vergeet niet dat ze pas vijf was. Dus vertelde ik haar over de verschillende godheden: de Goddelijke Moeder, de Goddelijke Moeder als Amma, Heer Krishna, Kali Mata, Boeddha, Jezus Christus, Heer Shiva... Toen ik Shiva noemde, wilde zij weten of hij de godheid is die dierenhuiden draagt. Ik zei ja en voegde eraan toe dat hij ook op de stier Nandi in de Himalaya's rijdt. Goedkeurend knikte zij met haar hoofd en zei: "Die wil ik." Wow, dacht ik bij mezelf, hier is iemand die weet wat ze wil. Is het toeval dat zij mijn kind is en dat zij zo vroeg in haar leven bij Amma kwam om bij Amma op te groeien door mijn eigen sterke verlangen om uiteindelijk naar Amritapuri terug te keren?

De volgende dag gingen wij voor darshan en vroeg zij aan Amma: "Mantra please!" Amma knikte bevestigend terwijl ze haar indringend aankeek. Toen leunde Mirabai naar voren, alsof

zij Amma iets toe wilde vertrouwen en ik hoorde haar zeggen: "Shiva mantra." Om er zeker van te zijn dat Amma haar de juiste zou geven. Nou, dat vond Amma vreselijk grappig en ze vertelde alle aanwezigen wat Mirabai haar had gezegd. We bleven op tot aan het eind van het programma en Mira kreeg diezelfde avond nog mantra diksha. Ik voelde mij zo gezegend dat ik haar moeder was. Het leek erop dat zij een vroege start kreeg op haar spirituele reis met de beste Goeroe die in de wereld te vinden is.

Een jaar later, toen Mirabai zes jaar was, stonden we in de darshanrij te wachten en zag ik dat zij een briefje voor Amma aan het schrijven was. Op een gegeven moment fluisterde ze tegen me: "Mam, hoe spel je Amrita Vidyalayam?" Ik spelde het voor haar en was erg benieuwd wat de kleine Mira in gedachten had. Toen wij voor darshan aan de beurt waren, gaf zij haar briefje aan Amma. De brahmacharini die naast Amma stond vertaalde het.

Amma kreeg een enorme glimlach op haar gezicht en zei in het Engels: "Yes, Yes, Good! Good!" Op eigen initiatief had Mira aan Amma gevraagd of zij naar Amma's school hier in India mocht. En daar gingen wij dan. Geruit schortje, korte sokjes enzovoort. Eerst vond zij het erg moeilijk om zich aan te passen, maar ze gaf niet op. Mira zit nu in haar vierde jaar op de Amrita Vidyalayam School van Amma en doet het prima, ondanks alle huiswerk in drie talen: Malayalam, Hindi en Sanskriet. Altijd als zij klaagt dat ze niet naar school wil, dan vraag ik haar naar Amma te gaan en het haar te vertellen, want dat hadden zij samen afgesproken.

Het is de grootste zegen om met mijn dochter Mirabai op dit pad van liefde te zijn. Dat had ik nooit van het moederschap verwacht. Zij wordt sterk, zelfverzekerd en houdt mij steeds alert. Zij leert mij dingen waarmee ik moeite had toen Amma mij deze leerde, zoals geduld, vergeving, empathie, onbaatzuchtig dienen, onvoorwaardelijke liefde, geven zonder verwachting, niet gehecht zijn aan het resultaat van je werk, het bewaren van een stabiele geest. Al deze eigenschappen worden dagelijks door het moederschap tot bloei gebracht. Het is niet zo dat Amma mij deze zaken niet leerde. Zij spiegelde mij steeds deze eigenschappen voor, maar ik bood weerstand om ze te leren. Om het moederschap te overleven als je een levendig kind hebt, heb je geen andere keuze dan het ontwikkelen van deze eigenschappen. Amma is fantastisch in haar rol van Moeder voor de wereld. Wat is een betere plaats dan Amritapuri om een kind met spirituele waarden op te voeden? De vrienden die zij in Amma's ashram heeft gemaakt, zijn vrienden voor het leven. Ze spelen tikkertje rond de banyanboom voor de Kalitempel wanneer ze maar kunnen. Ze spelen verstoppertje tot het tijd is om aan te komen rennen om bij Amma te gaan zitten tijdens bhajans.

Eindelijk kan ik een diepe harmonie waarnemen die onder alle bochten en kronkels van mijn reis ligt. Er waren zoveel jaren nodig om mij door lessen heen te werken die anderen misschien in één dag leren. Maar dit is hoe mijn verhaal zich ontvouwde, hoe gebrekkig het ook mag lijken. Ik heb geleerd om niet te oordelen. Wat het belangrijkst is, is dat wanneer ik Amma's hand vasthoudt, zij mij laat zien dat ik de schepper van mijn eigen lot ben. Amma brengt mij zover als ik bereid ben te gaan. Dat is zeker.

Ja, ik was gezegend om het instrument te zijn om Amma naar de wereld te brengen. Ja, ik was gezegend om hier in de vroegste dagen te zijn voor een intensieve spirituele training met Amma. Maar na hier vroeger en vandaag gewoond te hebben, kan ik zonder enige aarzeling zeggen dat dezelfde intensiteit die er vroeger was, hier nu nog altijd voor het oprapen ligt. Onze relatie met Amma is wat wij ervan maken, en die blijft hetzelfde als op de eerste dag dat ik haar ontmoette. Wij zijn de beperkende factor. Wat wijzelf op reis meenemen, bepaalt hoe snel wij het doel bereiken.

AMRITAPURI VANDAAG

Ook al zijn er meer mensen dan ooit in de ashram, dat wil niet zeggen dat er minder gelegenheid is tot Zelfrealisatie of dat er minder spiritualiteit is dan in de beginjaren. Amma is een verlichte Meester en dit is haar ashram. Haar genade stroomt net zo levendig als altijd het geval geweest is. Het is aan ons om ons hart voor Amma te openen. En als wij dat doen, komt Amma naar ons toe rennen. Amma is hier in dezelfde oneindige capaciteit als altijd. Zij brengt uren en uren van haar dag door in ons gezelschap. Zij leidt duizenden en duizenden mensen op het spirituele pad zonder enkele moeite. Zij is aan het eind van de nacht even fris en glimlacht evenzeer als toen zij de dag begon. Zij is altijd in ons midden, zij komt halverwege de morgen de darshanzaal binnen en gaat vaak pas terug naar haar kamer in de kleine uurtjes van de morgen van de volgende dag. Dan komt zij een paar uur later terug voor het programma van de volgende dag en herhaalt alles zich opnieuw.

Amma doet volledig mee aan alle aspecten van het ashramleven. Zij leidt ons enthousiast in meditatie, satsang, archana, bhajans en onbaatzuchtige dienstverlening. In alle jaren dat ik Amma ken, heb ik haar nog nooit een dag voor zichzelf zien nemen. Er is geen spirituele Meester die zichzelf meer beschikbaar stelt en die meer van haar eigen persoonlijke tijd en energie geeft dan Amma. Zij maakt altijd plezier en is vol liefde waar het het spirituele leven betreft. Amma's hele leven voltrekt zich in de openheid en iedereen die persoonlijk met Amma wil praten kan dat doen.

Is er iemand op deze planeet die meer van zichzelf geeft voor het welzijn van de wereld? Amma leeft nog altijd in hetzelfde kleine kamertje waar zij woonde op de dag dat ik haar voor het eerst ontmoette. Dat ligt op de meest centrale, lawaaierige plaats van de ashram, waar de schoorsteen van de ashramkeuken op uitkomt en waar geen uitzicht is. Maar Amma weigert enige financiën voor haar eigen comfort te gebruiken. Zij neemt niets voor zichzelf. Zij neemt alleen de zorgen van de wereld op haar schouders, terwijl zij al die tijd vrede en hulp biedt aan degenen die naar haar toe komen om haar zegen te ontvangen.

DE WERELD OMARMEN

Toen ik bezig was met mezelf op orde te krijgen, was Amma ook druk bezig. Wat begon als een handjevol mensen, daarna een dozijn en toen de eerste honderd, heeft geleid tot tienduizenden en nu al meer dan 32 miljoen mensen die Amma's goddelijke omhelzing hebben ontvangen. Er is niet één mens die Amma ontmoet heeft en tijd met haar heeft doorgebracht die geen speciaal verhaal te vertellen heeft. Er is het deel 'voor ik Amma ontmoette' en het deel 'nadat ik Amma ontmoet had' in ons leven. Ons leven is doordrenkt geraakt van de geur van vrede, tevredenheid, en vriendelijkheid door het contact met de beschermende armen van Amma. Hier begint het allemaal, als wij ons hoofd op haar sterke schouder leggen. Zonder dat Amma iets van ons vraagt, heeft zij ons de schat gegeven die kostbaarder is dan goud: de kans om anderen onzelfzuchtig te helpen als een uitdrukking van onze liefde voor God in een wereld die wanhopig behoefte heeft aan liefde. Deze perfecte Meester en groot filantroop heeft miljoenen mensen geïnspireerd om goed te doen voor anderen in meer dan 60 landen over de hele wereld.

In slechts 25 jaar heeft Amma een uitgebreid netwerk van wereldwijde liefdadigheidsorganisaties opgericht. Die hebben allemaal als doel om aan de primaire menselijke basisbehoeften te voldoen waar en wanneer het maar mogelijk is. Huizen bouwen voor daklozen, beurzen voor leerplichtige kinderen, beroepsopleidingen voor vrouwen in landelijke gebieden, medische kampen in de meest afgelegen uithoeken van India, onmiddellijke hulp bieden om het lijden van slachtoffers van natuurrampen te verlichten, de levenskwaliteit van de armen in de wereld verbeteren door hun schoon drinkwater te verschaffen en het beschermen van de toekomst door de oprichting van jeugdgroepen die op waarden gebaseerd zijn. Dan zijn daar nog de milieuinitiatieven en een breed spectrum aan onderzoeksprojecten met een humanitaire oriëntatie. Haar devotees noemden dit liefdadigheidsnetwerk Embracing the World. Hiermee erkennen zij dat Amma's onbaatzuchtige handeling van het omhelzen van iedere persoon die tot haar komt, hoeveel uren van iedere dag van haar leven dit ook in beslag neemt, de motor is die deze breed georiënteerde humanitaire beweging in gang zet. Op die manier zaait deze de zaadjes van mededogen over de hele wereld.

Sinds 1987 heeft Amma zes van de zeven continenten bezocht. In 26 landen over de hele wereld zijn Amma's programma's georganiseerd, onder andere in Australië, België, Brazilië, Canada, Chili, Duitsland, Finland, Frankrijk, Groot Brittannië, Ierland, Italië, Japan, Kenia, Koeweit, Maleisië, Mauritius, Nederland, Oostenrijk, Rusland, Singapore, Spanje, Sri Lanka, de Verenigde Arabische Emiraten, de Verenigde Staten van Amerika, Zweden en Zwitserland. Het eiland Réunion, Frans overzees territorium, heeft ook Amma's programma's al meer dan 25 jaar onthaald.

Daarnaast zijn er nog 38 landen waar Amma haar discipelen heen gezonden heeft om programma's te leiden, maar waar ze nog naar toe moet of waar Amma Centra zijn opgericht die activiteiten of dienstverlenende projecten in haar naam leiden:

Bulgarije, Denemarken, Estland, Griekenland, Hongarije, Luxemburg, Noorwegen, Polen, Portugal, Slovenië, Tsjechië en Turkije in Europa; Argentinië, Colombia, Costa Rica, Haïti, Mexico, Peru en Venezuela in Zuid- en Midden-Amerika; China, Hong Kong, Indonesië, de Filippijnen, Taiwan en Thailand in Azië; Bahrein, Egypte, Israël, Jordanië, Libanon, Oman en Katar in het Midden-Oosten; Fiji, Guam, Papoea Nieuw Guinea en Nieuw-Zeeland in Oceanië; en verder Botswana en Zuid-Afrika in Afrika.

In de annalen van de geschiedenis is er geen melding van iemand die zoals Amma geleefd heeft. Iemand die letterlijk de wereld omhelst. Die op een actieve manier haar mededogen en allesomvattende wijsheid laat stromen als een rivier van zuivere genade. Nog vele generaties zullen mensen over Amma lezen en worden herinnerd aan werkelijke opoffering en waarachtige onbaatzuchtige dienstverlening.

Als ik nadenk over hoe Amma's humanitaire en spirituele inspanningen zich hebben uitgebreid sinds ik 29 jaar geleden Amerika verliet om de Goddelijke Moeder te vinden, dan voel ik mij nederig omdat ik een kleine rol heb mogen spelen in de ontwikkeling van haar levenstaak. Ik vraag mij ook af of wij nu niet een stuk dichter bij het begin dan bij het einde van dit verhaal zijn.

Woordenlijst

Arati – Het ceremonieel zwaaien met brandende kamfer voor een godheid; dit symboliseert de overgave van het zelf aan God of aan de Goeroe; zoals de kamfer brandt zonder een spoor as achter te laten, zo verdwijnt het ego.

Archana – verwijst naar het hardop of innerlijk zingen van de 108 of 1000 namen van een specifieke godheid (bijv. de Lalita Sahasranama)

Ashram – een spiritueel centrum waar een gemeenschap van spirituele zoekers woont

Avatar – een incarnatie van God in een menselijke gedaante

Bhajan – devotioneel zingen of een devotioneel lied

Brahmachari – man die de wereld verzaakt en een leven van dienstbaarheid aan God, het celibaat en beheersing van de zintuigen leidt. Vrouwelijke vorm is brahmacharini.

Brahman – de ultieme Waarheid voorbij alle kenmerken; het alleswetende, almachtige, alomtegenwoordige substraat van het universum.

Brahmasthanamtempel – de unieke tempels die door Amma zijn ingewijd met aan vier zijden van het godsbeeld een godheid; samen symboliseren zij Eenheid in diversiteit. Een kant van het beeld is Ganesha, de olifantengod die obstakels verwijdert; een andere kant is de Goddelijke Moeder; een kant is Heer Shiva die door de Shiva lingam wordt voorgesteld, een vormloze verbeelding van Shiva; en de vierde kant is Rahu, een kwaadaardige planeet die gunstig gestemd kan worden door specifieke aanbidding om boosaardige invloeden in iemands leven af te wenden.

Bhasmam – heilige as, wordt ook vibhuti genoemd

Chakra's – energiecentra in het lichaam

Darshan – betekent letterlijk 'zicht, zien', maar in de context van dit boek betekent het de ontmoeting van een heilige en het ontvangen van zijn zegen

Devi Bhava Darshan – de stemming van de Goddelijke Moeder, verwijst naar de tijd dat Amma als Devi gekleed is en de prachtige jurk en kroon van de Goddelijke Moeder draagt om alle devotees die voor haar darshan komen te zegenen. Een moment waarop Amma op een duidelijker manier haar eenheid met de Goddelijke Moeder toont.

Devotee – volgeling, toegewijde

Diksha – initiatie

Hari Katha – het verhaal van de Heer, verwijst naar een muzikale vertelling van het leven van een heilige, wijze, God of Godin

Ishta Devata – letterlijk: geliefde godheid; de specifieke vorm van God waarop iemand zich richt in meditatie en bij aanbidding

Japa – herhaling van een mantra, vaak in series van 108

Kindi – koperen pot waarin water bewaard wordt tijdens een ceremonie

Kirtan – devotioneel zingen

Kumkum – het rode poeder dat op het derde oog in het midden van het voorhoofd wordt aangebracht, vooral geliefd bij de Goddelijke Moeder

Mahatma – letterlijk Grote Ziel; verwijst naar iemand die in een staat van eenheid met het Universele Zelf is

Manasa puja – het in gedachten uitvoeren van een rituele aanbidding

Mantra – heilige formule, een aantal woorden of lettergrepen die in het Sanskriet herhaald worden om de omgeving en de geest van de beoefenaar te zuiveren

Mantra diksha – initiatie in het gebruik van een mantra; het wordt als een grote zegen beschouwd om mantra diksha van een Gerealiseerde Ziel te krijgen die zijn zegen en een deel van zijn ontwaakt bewustzijn tijdens de initiatie overdraagt

Mantra shakti – de kracht die in een mantra gestopt wordt, vooral als die door een Gerealiseerde Ziel als Amma wordt overgedragen

Maya – Universele Illusie, Kracht van Brahman

Murti – beeld van een godheid

Mridangam – trommel met twee kanten

Pada puja – ceremonieel wassen van de voeten van de Goeroe als uiting van liefde en respect en ter erkenning van de Opperste Waarheid die de voeten van de Goeroe vertegenwoordigen

Pitham – stoel die aan de godheid wordt geofferd om op te zitten, verwijst meestal naar de stoel waarop Amma zit, vooral tijdens de Devi Bhava Darshan

Pranam – uiting van respect door te buigen voor een godheid of de Goeroe

Prasad – een gezegend geschenk van een heilige of tempel, vaak in de vorm van voedsel

Prema – opperste liefde, goddelijke liefde of onvoorwaardelijke liefde

Rajas – het actieve aspect van de drie guna's sattva, rajas en tamas

Sadhana – spirituele oefeningen die de beoefenaar zuiveren, zoals meditatie, mantra japa, studie van de geschriften, yoga, satsang, onbaatzuchtige dienstverlening etc.

Samadhi – letterlijk 'het stoppen van alle mentale activiteit', een transcendente staat waarin het individuele zelf verenigd wordt met het Opperste Zelf

Sankalpa – goddelijk besluit of intentie; met betrekking tot Amma betekent het vaak dat zij haar zegen geeft voor een gunstig resultaat

Sannyasa – formele geloften van verzaking waarna men de oker-
kleurige gewaden draagt die verwijzen naar het wegbranden
van alle verlangens

Satsang – in eenheid zijn met de Opperste Waarheid; ook het
in gezelschap van een Mahatma verkeren, het luisteren naar
een spirituele lezing of discussie, het deelnemen aan spirituele
beoefening in een gemeenschap van spiritueel zoekers.

Sattva – de eigenschap van zuiverheid, licht en spirituele subtiliteit, is een van de drie guna's sattva, rajas en tamas

Seva – onbaatzuchtige dienstverlening, waarvan het resultaat aan
God wordt opgedragen

Shraddha – bewustzijn, geloof

Talam – het ritme of de maat van een lied

Tamas – de eigenschap van duister, inertie, luiheid; een van de
drie guna's sattva, rajas en tamas

Tirtham – heilig water, verwijst ook naar een vijver of meer bij een
heilige plaats of tempel, waarin men zich kan baden voordat
men de tempel binnengaat

Vasana – latent aanwezige neigingen of subtiele verlangens in
de geest die zich manifesteren in handelingen en gewoonten

www.ingramcontent.com/pod-product-compliance
Lightning Source LLC
LaVergne TN
LVHW051544080426
835510LV00020B/2845